Perspectivas

Temas de hoy y de siempre

Cuarta edición

Cuarta edición

Illustrations by
Ruth Gembicki Bragg

Perspectivas

Temas de hoy
y de siempre

Mary Ellen Kiddle   **Brenda Wegmann**
Simmons College

Holt, Rinehart and Winston, Inc.
New York   Chicago   San Francisco   Philadelphia
Montreal   Toronto
London   Sydney   Tokyo

Publisher   Vincent Duggan
Executive Editor   Marilyn Pérez-Abreu
Developmental Editor   Kathleen DiNuzzo Ossip
Special Projects Editor   Pamela Forcey
Production Manager   Priscilla Taguer
Design Supervisor   Renée Davis
Text Design   Caliber Design Planning
Cover Design   Ruth Gembicki Bragg

Acknowledgments for the reading selections, photographs, and cartoons appear at the end of the book.

Illustrations copyright © 1988, 1983, 1978 by Ruth Gembicki Bragg.

Library of Congress Cataloging-in-Publication Data

Kiddle, Mary Ellen
    Perspectivas, temas de hoy y de siempre / Mary Ellen Kiddle,
Brenda Wegmann ; illustrations by Ruth Gembicki Bragg.
        p.   cm.
    ISBN 0-03-004982-2
    1. Spanish language—Readers.   I. Wegmann, Brenda
II. Title.
PC4117.K5 1988
468.6′421—dc19   87-26568
                           CIP

ISBN 0-03-004982-2

Printed in the United States of America.

    0 1 2   039   9 8 7 6 5 4

Holt, Rinehart and Winston, Inc.
The Dryden Press
Saunders College Publishing

To Mark Langsner

dear friend
1952 – 1987

Preface to the Fourth Edition

Perspectivas is an intermediate-level conversational and cultural reader that focuses on six major topics of interest to students: Nature, Social Change, Man and Woman, Ethical Questions, Arts and Fantasy, and Hispanic Communities in the U.S.A. Each chapter provides a variety of materials and perspectives on the main topic. There are literary selections by such figures as Don Juan Manuel, Borges, and García Lorca; picture essays on such topics as the "socialistic" aspects of the Incan Empire or the war between the sexes; and informative and at times controversial articles from newspapers and magazines. This combination approach gives students an opportunity to explore many facets of a high-interest topic at the same time that they are introduced to Hispanic literature and culture and encouraged to express their opinions.

In general, each chapter is organized in a progression from easy to more difficult materials. A typical chapter begins with an introductory picture essay written by the authors, which presents core vocabulary and some issues related to the chapter theme. The selections that follow expand on the topic, approaching it from many different perspectives. They include a variety of genres: short stories, essays, poetry, newspaper and magazine articles, proverbs, jokes, visual materials such as cartoons, photographs, and illustrations. Generally speaking, the last articles in each chapter are the most difficult.

Chapter 6, *Los hispanos en los Estados Unidos,* is a special-interest chapter and does not follow the usual organization. Instead, this chapter is divided into three parts, each section treating one of the major groups of Hispanics living in the United States: (1) the Chicanos or Mexican-Americans, (2) the Puerto Ricans, and (3) the Cubans. Each part first presents background information about the group, then two literary selections (to provide the instructor with a choice) written by members of that group. The chapter finishes with an article on the controversial theme of bilingual education. Depending on geographical location and individual interest, only one or two parts, only the final piece, or all of this chapter may be given, or it may be omitted entirely.

Flexibility

Each chapter contains more than enough material, so that instructors may skip selections. For example, one instructor might choose to end the first chapter on *Nature* with the article on the ecological problems of Mexico City; another might prefer to finish with the Mayan legend about the relationship between people and animals. In the *Arts and Fantasy* chapter, two poems of García Lorca are presented—one short and relatively straightforward, the other longer and more challenging—and three examples of the Argentine short story: one by Borges, one by Cortázar, and one by Denevi. This permits an instructor to select in each case the piece best suited to the level and interests of a particular class or to alternate so as to maintain his or her own interest.

Instructors new to this book often begin by choosing several chapters and teaching most of the selections in each one. The students then progress according to the difficulty and sophistication of the materials and develop a multi-faceted viewpoint on each chapter theme. They also practice some of the same core vocabulary over a period of several class sessions. However, chapter organization is flexible enough to allow instructors who so desire to skip around from topic to topic and even from chapter to chapter, since no selection requires knowledge of any previous material.

There is sufficient material in *Perspectivas* for a complete one-semester course that concentrates on conversation and/or reading skills or for a year-long intermediate course that also uses a review grammar.

New to the Fourth Edition

Pre-reading exercises   New to this edition are pre-reading exercises called *Anticipación*. Research shows that what is done before students read is much more important for their comprehension than what is done afterwards. The pre-reading exercises follow recent pedagogical techniques such as *scanning* the first paragraphs to identify central characters and conflict; *skimming* for the main ideas; *eliciting students' prior knowledge* of the subject to predict the contents of a text; *using headings, titles, pictures, and format to make inferences* about the subject matter; and providing *historical/cultural background* on the topic of the selection. These activities help the student to prepare mentally to receive the text by making suppositions or formulating hypotheses about it in advance. The exercises not only set the stage for the reading, but also teach strategies that students can use to approach future selections in the target language.

Contents   Approximately one-third of the reading selections have been replaced. Many of the others have been extensively updated and modified, often in direct response to instructors' suggestions. Most of the readings have been proven effective in many classrooms over many years.

Post-reading exercises A number of new, communicative post-reading exercises have been added to this edition. Some of them (*Entrelíneas, Inferencias, ¿Cómo lo sabemos?*) teach the students to *read between the lines, draw inferences,* and *substantiate their opinions* by finding specific words or phrases from the text. *Modified cloze-style exercises* called *Recapitulación* aid students in learning to reconstruct the main incidents or ideas. These exercises are also meant to serve as a step in learning the important skill of *paraphrasing;* instructors can aid this process by encouraging students to try first to complete as much as possible of the summary in their own words, rather than immediately scanning the text for the exact words of the author. Another exercise, *En palabras sencillas*, focuses on developing the skill of paraphrasing, but in a more direct way.

Visual exercises New exercises called *Comentario sobre el dibujo* also adopt a communicative approach. Students are asked to look at pictures, cartoons, illustrations, or a series of drawings that tell a story and either (1) retell the action in their own words, (2) interpret the item, or (3) supply their own words in blank speech bubbles (from which the words have been removed). These exercises aim to provoke spontaneous conversation in a meaningful context.

Perspectivas also includes thoughtful composition topics and a series of varied group activities designed to stimulate class discussion, such as debates, panel reports, interviews, free associations, and role-playing.

Acknowledgments

We would like to express our appreciation to Kathy Ossip and Pam Forcey of Holt, Rinehart and Winston for their careful direction and editing and to Marilyn Pérez-Abreu of Holt for her guidance and excellent supervision of the development and production of the manuscript. We also wish to thank Isaac Goldemberg for his special help and the sharing of his expertise in a time of need; Naldo Lombardi and María Paz Staulo of Simmons College for their expert advice concerning language and style; Maija Egerton for her imaginative illustration of *Romance sonámbulo;* and Jake Wegmann for technical assistance. In addition, Lydia Hernández-Vélez of Temple University, Gloria Bonilla-Santiago of Rutgers University, Tino Villanueva of Boston University, Liana Álvarez of Massachusetts Institute of Technology, and Ana Alomá Velilla of Regis College contributed invaluable assistance in the preparation of *Los hispanos en los Estados Unidos.*

A word of gratitude is due to the instructors who communicated their criticisms and commentaries to us personally and to those who helped us by filling out the questionnaires distributed by our publisher. Their suggestions were enlightening, and we have tried our best to incorporate them into this edition. We are also indebted to the following reviewers, whose perceptive comments were essential to the preparation of this edition: E. Dale Carter, Jr., California State University, Los Angeles; Irma Blanco Casey, Marist College; Carlos Cortínez, Dickinson College; Mary Ann Ferrari, Niskayuna High School; Coleman Jeffers, University of Iowa; Lizette Laughlin, University of South Carolina; Karen Smith, University of Arizona; Birgitta Vance, University of Michigan, Flint; Carlos Vega, Princeton University.

B.W.   M.E.K.

The following selections have been abridged, but not simplified or altered in any other way:

La capital mexicana, «un supermercado de horrores ecológicos»
El indio y los animales (una leyenda maya)
España: Del franquismo a la democracia
Es que somos muy pobres
¿Por qué tan sola, güerita?
Casa tomada
La rebelión de las masas
La protesta
Los amigos en Miami
¿Por qué surge el programa bilingüe?

The following selections have been abridged and adapted to a slight degree:

Españolas que mandan
El varón domado
El machismo en México
Una nueva manera de ver televisión
El conde Lucanor: Ejemplo XI (language modernized)

Contents

6 Los hispanos en los Estados Unidos   178

Perspectivas

Temas de hoy y de siempre

Cuarta edición

La naturaleza

1

Dos modos de vivir

La vida rural*

Según estadísticas recientes, sólo 3/5 de la población mundial todavía vive en el campo, trabajando la tierra. Cada año hay más gente que abandona la agricultura y se va para la ciudad, generalmente por razones económicas. Los campesinos que siguen viviendo de la agricultura trabajan mucho y hacen sacrificios para no tener que dejar la tierra que, en muchos casos, ha pertenecido a la misma familia durante generaciones. A pesar de las dificultades, quieren vivir como vivieron sus padres y abuelos. Para ellos la agricultura no es un negocio; es un modo de vivir.

1. Los campesinos (la gente del campo) en su finca. Generalmente, son sanos y fuertes porque hacen trabajo físico y respiran aire puro. Viven tranquilamente en armonía con la naturaleza.

Los Campesinos en su finca

---

* Estas descripciones representan generalizaciones que sirven para enfocar la discusión sobre los contrastes entre dos modos de vivir; no pretenden referirse a todos los individuos ni a todas las regiones.

Plantan el maíz

contemplan el crecimiento

2. Plantan maíz y otros granos en los campos. Contemplan el crecimiento de las plantas,

recogen la cosecha.

y en el otoño recogen la cosecha. Algunos animales, como el caballo, los ayudan, pero utilizan cada vez más a menudo máquinas como el tractor y la segadora para hacer más eficiente el trabajo.

3. Consiguen carne, huevos y leche de sus animales. Comen alimentos sencillos (comida básica) que conservan su sabor natural. Queman muchos de sus desperdicios (basura) en un fuego que no molesta porque hay suficiente espacio. A veces usan insecticidas orgánicos, pero otras veces usan productos químicos que dañan (causan malos efectos en) el ambiente.

BASURA

4. El ritmo de su vida es lento, calmado, a veces un poco monótono. Están acostumbrados al silencio, a la soledad y a la paz (serenidad). Libres e independientes, no piden ayuda, excepto en casos de emergencia; pero si necesitan auxilio, lo reciben rápidamente, porque todos se conocen y cooperan unos con otros en el campo.

5. Aunque pasan largas horas trabajando en silencio, se reúnen de vez en cuando con sus vecinos para charlar de su mundo o para divertirse con bailes y fiestas. En muchas partes rurales, el nivel de instrucción escolar es más bajo que en la ciudad, y no hay tantas oportunidades culturales. Por eso los campesinos no se informan tanto sobre lo que pasa en otras partes del mundo, pero tienen una gran riqueza de conocimientos prácticos y un verdadero sentido de comunidad.

6. Su bienestar depende de su propia labor y de las fuerzas naturales, y no de un jefe (superior). Pero los caprichos del tiempo, como el frío, las tempestades o las sequías (períodos de poca lluvia), pueden arruinar su trabajo.

La vida urbana

Con los avances recientes en tecnología y comunicaciones, el estilo de vida de la clase media es cada día más similar en todas las grandes ciudades del mundo. Se dice que un(a) argentino(a) de Buenos Aires tiene más en común con una persona de Chicago, París, Madrid o Tokio que con su propio compatriota que vive en el campo. Latinoamérica es una región que ha pasado por una intensa urbanización. A principios de este siglo predominaba allí la agricultura, pero hoy casi el 75% de los latinoamericanos vive en ciudades.

1. Los habitantes de la ciudad viven en un ambiente oscuro y gris debido a los altos edificios (rascacielos), a la suciedad de las calles y al aire contaminado por el humo industrial.

2. Viajan por calles llenas de tráfico y ruido. Frecuentemente están nerviosos (inquietos). La fuerte competencia y la necesidad de impresionar al jefe o de complacer al cliente les causan un estado de tensión.

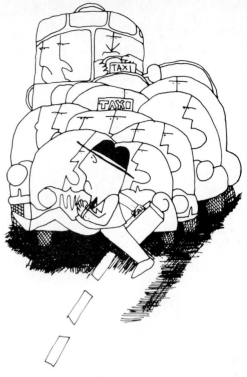

3. Llevan una vida de interdependencia. Dependen de otros para la casa o el apartamento que alquilan, para la eliminación de la basura y para su comida. Aunque hay restaurantes y supermercados que ofrecen alimentos ricos y variados, éstos a veces están poco frescos o contienen ingredientes artificiales que pueden envenenar (causar daño físico o muerte) a los que los comen.

4. Los habitantes de la ciudad se divierten de varias maneras. Con sus amigos van a conciertos, a almacenes (tiendas grandes), a centros nocturnos y a espectáculos deportivos. Hablan mucho para protegerse, para conseguir lo que necesitan o para expresar sus ideas sobre la situación mundial. En general, el nivel de instrucción es

más alto que en el campo, y hay más escuelas, museos, bibliotecas, teatros y cines. Pero en los barrios pobres hay mucha gente que no puede aprovecharse de estos beneficios.

5. La ciudad es un mundo algo antinatural. Para construirla se explotan los recursos naturales de los bosques y los campos, pero en los parques públicos y jardines zoológicos hay bellos árboles, fuentes y animales que permiten apreciar la naturaleza de muchos lugares.

6. La policía, el servicio de bomberos y los hospitales protegen al habitante urbano, pero la violencia, el crimen y otras amenazas contribuyen a su inseguridad y a su vulnerabilidad. En los países desarrollados, muchas personas viven en las afueras (las secciones alrededor de las ciudades) donde se combinan los beneficios urbanos con una vida más cerca de la naturaleza. Allí tienen su propia casa y un jardín privado. Frecuentemente esta gente no paga impuestos (dinero al gobierno) a la ciudad, pero sí se aprovecha de sus beneficios y contribuye a su deterioro. En los países hispanos, las afueras de las ciudades son muy diferentes, y por eso la palabra «suburbios» tiene un significado distinto al de su cognado inglés «*suburbs*.» Los suburbios de las ciudades latinoamericanas o españolas, por ejemplo, son barrios pobres donde la gente recién llegada del campo vive en condiciones primitivas, muchas veces sin agua o luz.

Comprensión de la lectura

Opciones múltiples

1. Los campesinos viven en (*a*) un apartamento (*b*) una finca (*c*) un rascacielos
2. En el otoño los campesinos utilizan animales y máquinas para recoger (*a*) el crecimiento (*b*) la soledad (*c*) la cosecha
3. Aunque a veces el nivel de instrucción escolar es bajo, los campesinos tienen una gran riqueza de (*a*) conocimientos prácticos (*b*) tractores (*c*) bibliotecas y escuelas

4. Para deshacerse de los desperdicios el habitante de la ciudad (*a*) los quema donde no dañan a nadie (*b*) depende de un servicio de basureros (*c*) los convierte en insecticidas venenosos

5. Una de las malas consecuencias de la urbanización es (*a*) la construcción de parques y jardines zoológicos (*b*) el exceso de oportunidades culturales (*c*) los alimentos poco frescos

Preguntas

1. ¿Cuál de los dos modos de vivir ofrece más seguridad? Explique.
2. ¿En qué aspectos son los campesinos más independientes que los habitantes de la ciudad? ¿Cree Ud. que la gente de la ciudad es más libre en otros aspectos?
3. ¿Qué hacen los campesinos para divertirse? ¿Y la gente que vive en la ciudad? ¿Cómo se divierte Ud.?
4. ¿Qué piensa Ud. de la vida en las afueras de las ciudades norteamericanas? ¿Qué diferencia hay entre la palabra *«suburbs»* en inglés, y la palabra «suburbios» en español? ¿Por qué?
5. ¿Por qué cree Ud. que muchas veces los campesinos que se van a vivir a la ciudad sufren un período de total confusión que se podría llamar un «choque cultural»?

Expansión de vocabulario

El uso de la naturaleza en expresiones comunes

Lea las siguientes frases en español y, usando el contexto, adivine el sentido de las expresiones indicadas.

1. Hoy yo no puedo concentrarme; *¡estoy en la luna!*
2. Todas las chicas desean salir con Raúl porque es *un mango.*
3. Francisco dice que no va a casarse hasta que encuentre *su media naranja.*

¿Cómo explicaría Ud. el significado de estas expresiones norteamericanas a un hispano?

1. to be the ''apple of someone's eye''
2. to be ''out on a limb''
3. to ''go bananas''

Discusión

1. ¿Prefiere Ud. asistir a la universidad en un ambiente rural o en un ambiente urbano? ¿Qué ventajas (puntos positivos) y desventajas tiene este modo de vivir para un estudiante?
2. Según su opinión, ¿por qué abandona la agricultura mucha gente ahora? ¿Cree Ud. que los gobiernos deben hacer algo para cambiar esta tendencia o no? ¿Por qué?

Composición

¿Cuál es su visión de la ciudad ideal? ¿Qué cosas debe tener y qué cosas no debe tener para hacer felices a sus habitantes?

REFRANES

- Después de la lluvia sale el sol.
- Los pájaros de la misma pluma vuelan juntos.
- El árbol se conoce por sus frutos.
- En boca cerrada no entran moscas.

¿Cómo interpreta Ud. estos refranes? ¿Corresponden a algunos proverbios en inglés?

CHISTES

¿Qué problemas de la vida moderna ve Ud. aquí?

José Martí y la vida natural

INTRODUCCIÓN

José Martí (1853–1895) es el héroe nacional de Cuba, admirado como poeta, profeta y
libertador de la patria tanto por los castristas (los que están a favor de Fidel Castro)
como por los anticastristas. Fue uno de los grandes pensadores hispanos del siglo XIX, y
supo combinar la actividad intelectual y literaria con la acción política. En sus ensayos,
5 cuentos y poesías, aparecen muchas referencias a la vida natural: sencilla y espontánea.
La influencia de la naturaleza empezó cuando Martí de muy pequeño pasó unos meses

José Martí

en el campo debido al trabajo de su padre. También desde muy niño se comprometió a
la liberación de Cuba, que por entonces quedaba como colonia de España. A los 17 años
fue condenado como subversivo a seis meses de prisión en trabajos forzosos que
10 dañaron para siempre su salud; luego fue deportado. Así empezó el largo exilio que
pasó en España, Francia, México, Estados Unidos y otros países, trabajando como
periodista y profesor y batallando con la pluma para influir sobre la opinión pública a
favor de la liberación de su patria. También escribió en contra de la esclavitud del
negro, una institución que todavía existía en Cuba a pesar de su abolición a principios
15 del siglo en la mayoría de los países latinos. Regresó allí en 1895 y murió luchando
contra las tropas españolas. Nunca vio la tan deseada libertad que Cuba iba a obtener
tres años después.

La primera de las selecciones que siguen es de su largo y popular poema *Versos
sencillos*. Hace varios años algunos cubanos en el exilio les pusieron música a ciertas
20 estrofas, agregaron un estribillo que era de un viejo programa de la radio cubana y así
crearon la bella canción «Guantanamera», que ha entrado definitivamente en la
tradición folklórica.

La segunda selección es un conjunto de trozos tomados de la extensa prosa de
Martí que muestran su filosofía de la vida y de la política. Aun cuando escribía en
25 prosa, el gran escritor cubano usaba elementos de la naturaleza para expresar sus pensamientos en un estilo poético.

Versos sencillos
(Selecciones)

José Martí

Yo soy un hombre sincero
de donde crece la palma
y antes de morirme quiero
echar° mis versos del alma.°   *expresar / soul*

5 Yo vengo de todas partes,
y hacia todas partes voy:
arte soy entre las artes,
en los montes,° monte soy.   *bosques, montañas*

Yo sé los nombres extraños
10 de las yerbas° y las flores,   *plantas*
y de mortales engaños,°   *falsedades*
y de sublimes dolores.°   *penas*

Todo es hermoso y constante,
todo es música y razón,
15 y todo, como el diamante,
antes que luz es carbón.°   *coal*

Odio la máscara° y vicio   *mask (hipocresía)*
del corredor de mi hotel:
me vuelvo al manso bullicio°   **manso...** *dulce ruido*
20 de mi monte de laurel.

Con los pobres de la tierra
quiero yo mi suerte echar:°   **mi...** *throw in my lot*
el arroyo de la sierra
me complace° más que el mar.   *gusta*

25 Busca el obispo° de España   *bishop*
pilares para su altar;
¡en mi templo, en la montaña,
el álamo° es el pilar!   *poplar tree*

Y la alfombra° es puro helecho,°   *carpet /* **puro...** *all fern*
30 y los muros abedul,°   *birch*
y la luz viene del techo°   *roof*
del techo de cielo azul.

Estimo a quien de un revés°   **de...** *with one blow*
echa por tierra° a un tirano: **echa...** *triunfa sobre*

35 lo estimo, si es un cubano;
lo estimo, si aragonés.° *persona de Aragón, España*

Yo sé de un pesar° profundo *sufrimiento*
entre las penas sin nombres:
¡La esclavitud° de los hombres *slavery*
40 es la gran pena del mundo!

Yo quiero salir del mundo
por la puerta natural:
en un carro° de hojas verdes *cart*
a morir me han de llevar.

45 Yo quiero, cuando me muera,
sin patria, pero sin amo,° *master, owner*
tener en mi losa° un ramo° *piedra de la tumba / bouquet*
de flores —¡y una bandera!

Trozos filosóficos de la prosa de Martí

1. Los hombres no pueden ser más perfectos que el
sol. El sol quema° con la misma luz con que calienta. El sol *burns*
tiene manchas.° Los desagradecidos° no hablan más que de *spots / personas sin gratitud*
las manchas. Los agradecidos hablan de la luz.

5 **2.** Cada hombre es la cárcel° de un águila:° se siente el *prisión / eagle*
golpe de sus alas,° los quejidos° que le arranca su cautivi- *wings / lamentos*
dad,° el dolor que en el seno° y en el cráneo nos causan sus *captivity / chest*
garras.° *claws*

3. La igualdad social no es más que el reconocimiento° *recognition*
10 de la equidad° visible de la naturaleza. *justicia*

4. No hay flores más lozanas° ni fragantes que las que *verdes y robustas*
nacen sobre la tierra de los muertos. De amar° las glorias ***De...** By loving*
pasadas, se sacan° fuerzas para adquirir las glorias nuevas. ***se...** uno obtiene*

Preguntas sobre el poema

1. ¿Quién era José Martí? ¿Qué tipo de vida llevó?
2. Según su interpretación, ¿qué quiere decir Martí en la segunda estrofa («Yo vengo de todas partes...»)?
3. ¿Por qué prefiere el poeta la vida de los montes a la vida urbana?
4. Describa el templo de Martí. ¿Por qué cree Ud. que muchas personas sienten la presencia de Dios en la naturaleza?
5. Según Martí, ¿cuál es la gran pena del mundo? ¿Qué experiencia tuvo de esta pena?

6. ¿En qué partes de *Versos sencillos* ve Ud. las siguientes características de Martí: (a) su pasión por la libertad, (b) su amor de la naturaleza, (c) su optimismo?

Expansión de vocabulario

Antónimos y sinónimos

Llene los espacios en blanco con palabras apropiadas del poema.

1. Un antónimo de **falso:** _____
2. Un antónimo de **virtud:** _____
3. Un sinónimo de **montaña:** _____
4. Un sinónimo de **«me gusta»:** _____
5. Un antónimo de **libertad:** _____
6. Dos sinónimos de **dolor:** _____

Identificación de temas en los trozos filosóficos

Escriba el número del trozo que corresponde a cada uno de los siguientes temas.

1. _____ La inspiración que recibimos de los héroes y de la historia de nuestro país.
2. _____ La tolerancia que debemos tener por los defectos humanos de otras personas.
3. _____ El sentido natural de la justicia.
4. _____ El deseo de libertad y expresión que existe dentro de cada ser humano.

Discusión

1. Según su opinión, ¿qué representa la naturaleza para Martí? ¿Qué encuentra Ud. en la naturaleza?
2. ¿Cuál de las estrofas de *Versos sencillos,* o cuál de los trozos filosóficos, le gusta más a Ud.? ¿Por qué?
3. Para Ud., ¿qué es la vida sencilla y natural? ¿Es posible llevarla sólo cuando uno vive en los montes o en el campo? Explique.

Composición: análisis de metáforas

A veces los escritores usan metáforas o símbolos para expresar sus ideas. Escriba Ud. una breve composición sobre uno de los siguientes elementos de la naturaleza usados como símbolos en los trozos filosóficos de José Martí, siguiendo este esquema:

- primer párrafo: Explicación de qué significa el símbolo
- segundo párrafo: Descripción de cómo Martí usa este símbolo para expresar una idea abstracta
- tercer párrafo: Su propia opinión sobre esta idea

Lista de símbolos

el sol   el águila   las flores sobre las tumbas

Ecología y turismo: Tres ejemplos

El mundo hispánico contiene un tesoro de belleza natural, y cada año aumenta el número de viajeros que van en busca de esta riqueza. El turismo trae consigo muchos cambios. Hay beneficios: el desarrollo económico, empleos para la gente, nuevos comercios. También hay problemas: la extinción de ciertos animales, la contaminación de la naturaleza y los efectos psicológicos que algunos llaman la «contaminación cultural».

Acapulco: Un paraíso en decadencia

En los años 50 el turismo norteamericano descubrió un paraíso en la costa del Pacífico de México: Acapulco. Las playas extensas de arena blanca, el bello mar azul y la abundancia de peces, mariscos, frutas y flores semi-tropicales ofrecían un lindo descanso al viajero del norte. Además, los precios eran razonables, porque se recibía un buen cambio por el dólar americano. ¿Qué pasó? Pues, llegaron muchos turistas, se construyeron hoteles, se organizaron excursiones.

Luego las cristalinas aguas se pusieron oscuras, las playas se llenaron de gente y basura, crecieron los microbios. Ahora, muchos viajeros evitan a Acapulco y
15 prefieren ir a otras playas «nuevas» en México, como Ixtapa o Cancún.

Las islas Galápagos: La lucha por la sobrevivencia

El ambiente es extraño. Sobre la arena negra caminan enormes iguanas de varios colores que parecen dragones prehistóricos. Hay tortugas gigantescas que viven por siglos, flamencos, muchas aves raras, y — ¿cómo puede ser? — aquí, lejos de Antártida — ¡pingüinos! Estas islas se llaman las Galápagos* y se encuentran en el
20 Pacífico a 970 kilómetros de la costa de Latinoamérica. Son famosas en la historia natural como la inspiración de Charles Darwin, quien desarrolló la teoría de la evolución. Cuando Darwin llegó allí en 1835, encontró animales que ya no vivían en ninguna otra parte del mundo. Con el tiempo, el contacto con el ser humano ha sido casi fatal para algunos de ellos. Los barcos trajeron ratas y cabras que se
25 multiplicaron rápidamente y comieron la vegetación. Poco a poco el número de animales originarios empezó a reducirse porque éstos no podían competir. Algunas especies desaparecieron para siempre. En 1959 la república de Ecuador, que es dueña de las islas, convirtió el sitio en Parque Nacional y empleó a científicos para matar las ratas y cabras en un esfuerzo de restablecer el delicado
30 equilibrio natural. Actualmente, Ecuador sólo permite un turismo muy controlado: pequeñas expediciones dirigidas por biólogos. Pero mucha gente quiere visitar las islas. Ecuador es un país pobre y algunos creen que se debe construir un hotel allí para atraer el turismo mundial.

---

* En español, el territorio formado por estas islas se llama el Archipiélago de Colón.

La Alhambra: Armonía entre arquitectura y naturaleza

En los siglos X a XIV, cuando Europa estaba en la Edad Oscura, los musulmanes
35 tenían una cultura muy alta y desarrollada en el sur de España. El gran palacio
rojo que se llama La Alhambra se construyó en Granada en esa época. Su magnífica arquitectura está combinada con lindos jardines y patios que demuestran la
idea de la armonía entre el ser humano y la naturaleza bajo el control de Alá, el
Dios del Islám. Como la representación de personas o animales está prohibida en
40 el Corán, los artistas musulmanes pusieron todo su talento en la perfección de
diseños geométricos y abstractos. La repetición de estos diseños se une con la
repetición de columnas por dentro y de filas de árboles que se ven por las grandes
ventanas para simbolizar el poder infinito de Alá. El color y perfume de las flores,
el sonido musical de las fuentes y los intrincados mosaicos muestran su poder
45 creador. El palacio, con su conjunto de edificios y jardines, es como un poema
religioso arquitectónico. Todo esto estaba en ruinas hasta el siglo pasado cuando
varias personas se interesaron en su restauración. Hoy, restaurado y bien man-
tenido, la Alhambra es uno de los lugares históricos más populares del mundo.
Cada año cientos de miles de turistas la visitan. ¿Pero es posible sentir y ver la
50 armonía espiritual del lugar cuando hay enormes autobuses y grandes grupos
turísticos?

Preguntas

1. ¿Dónde está Acapulco? ¿Qué tenía antes para atraer a los turistas?
2. ¿Por qué van muchos turistas a otras playas en México ahora?
3. ¿Ha visitado o ha oído Ud. de otros lugares que han perdido turismo? Explique.
4. ¿Dónde están las Galápagos? ¿Por qué se interesa mucha gente en visitar estas islas?
5. ¿Qué problemas ha causado allí la llegada de muchos viajeros?
6. Según su opinión, ¿debería Ecuador permitir más turismo en las islas o no? Explique.
7. ¿Qué es la Alhambra y dónde está?
8. ¿Cómo representa la Alhambra la idea musulmana de la armonía del universo?

Discusión

1. Según su opinión, ¿qué es la «contaminación cultural»? ¿Existe esto en algunas partes de Estados Unidos o Canadá?
2. ¿Cuál de estos lugares le interesaría más a Ud. para visitar? ¿Por qué? ¿Qué podría hacer como turista para no tener un impacto negativo en la ecología?

Comentario sobre fotos

Haga un comentario, en forma oral o escrita, sobre lo que Ud. siente y piensa con respecto a una de las fotos de las páginas anteriores.

Minidebates

En una o dos frases, explique por qué Ud. está de acuerdo o no con las siguientes declaraciones.

1. La primera obligación de un país es dar empleo a su gente; la conservación de la ecología viene después.
2. Un turista tiene derecho a visitar el país que quiera.
3. Es importante conservar todas las especies de animales que ahora existen.

De almejas felices y ostras aburridas
o
¿Quiere Ud. comer una vaca?

Según ciertos filólogos, el uso en algunos idiomas de dos palabras diferentes para distinguir entre la carne de un animal que se sirve para comer y el animal vivo indica una actitud de cariño hacia el animal. Por ejemplo, en inglés se dice «*cow*» o «*steer*» para designar la vaca o la res viva, pero se habla de comer «*beef*». No es así

5   en español. El animal es una «vaca» o una «res», y el plato que se sirve es simplemente «carne de vaca» o «carne de res». Por otra parte, en inglés hablamos de «*fish*» que viven en el mar o en el río y de «*fish*» también cuando lo servimos en la mesa. Pero los españoles llaman «pez» a lo que vive en el agua y «pescado» a lo que comen. ¿Por qué esta diferencia? ¿Sentirían los españoles más cariño por los peces

10 y menos por las vacas? ¿Quién sabe? También podemos preguntarnos por qué los norteamericanos sienten repugnancia a la idea de comer carne de perro (una costumbre común en Tailandia) o de caballo o de conejo (dos carnes muy apreciadas por los franceses). ¿Por qué se come en los Estados Unidos el puerco (comida prohibida a los judíos y a los árabes) y la carne de vaca (un hábito no

15 permitido a la gente hindú)?

También hay una diferencia entre los hispanos y los angloparlantes cuando hablan de la comida preparada con condimentos como cebolla, ajo y chiles. Esta comida produce cierta sensación en la boca. En inglés se dice que es «*hot*», pero los hispanos no dicen que la comida condimentada es «caliente», sino que es «pi-

20 cante». Para ellos la sensación se parece a lo que sienten cuando un mosquito les «pica» o a un «picazón» *(itching)* en la lengua, mientras que los ingleses la comparan a la sensación del calor. ¿Quiénes tienen razón?

Parece que cada pueblo desarrolla su propia «personalidad» o cultura que consiste en un conjunto de actitudes y preferencias; luego esta cultura se refleja

25 en la lengua. Los ingleses y españoles también parecen tener diferentes ideas sobre la vida del humilde marisco. En inglés para describir a una persona muy feliz se dice que la persona es «*as happy as a clam*». En español se usa otro marisco en una frase común pero no para representar la felicidad. Una persona que está sumamente aburrida puede decir: «Me aburro como una ostra».

Comprensión de la lectura

Llene los espacios en blanco con palabras apropiadas de la lectura.

1. Si Ud. quiere comer «*beef*» en un restaurante español, debe pedir _____ .

2. En España se puede comer bacalao *(cod)* y otros tipos de _____ en los restaurantes.

3. El café debe estar _____ , no frío.

4. La comida mexicana debe ser _____ , no suave *(bland)*.

5. Para los ingleses, las _____ están felices; para los españoles las _____ están aburridas.

Discusión

¿Ha comido Ud. alguna vez carne de venado *(deer)* o algún otro tipo de comida poco usual? ¿Qué piensa Ud. de la costumbre en Tailandia de comer carne de perro? ¿De la costumbre norteamericana de comer carne de puerco? Explique.

La capital mexicana, «un supermercado de horrores ecológicos»*

Gloria Palavicini

ANTICIPACIÓN El título y otros materiales como puntos de partida

Antes de leer, mire Ud. el título, los subtítulos, las fotos y el primer párrafo del siguiente artículo. Ud. verá que la autora habla de la ciudad de México como ejemplo de un grave problema de nuestros tiempos. En palabras sencillas, ¿cuál es este problema?

Según su opinión, ¿cuáles son tres causas del problema?

Mire el artículo por tres minutos para ver si se mencionan estas causas. Escriba una «C» delante de las que están incluidas. ¿Qué otros factores menciona la autora como causas?

Ahora, lea el artículo con cuidado para aprender más sobre las causas y sobre posibles soluciones.

Según los pronósticos° basados en los índices de creci-   predicciones
miento demográfico mundial, para el año 2000, la ciudad de
México será la número uno del planeta en tamaño° y pobla-   magnitud
ción. Posiblemente, lo que más nos preocupa del futuro es
5   pensar cómo nos alimentaremos° y dónde viviremos pero   **nos...** comeremos
¿se nos ha ocurrido reflexionar qué respiraremos?° ¿Por   *we will breathe*
cuánto tiempo más será respirable el aire de la capital? El
Distrito Federal° sufre un grado° de contaminación de los   **El...** La ciudad de
más graves.   México / *degree*

* De *Jueves Excélsior*, una revista mexicana.

La situación geográfica

10 La situación geográfica de la ciudad es desfavorable para la eliminación de gases y humos. El llamado° «Valle de México» no es ningún valle sino una cuenca°; y sabemos que la estructura ecológica del lugar no es la actual° ya que antiguamente, en tiempos de los Aztecas, estaba formada por 15 lagos.

Después de la llegada de los españoles, poco a poco se fueron secando y rellenando° las zonas acuáticas y sobre ellas se construyeron edificios. Crecimos° quince millones de personas. Echamos a andar° dos millones de vehículos e 20 instalamos fábricas° humeantes. Todo «sumido»° entre las montañas. Por eso las corrientes de aire no llegan con suficiente fuerza a la ciudad como para limpiar de impurezas, sólo la sobrevuelan.°

so-called

cavidad llena de agua

presente

se... were drying up and being filled in
We grew to be
Echamos... Pusimos en movimiento
factories / sunken

they fly over

Una variedad de contaminantes

El doctor Manuel Servín Masieu de la Universidad Metropo-
25 litana de Xochimilco nos dice: «El problema de la contaminación en la ciudad de México es muy complejo° y para

complicado

hablar sobre él hay que hacer como si° entráramos en un 'supermercado de horrores'. Escoja el pedazo° de la metrópoli que quiere analizar y éste tendrá sus contaminantes
30 específicos. Por ejemplo, el norte tiene el cromo° que sale de las fábricas; en el noroeste, en ciertas épocas hay mucho polvo.° El plomo° de la gasolina y el bióxido de azufre° despedido° por el combustible Diesel, que es sumamente tóxico, están por todas partes. Además está la basura° y la
35 invisible contaminación por microorganismos.»

Campañas° que no tienen éxito

«La basura» — continúa el doctor Servín — es un agresor del medio ambiente° que abunda en la ciudad de México para el cual se han hecho infinidad de campañas como aquélla de 'Ponga la basura en su lugar'. La gente iba y colocaba la
40 basura en los botes° que el DDF° puso para tal propósito. Todo muy bien, pero pasaban los días y estos tambos° se llenaban y desbordaban° de desperdicios pues el servicio de limpieza no pasaba nunca a vaciarlos.»°
«Tenemos las mejores leyes° y grandes planes pero
45 ¿quién se encarga° de cumplirlas° o hacer que se cumplan?»

El caso de Londres

«Londres° es una de las ciudades que ha llegado a extremos gravísimos de contaminación ambiental. En el invierno de 1952 la temperatura bajó escandalosamente y el consumo
50 de carbón° fue tan grande que a la mañana siguiente todo amaneció° tiznado° y el aire lleno de hollín.° Esa noche murieron cinco mil personas por causa de envenenamiento del ambiente y en consecuencia se promulgó un decreto° que prohibió el uso de carbón por tiempo ilimitado.»
55 «¿Qué pasó? pues nadie usó el carbón como combustible; desde la reina° hasta el más humilde barrendero° acataron° la ley. ¿Qué pasaría en México? ¿Quién cumpliría con la orden? Los pobres y la clase media tal vez, pero siempre habría influyentes° que verían la manera de pagar su desa-
60 cato.° ¿Qué pasó con el programa de mejoramiento° ambiental del DDF? Paraban, multaban° y regañaban° a todo chofer que manejara una unidad° que echara humo y hasta le ponían al vehículo un aparato anticontaminante, mas no detenían ni a los camiones,° ni a combis° y mucho menos
65 autos de funcionarios.»°
«Para la basura se necesita educar a los ciudadanos para que la depositen en lugares adecuados siempre y

cuando° el DDF se encargue de recogerla. Lo mismo para las industrias y el comercio.»

siempre... always provided that

¿Qué se puede hacer?

70 «¿Qué podemos hacer? Primero, hay que decentralizar. Lo importante es sacar° de la ciudad lo que no tiene por qué° estar en ella. ¿Qué hace la Secretaría de Pesca° aquí, a miles de metros sobre el nivel° del mar? ¿Qué hacen Agricultura y Ganadería en esta plancha° de cemento? ¿Qué petróleo va a 75 explotar Pemex° en esta ciudad?»

poner fuera / una razón / Fishing
altura
sheet
la agencia nacional de petróleo

 «Hay que dar también incentivos a la gente para que se quede en° su lugar de origen sin tener que morirse de hambre. En los últimos cuarenta años la mitad del crecimiento de la zona metropolitana es de gente llegada del 80 campo; es decir, si somos 18 millones, nueve llegaron del campo.»

se... no salga de

Una manifestación en el Zócalo, la plaza principal del D.F. Un grupo le pide al gobierno que detenga el crecimiento de la ciudad.

La peor contaminación

«A mi parecer, la peor contaminación que puede existir o puede sufrir un ser humano es la 'emocionante'. Cada año que pasa vemos cómo nuestros recuerdos° son robados y

memories

85 destruidos. El derribar° casas, el cambiar de nombre a calles que han permanecido así durante siglos° es borrar° la historia de nuestra ciudad. Pero nadie protesta.»

«¿Quién me cree que San Ángel estaba lleno de huertas°? ¿Por qué se sigue contaminando el Río Magda-
90 lena, el último que queda en la capital?»

«En una ocasión pregunté a un experto en suelos,° el doctor Antonio Flores, ¿qué sería de la ciudad de México dentro de cien años? Me pidió un día para contestarme. Esa noche me llamó por teléfono y me dijo: 'Ya tengo la res-
95 puesta. La ciudad de México será dentro de cien años...¡un desierto!'»

El... La destrucción de
centuries / eliminar

campos de árboles frutales

soils

Comprensión de la lectura

En palabras sencillas

Explique los siguientes puntos mencionados por la autora. Luego, diga qué tiene que ver cada punto con el tema central.

1. la situación geográfica de la ciudad de México
2. la crisis que tuvo Londres en el invierno de 1952

Entrelíneas: ¿Cómo lo sabemos?

Si leemos con cuidado («entre las líneas»), podemos sacar **inferencias,** ideas que no están expresadas de manera directa sino que están insinuadas por la autora. Busque las secciones del artículo que nos insinúan las siguientes ideas.

1. Los servicios públicos en el Distrito Federal no son eficientes ni responsables.
2. Una causa de la contaminación en la capital es la corrupción de los ricos y de los funcionarios.
3. En México hay mucha pobreza en el campo.

Preguntas

1. ¿Cuáles de los tipos de contaminación mencionados en el artículo existen en la ciudad donde Ud. vive? ¿En la capital de su estado?
2. ¿Qué ciudades norteamericanas tienen mucha contaminación? ¿Cree Ud. que el problema es más o menos grave que en México? Explique.
3. ¿Por qué se habla en el artículo de la Secretaría de Pesca, los ministerios de Agricultura y de Ganadería, y Pemex? ¿Qué tienen que ver estos grupos con el problema de la contaminación?
4. ¿Qué soluciones propone el doctor Servín Masieu?

Interpretación del dibujo

¿Cómo interpreta Ud. este dibujo del artista mexicano Rogelio Naranjo?

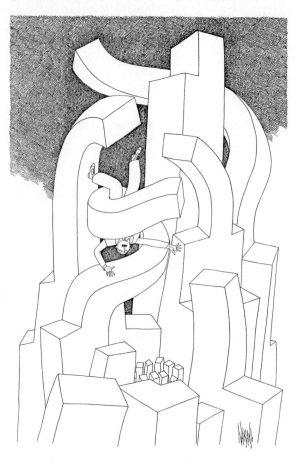

Expansión de vocabulario

Muchos adjetivos están basados en sustantivos *(nouns)* o verbos que nos ayudan a adivinar su sentido. Lea las siguientes frases tomadas del artículo. Luego, usando el sustantivo o verbo entre paréntesis, adivine su sentido y tradúzcalas.

ejemplo: ¿Por cuánto tiempo más será **respirable** el aire...? (respirar)

How much longer will the air be **breathable . . . ?**

1. fábricas **humeantes** (humo) _____

2. contaminación **ambiental** (ambiente) _____

3. por tiempo **ilimitado** (límite) _____

4. (personas) **influyentes** (influencia) _____

5. aparato **anticontaminante** (contaminación) _____

Discusión

¿Qué es la contaminación «emocionante»? Según su opinión, ¿qué ciudades de los Estados Unidos tienen este problema ahora? ¿Cree Ud. que se debe tratar de solucionarlo? ¿O debemos aceptar este problema como «consecuencia inevitable» del progreso? Explique.

Composición

1. Una página de un diario escrito por una víctima de la contaminación
2. Un informe sobre los problemas urbanos de la Tierra escrito por un extraterrestre del planeta Naturalinda

El indio y los animales
Una leyenda maya*

Luis Rosado Vega

ANTICIPACIÓN   Hacer predicciones antes de leer

El título indica que la siguiente selección es una leyenda de los mayas, un grupo de indios (véase la nota al pie de esta página), y tiene que ver con los animales. Antes de leer, piense un momento en lo que Ud. ha oído de los indios en general: sus tradiciones, su religión y su actitud hacia los animales. Tradicionalmente, ¿tienen los animales más o menos importancia para los indios que para la mayoría de la gente de hoy? Explique.

Ahora, trate Ud. de predecir (hacer una predicción sobre) qué tipo de relaciones se van a encontrar en la leyenda entre el indio y los animales.

Compare sus predicciones con las de sus compañeros(as) de clase. Lea el cuento para ver si Ud. ha tenido razón.

Antigua es esta Tradición, tanto como lo más antiguo en esta tierra de indios. Acaso° sea la más antigua. Fue allá en los más lejanos° tiempos, en los más lejanos. Fue en el Principio de los Principios, cuando apenas la Vida comenzaba en 5 estas tierras.

El Dios del *Mayab*,° que es como decir, el más grande de los dioses, había creado al indio. Formó su cuerpo del barro° rojo de la tierra, y por eso su piel° es del color de la tierra. Formado estaba el hombre, pero aún carecía de

Tal vez, Quizás

distant

civilización maya

clay / skin

---

* De *El alma misteriosa del Mayab*, colección de leyendas de los indios mayas, antiguo pueblo de México y Centroamérica. El período clásico de los mayas fue de 300 d.C. – 900 d.C. (d.C. = después de Cristo).

Los turistas visitan las ruinas de Palenque, una de las antiguas ciudades construidas por los mayas en la selva de México hace más de 1.000 años.

10 aliento.° Tomó entonces Dios aquel cuerpo y lo condujo a la boca de una cueva,° allí donde se siente salir de vez en vez una ráfaga° refrescante y pura. Esa ráfaga penetró en el cuerpo del hombre y así se le formó el alma.° Por eso el indio ama las cavernas de sus bosques, porque sabe que en 15 ellas está el Buen Espíritu.

      Entonces vivía el indio maya familiarmente con todos los animales, con todos, desde la más recia° de las bestias hasta el insecto más humilde.° Desde entonces también sabe el lenguaje de los animales de sus selvas y éstos saben 20 igualmente el lenguaje del indio. Fue en aquel tiempo en que a las puertas de su choza,° cuando el sol no sale aún, o a la hora del crepúsculo,° para charlar sobre las cosas de la jornada° diaria, el indio se rodeaba de° todos los animales como si formaran una familia sola. Entonces todos los ani-25 males lo ayudaban en sus faenas,° y él los atendía a todos y cuidaba° de todos.

      El conejo° con sus pequeños dientes desgarraba° los granos del maíz. Los pájaros bajaban los frutos que habrían de alimentar a todos. El pájaro carpintero° trozaba° las 30 ramas de los árboles para hacer las cercas.° El venado° era el mensajero que corría rápido de un lugar a otro para

carecía... no podía respirar / *caverna*

viento fuerte
soul

fuerte
modesto

casa rústica, cabaña
twilight
trabajo / **se...** *surrounded himself with*
labores
took care
rabbit / abría

pájaro... *woodpecker / rompía / fences / deer*

comunicar a los indios entre sí. La luciérnaga° era la encar- *firefly*
gada° de iluminar de noche los caminos. El ave *Xkokolché* responsable
que es la más canora° cantaba para adormecer a los pollue- musical
35 los° de las demás aves y el indio también se adormecía pajaritos
escuchándola.

Así todos y cada uno de los animales, en compañía del
hombre que era el Señor de todos ellos, se dedicaban al
oficio° que su Dios les había dado para hacerlos felices y ocupación
40 para hacer feliz al hombre.

Entonces el indio se alimentaba de° granos y frutos **se...** comía
solamente. El maíz, el frijol,° la calabaza° y el chile lo llena- *kidney bean / squash*
ban regiamente° y no sentía necesidad de otras cosas para espléndidamente
satisfacerse.

45 Por eso los animales tenían confianza en él, conversa-
ban con él y dormían cerca de su choza y en los árboles más
próximos. Porque el Gran Dios hizo a los hombres y a los
animales para vivir juntos y ayudarse mutuamente, pero el
Genio del Mal° hizo la separación que hasta hoy subsiste.° **Genio...** Espíritu
malo / continúa
mala
50 Y fue así como llegó la hora inicua° según recuerda la
vieja Tradición. Una noche el indio no dormía. Sin explicarse la razón se sentía inquieto.° Por primera vez en su intranquilo
vida sentía aquel malestar° inexplicable. Se levantó de la sensación de estar
incómodo, preocupado
cama, salió a la puerta de su cabaña para distraer° su in- olvidar
55 quietud y su ansia.° Todo estaba bañado en aquellos mo- agitación
mentos por la claridad lunar. Vio a los animales que dormían cerca de su choza, oyó el leve° palpitar de sus delicado
corazones, vio las ramas de los árboles inclinadas sobre la
tierra como si también durmieran. Sintió el airecillo° fresco viento pequeño
60 de la noche, se creyó más tranquilo y entonces trató de
penetrar° nuevamente a la cabaña. Pero en ese momento volver
sintió que algo como una fuerza extraña le detenía° los pies. *was holding back*

Miró hacia el bosque lívido de luna, y vio como sa-
liendo de la espesura° una sombra° se adelantaba hacia él. bosque denso / *shadow*
65 Una sombra extraña y horrible, deforme de cuerpo y llena
de pelos.° Tenía órganos de distintos animales y distri- *hairs*
buidos en forma tal° que la hacían incomprensible. Sus ojos **en...** *in such a way*
enormes y desorbitados° brillaban tan siniestramente que salidos de sus órbitas
helaban de espanto.° Sintió miedo el indio y llamó a los **helaban...** *made one
freeze with fear*
70 animales que dormían más cerca, pero ninguno despertó
como si por un maleficio° hubiesen quedado paralizados. *magic spell*

La sombra llegó hasta él y entonces le habló con una
voz horrible y ronca.° Y fue para decirle: *hoarse*

—Es en vano que trates de despertar a tus compañe-
75 ros. Esos animales no volverán a la vida hasta que yo me
vaya. Tú eres un hombre cándido° y puro porque estás inocente
lleno del espíritu de aquél que es mi Enemigo. Pero es
fuerza° que también conozcas al Espíritu del Mal, porque necesario

has de saber que de Bien y de Mal° ha de vivir el hombre. Yo *de... by Good and Evil*

80 soy el *Kakazbal* o sea la Cosa Mala que reina° en la noche. Yo predomina
soy el que se alimenta de la carne° del hombre igualmente *flesh, meat*
que de la de los animales. Yo soy el que bebe la sangre de los
niños. Yo soy el que da la mala savia° a las plantas que *sap*
envenenan.° Yo soy el que tuerce° las cosas y las rompe o *poison / twists*

85 las destruye. Yo soy el que detiene a las nubes para que no
llueva y se pierdan las cosechas.° Yo soy el que da las enfer- *crops*
medades y da la muerte.

—¿Y por qué haces tanto daño?° le dijo el indio **haces...** *do you do so much harm* / miedo grande
tembloroso y con el espanto° en el alma.

90 —Ya te lo he dicho porque es necesario que no sólo el
Bien sino también el Mal reine sobre la Tierra. Además
quiero enseñarte a ser menos cándido. Esos animales que
ves y que están a tu alcance° pueden satisfacer tus gustos. **a...** *within your reach*
Mátalos para devorar sus carnes y sentirás lo sabrosas° que deliciosas

95 son. Tú no sabías esto y vine a decírtelo en provecho tuyo.° **en...** por tu propio bien / *Try it out*
Prueba° y verás...

Comenzaba a amanecer° y el *Kakazbal* se fue como *to become light*
había venido, por miedo al día que se avecinaba.° De pronto **se...** llegaba
el indio maya quedó perplejo. No sabía cómo explicarse

100 aquella visita inesperada° y menos entender los consejos° *unexpected* / recomendaciones
que había oído. ¿Matar a los animales para devorarlos? ¿Y
por qué si ellos no le hacían daño alguno, sino antes al
contrario lo ayudaban en su vida? Sin embargo una como
maligna curiosidad picó° su alma...¿Por qué no probar? A estimuló

105 punto de° que el alba° asomaba° se oyó el primer canto de **A...** En el momento / *dawn* / se mostraba
algunas aves. Fue entonces cuando los animales desper-
taron volviendo a la vida, se aproximaron° al hombre para **se...** llegaban
hablarle como era su costumbre, pero lo hallaron tan cambiado, vieron en su cara señales° de violencia y tuvieron indicaciones

110 miedo e instintivamente se fueron alejando° de él. apartando

El hombre había perdido su pureza primitiva, había
cambiado. El *Kakazbal* había infundido° en él el espíritu del inspirado
Mal. Y se dice que desde entonces aprendió el indio la gula° exceso en la comida
y comenzó a comer carne, aunque siguió y sigue haciendo

115 de los granos su alimento básico. Aprendió la crueldad y
comenzó a matar a los animales. Aprendió la astucia y co-

menzó a ponerles trampas° para atraparlos. Los animales le | *traps*
tuvieron miedo y comenzaron a retirarse de su lado y a
ocultarse cada uno en su guarida.° | refugio de animales

120   Fue en aquella noche nefasta° cuando por primera | mala
vez apareció el *Kakazbal* en la tierra maya, y desde entonces
la sigue recorriendo, especialmente en las noches de luna
en conjunción.° | **en...** cerca de otros planetas

    Fue desde entonces cuando algunos pájaros comen-
125 zaron a imitar el gemido° en sus cantos, porque en efecto | lamento
lloran.

    Fue desde entonces cuando algunos animales gritan
como con gritos lastimeros.° | dolorosos

    Lloran y se lastiman de la separación del hombre para
130 cuya compañía habían nacido todos.

    Pero no importa. La Tradición concluye diciendo que
todo esto es transitorio, porque el Espíritu maligno habrá de
ser vencido en forma absoluta por el Espíritu del Bien, y que
día vendrá en que todo vuelva a ser como fue en los princi-
135 pios.

Comprensión de la lectura

Resumen de la acción

Llene cada espacio en blanco con una palabra o frase apropiada para completar el resumen de la leyenda. En algunos casos hay varias maneras correctas de llenar el espacio.

La Tradición es muy _____ en la tierra de los indios mayas. Según esta Tradición, Dios usó el barro rojo de la tierra para formar el _____ del indio y por eso su piel es del color de la tierra. En aquellos tiempos, el indio maya y los animales _____ . Él sabía su _____ y muy temprano por la mañana o a la hora del crepúsculo, todos llegaban a _____ para _____ sobre las cosas del día. Los animales lo _____ en sus trabajos y él los atendía y cuidaba. Entonces el indio comía sólo _____ y los animales tenían _____ en él. Una noche el indio no podía _____ . Se _____ de la cama y fue a la puerta. Allí en el bosque vio una _____ que parecía _____ . Luego, la figura le habló y le dijo que él era _____ y que había venido porque quería _____ . A la mañana siguiente los animales se despertaron y vieron que el hombre _____ . Los animales le tuvieron miedo y se ocultaron en el bosque. Pero no importa. La Tradición predice que algún día _____

Preguntas

1. Según la Tradición, ¿por qué ama las cuevas el indio maya?
2. Describa Ud. las relaciones que existían entre las personas y los animales en tiempos antiguos. Dé ejemplos de lo que hacían.
3. ¿Qué cosas malas hacía el *Kakazbal*?
4. ¿Cómo cambió el indio después de su visita?
5. ¿Cómo cambiaron los animales?

Discusión

1. Los sociólogos dicen que en tiempos antiguos cuando no existían los conceptos de ciencia y psicología, la gente usaba leyendas para explicar el mundo y para entender sus emociones. ¿Qué partes de la leyenda maya muestran esta tendencia?
2. Según la tradición maya, cuando un hombre iba a cazar un animal, antes de matarlo decía siempre una pequeña oración a Dios: «Tengo necesidad.» ¿Qué diferencia hay entre la actitud maya hacia los animales y la actitud de nuestra cultura? ¿Qué piensa Ud. de esto?

Comentario sobre dibujos

Haga Ud. un comentario oral o por escrito sobre el dibujo de esta página o el de la siguiente página.

Minidebates

En una o dos frases, explique por qué Ud. está de acuerdo o no con las siguientes declaraciones.

1. En general nuestra sociedad trata mejor a los animales domésticos que a la gente pobre.
2. Se debe imponer reglas estrictas sobre el uso de animales en experimentos científicos.
3. Todos estaríamos mucho más sanos y felices si no comiéramos ninguna carne.

Cambios
sociales

2

Las ruinas de Machu Picchu en los Andes del Perú, monumento a la antigua civilización incaica.

Vocabulario preliminar

Estudie el vocabulario antes de leer el artículo sobre la sociedad incaica (de los incas). Luego, utilice Ud. este vocabulario como medio de consulta durante su estudio del capítulo.

1. **cambiar** variar, modificar, alterar; **cambio (el)** modificación
2. **cárcel (la)** prisión, edificio para encerrar prisioneros
3. **castigar** imponer una pena a alguien por un crimen; **castigo (el)** pena que se impone por un crimen
4. **derecho (el)** autoridad de actuar o de pedir una cosa; **tener derecho a** *to have a right to*
5. **desempleo (el)** falta de empleo (trabajo)
6. **desigualdad (la)** falta de igualdad, diferencia en la distribución de derechos y privilegios
7. **droga (la)** sustancia medicinal de efecto estimulante, deprimente o narcótico
8. **escoger** elegir, optar por
9. **gobierno (el)** mando, administración, control de una nación

10. **guerra (la)** conflicto armado entre dos o más países o entre los individuos de un mismo territorio
11. **lograr** llegar a obtener lo que se desea; **logro (el)** éxito, ganancia
12. **luchar** combatir, pelear; **lucha (la)** combate, pelea
13. **mayoría (la)** el número más grande, la parte más grande, más del 50 por ciento
14. **minoría (la)** el número más pequeño, la parte más pequeña, menos del 50 por ciento
15. **paz (la)** situación de un país que no sostiene guerra con ningún otro país
16. **pobreza (la)** condición de ser pobre, falta de lo necesario para vivir
17. **riqueza (la)** condición de ser rico, posesión de mucho dinero y bienes

Vida y costumbres en el imperio «socialista» de los incas

El imperio de los incas (1100 – 1533 d.C.), que se extendía 2.500 millas de norte a sur y ocupaba gran parte de lo que hoy es Colombia, Ecuador, Perú, Bolivia, Ar-
5 gentina y Chile, tenía una forma de gobierno que en algunos aspectos se podría llamar «socialista».

Organización

En general, la propiedad no era privada; era colectiva. Por eso, había una gran se-
10 guridad económica. Los ancianos (personas viejas) y los enfermos recibían del gobierno medicamentos y todo lo necesario para vivir. Toda la gente común trabajaba en las tierras excepto cuando tomaba su turno en la *mita* (el servicio del estado), luchando como soldado en las guerras, o trabajando en las minas o en la
15 construcción de obras públicas.

Logros

Los indios de estas regiones eran excelentes ingenieros y constructores. Con piedra construyeron magníficos palacios, templos, acueductos, muros y puentes. Aunque no conocían la palabra escrita, tenían un buen sistema de comunicaciones por medio de mensajeros que recorrían las 10.000 millas de caminos, a
20 veces llevando un *quipu*, un grupo de cordones con nudos que representaban números y cálculos importantes. Se practicaba la agricultura con gran éxito, obteniendo muchos más productos de los que necesitaban. Por eso un tercio (1/3) de la producción se guardaba para tiempos de emergencia, y otro tercio se quemaba como ofrenda a los dioses. Se cultivaban alimentos (cosas para comer)
25 que no se conocían en la Europa de esos tiempos: camotes, cacahuates, calabazas, papayas, piñas, aguacates y, principalmente, papas.

En el campo de la medicina sus conocimientos eran también avanzados para aquella época. Usaban plantas para producir varias drogas no conocidas en otras partes del mundo; por ejemplo, la coca (de la cual se deriva la cocaína) se utilizaba
30 como anestesia en las operaciones y para combatir el hambre y la fatiga de los que trabajaban en las alturas de las montañas.

Ventajas (Beneficios)

Como consecuencia de la abundancia y de la eficiencia del imperio, no existía ni el hambre ni la pobreza ni el desempleo (falta de trabajo). Tampoco existía el dinero,

y en realidad no se necesitaba. Cuando
35 ocurría algún acto criminal, el castigo
era rápido y severo. Quizás por todas
esas razones, había muy poco crimen.
No había muchas guerras tampoco, porque los militares usualmente mantenían
40 la paz, excepto cuando conquistaban
nuevos territorios. La autoridad central
tomaba casi todas las decisiones, y el individuo no tenía que preocuparse por el
futuro.

Desventajas (Puntos negativos)

45 «Mucha seguridad, poca libertad». Esta
frase describe brevemente la situación
de la gente común. El individuo tenía
que obedecer reglas (instrucciones obli-
gatorias) sobre casi todos los aspectos de
50 la vida: hasta sobre su manera de vestirse. No podía viajar sin permiso, ni
escoger su residencia, ni cambiar de trabajo. Ni siquiera tenía derecho a vivir sin
esposo(a), porque los que no estaban ca-
55 sados a la edad de 25 años tenían que
casarse, a veces en ceremonias colectivas. El estado no toleraba a los des-
obedientes. Los perezosos (los que no
querían trabajar) eran considerados cri-
60 minales; los ponían en la cárcel o los
condenaban a muerte.

La clase noble

En el imperio de los incas había una minoría de nobles,
un pequeño grupo, que no vivía como la mayoría. Según
la religión oficial, el dios supremo era el sol, y el gran jefe,
65 que se llamaba el «Inca», era su descendiente directo. El
Inca se casaba con sus hermanas y era adorado por el
pueblo como un ser divino. Él, su familia y los otros
nobles vivían en la sagrada ciudad de Cuzco, en medio de
una gran opulencia y riqueza material. Tenían privile-
70 gios exclusivos, casas elegantes, escuelas especiales,
sirvientes y ricos adornos, y los hombres de esta clase
tenían el derecho a vivir con muchas mujeres. Naturalmente, la gran desigualdad de oportunidades entre la
clase noble y la clase común aparta mucho a esta socie-
75 dad del ideal de la teoría socialista.

Comprensión de la lectura

Ejercicio de identificación

1. _____ la ciudad sagrada donde generalmente vivían los nobles
2. _____ un grupo de cordones con nudos que se usaba para representar cálculos
3. _____ el gran jefe que se consideraba divino
4. _____ el servicio público obligatorio para la gente común
5. _____ planta que se usaba para producir una droga narcótica
6. _____ el dios supremo

a. la mita
b. el quipu
c. el Inca
d. Cuzco
e. el sol
f. la coca

Preguntas

1. ¿Dónde estaba situado el antiguo imperio de los incas?
2. Según su opinión, ¿por qué no era necesario el dinero en aquella sociedad? ¿Le gustaría a Ud. vivir en una sociedad sin dinero o no? ¿Por qué?
3. ¿Qué problemas y tensiones sufrimos nosotros que no sufrían los incas?
4. ¿Qué desventajas había para el individuo en la sociedad incaica?
5. Describa Ud. la vida de los nobles. Si pudiera elegir, ¿preferiría Ud. ser uno de los nobles más altos entre los incas o un individuo común del siglo XX? ¿Por qué?
6. Para Ud., ¿qué vale más: la seguridad o la libertad?

Discusión o composición: Romper mitos

Rompa Ud. los siguientes «mitos», mostrando con detalles por qué cada uno es falso. (Si, por el contrario, Ud. cree que alguna de las frases es verdadera, explique por qué.)

A. Los indios del nuevo mundo eran primitivos y no tenían grandes conocimientos.
B. Los indios de las Américas llevaban una vida mucho más libre y democrática que la nuestra.
C. Históricamente, la primera sociedad que se podría llamar «socialista» es la Unión Soviética después de 1917.

Expansión de vocabulario

Muchos sustantivos (nouns) en inglés que terminan en **-ty** corresponden a sustantivos españoles que terminan en **-dad.** Siempre son femeninos. Escriba Ud. el sustantivo español que corresponda a las siguientes palabras. Tenga cuidado con las diferencias de ortografía.

ejemplo:
security **la seguridad**

1. property   la propiedad
2. society   la sociedad
3. community   la comunidad

4. opportunity la oportunidad
5. equality   la igualdad
6. authority   la autoridad

Escriba Ud. los antónimos de las siguientes palabras:

ejemplo:

la guerra **la paz**

1. la minoría *la mayoría*
2. la pobreza *la riqueza*
3. la igualdad *la desigualdad*

4. la vida *la muerte*
5. el empleo *el desempleo*
6. la inseguridad *la seguridad*

Temas del día

el desempleo	el control de la venta de pistolas
la guerra	la reducción de armamentos nucleares
la pobreza	el gran número de personas que viven en la calle
la ecología	la reducción del déficit nacional
la discriminación	las condiciones de las cárceles
la inflación	los derechos humanos
	las relaciones diplomáticas con el Tercer Mundo/con los países democráticos/con los países comunistas

1. En palabras sencillas, defina Ud. los términos de la primera columna.
2. Si Ud. fuera candidato(a) a la presidencia de los Estados Unidos (EE.UU.), ¿qué cuestiones *(issues)* consideraría como las más urgentes del momento actual? ¿Por qué?
3. Según su opinión, ¿cuáles de estos problemas ocupan la atención del presidente que ahora reside en la Casa Blanca? ¿Cuál prefiere Ud., la política externa *(foreign policy)* del presidente o su política interna? ¿Por qué?

MAFALDA

Composición: Historia en dibujos

De todos los cambios sociales, la guerra es el más terrible para la humanidad. Entonces, ¿por qué hay guerras? La siguiente historia en dibujos, tomada de la revista mexicana *Encuentro*, presenta las ideas del artista sobre este tema. Mire los dibujos y escriba un pequeño cuento en español para acompañarlos. Si quiere, Ud. puede consultar la siguiente lista de palabras y la de la página 35.

hacer caer *to spill*	**tirar** *to fire, shoot*
chocar con *to bump into*	**armamentos** *arms*
enfadarse *to get angry*	**florero (el)** *vase*
equivocarse *to make a mistake*	**tanque (el)** *tank*
gritar *to shout*	**tostadas** *toast*
lastimar *to hurt (someone)*	**quemar** *to burn*
romper *to break*	**regañar** *to scold*

No se olvide Ud. de inventar un buen título para el cuento y una moraleja para poner al final.

¿Quiénes son los culpables del narcotráfico?

A. Rodríguez*

ANTICIPACIÓN   El título y otros materiales como puntos de partida

Imagine Ud., por un momento, una actividad que para algunos significa una ganancia de millones de dólares, y para otros, la adicción o la muerte. Éste es el tema del siguiente artículo. Antes de leerlo, mire el título, las fotos, los subtítulos y el primer párrafo; luego conteste estas preguntas:

1. ¿Qué es el narcotráfico?
2. ¿Quién es el autor? ¿Por qué habla de este problema?
3. ¿Qué drogas menciona en particular? ¿Por qué?
4. Según la opinión de Ud., ¿por qué es importante el narcotráfico?

   Lea el artículo para saber más sobre uno de los grandes problemas de nuestros tiempos.

Al llegar a Norteamérica, armado con mi orgullo° de ser colombiano, encontré la fama° que tenemos en el exterior° por causa de la droga. En más de una ocasión, me ocurrió que al presentarme° como colombiano, me preguntaron si
5 tenía droga. Parece que la gente creía que en Colombia producimos y exportamos marihuana y cocaína como lo hacemos con el café. Una vez alguien me dijo que en Norteamérica se consumía droga *por culpa° de nosotros,* que la producíamos. Creo que vale la pena° explicar la situación
10 desde el punto de vista colombiano.

pride

reputación / **el...** otros países

al... *when I introduced myself*

por... a causa

vale... es beneficioso

Los comienzos

Con la guerra de Vietnam y el movimiento hippie de los años 60, el bajo mundo° internacional comenzó a explotar° el narcotráfico como gran negocio. En Colombia en esos años escasamente° se oía hablar de la droga. Colombia es la
15 esquina° de Suramérica, cerca del Canal de Panamá y a tres horas en avión de Miami. Allí la mafia encontró el paraíso

bajo... mundo criminal / *exploit, develop*

muy poco

corner

---

* El autor es un abogado colombiano.

apto para su negocio de marihuana: la península de la Guajira, y la Sierra Nevada de Santa Marta.

Estas zonas eran bastante subdesarrolladas° y una   sin progreso
20 parte de sus habitantes vivía del contrabando° de cigarrillos   *smuggling*
y otras mercancías° traídas del Japón o de Estados Unidos,   cosas para vender
una actividad ilegal, pero difícil de controlar.

En 1968, la mafia internacional mandó a expertos que
entraron como simples turistas y reclutaron campesinos y
25 hacendados° que se dedicaran al cultivo de la marihuana   personas que tienen
en vez de los cultivos° tradicionales, como el maíz o la yuca.   haciendas / *crops*
La marihuana representó algo seguro para esta gente
pobre, aunque iba en contra de las leyes. Además, se pagaba
en dólares en lugar de pesos.

Los nuevos ricos de la marihuana

30 Pronto la mafia colombiana, los contrabandistas, y algunos
desempleados y delincuentes se organizaron para apoyar a
la mafia internacional, y este grupo comenzó a formar una
clase de nuevos ricos. Compraban caserones° y autos lu-   casas enormes
josos. Sobornaban° a las autoridades, y asesinaban a gente   *They bribed*
35 en las calles. La ciudad más afectada fue Barranquilla, que
de ser una ciudad tranquila pasó a ser como el Chicago de
los años 30.

Y la corrupción no se detuvo° allí. Los mafiosos cons-   no... *did not stop*
truyeron aeropuertos para el transporte de la marihuana.
40 Por mar alquilaron botes y buques pesqueros° o a veces los   **buques...** barcos de pesca
robaban en el Caribe. Miami se convirtió en el centro recep-
tor de drogas de Estados Unidos.

El contagio llegó también al sistema bancario. Los bancos en Panamá y Estados Unidos vieron abrir cuentas° *bank accounts*
45 de colombianos con sumas inimaginables. Así comenzó otro negocio: demostrar ante cualquier autoridad que este dinero no tenía nada que ver° con el narcotráfico. La mafia **nada...** ninguna relación internacional empezó a comprar bancos en Estados Unidos o a comprar gerentes° de bancos. directores
50 También, por primera vez, a fines de los años 70, un número bastante alto de la juventud colombiana empezó a consumir drogas.

La reacción de las autoridades

Al finalizar la década, vino la reacción. En 1979, el gobierno colombiano firmó un contrato con la compañía Exxon de
55 Estados Unidos para la explotación de unas minas de carbón en la Guajira. Así se crearon empleos° en la región y el trabajos negocio de la marihuana ya no era la única opción. Al mismo tiempo, el ejército y la policía intensificaron sus campañas contra la droga. En Estados Unidos, el gobierno
60 impuso un mayor control sobre las cuentas bancarias. Así, mucha gente se alejó° del negocio de la marihuana, pero el apartó problema pasó a otro lado.

El negocio de la cocaína

El nuevo negocio, en los años 80, es el de la cocaína. Vino otra mafia, la de la cocaína, que se concentró en la Costa del
65 Pacífico y en la ciudad de Medellín. Allí los llamaban «los mafiosos de Robin Hood» porque compraron extensiones de tierras en las afueras° de la ciudad y construyeron ba- partes exteriores rrios enteros con todos los servicios públicos para la gente pobre. Así se hicieron populares y uno de estos mafiosos
70 llegó a ser congresista° de la república. representante en el congreso
El negocio de la cocaína es internacional. Su cultivo se hace en Perú, Venezuela y Ecuador, pero principalmente en Bolivia, un país donde el consumo de la coca es una antigua tradición.* Mi país se ha vuelto° procesador de ella **se...** *has become*
75 en la selva° amazónica, donde las guerrillas° que luchan bosque tropical / *bands of guerrilla fighters* contra el gobierno por razones políticas han entrado en una extraña alianza con la mafia internacional. Las guerrillas protegen las zonas de procesamiento de la coca y la mafia les entrega° armas y dinero. El ejército colombiano ha en- da

---

* Véase la página 37 donde se describe su uso en el imperio de los incas.

Agentes de la policía colombiana descubren, escondido en la selva, un laboratorio para el procesamiento de la cocaína.

80 contrado en la selva laboratorios valuados en millones de dólares, protegidos por los «narcoguerrillas.»

Un paso adelante° y su precio

paso... *step forward*

En 1981 el gobierno colombiano firmó° un tratado° de extradición con Estados Unidos para poder juzgar° ciudadanos colombianos en las cortes estadounidenses por de-
85 lito° de drogas; y recíprocamente para que ciudadanos
norteamericanos puedan ser juzgados en Colombia. Uno de
los autores de este tratado fue Jorge Edgardo González, un
joven jurista,° amigo mío y compañero de la universidad.
En 1984, después de defender el tratado en los canales de la
90 televisión, Jorge fue asesinado en una calle de Bogotá. Más
tarde, el entonces Ministro de Justicia, Rodrigo Lara Bonilla,
que había acusado al congresista mafioso de Medellín, fue
también asesinado en la misma ciudad.

    ¿Quiénes son los culpables°? Por la droga han muerto
95 miles: unos por producirla, otros por venderla, otros por
consumirla, otros por luchar contra ella. Quizás la respuesta la haya dado este amigo mío, Jorge Edgardo González, cuando decía un poco antes de su muerte, «El narcotráfico es un problema de la humanidad. No existe territorio o
100 estado que sea exclusivo para juzgar a los asesinos que
tienen que ver con este negocio. Los tribunales deben ser de
la humanidad porque se atenta contra ella misma.»°

signed / pacto
bring to trial

crimen

experto en leyes

guilty ones

se... *it attacks (humanity)
itself*

Comprensión de la lectura

Completar el resumen

Llene cada espacio en blanco con una palabra o frase apropiada para completar el resumen del artículo. En algunos casos hay varias maneras correctas de llenar el espacio.

En los años 60, la mafia internacional encontró en la costa del Atlántico de Colombia el lugar perfecto para el cultivo de la *marihuana*. Se formó una clase de *nuevos ricos* que vivían principalmente en la ciudad de *Barranquilla*. Usaban aviones y *botes* para transportar la droga a la ciudad de *Miami*, en Estados Unidos. Abrían cuentas en *bancos* en Panamá y en Estados Unidos con sumas enormes.

A fines de los años 70, el *gobierno* colombiano firmó un contrato con una compañía norteamericana para la explotación de unas *minas* de carbón en la región, creando nuevos *empleos* para la gente. Las autoridades intensificaron sus campañas contra la *droga*. En Estados Unidos, el gobierno impuso un mayor control sobre las *cuentas*. Por estas razones, mucha gente abandonó el negocio de la *marihuana*.

En los años 80, otra mafia ha llegado a tener importancia en Colombia, un grupo metido en el negocio de la *cocaína* y concentrado en la Costa del Pacífico y en la ciudad de *Medellín*. En las selvas han establecido laboratorios para el *procesamiento* de la droga, protegidos por las *narcoguerrillas*. En 1981 el gobierno colombiano firmó un tratado de extradición con *E.E.U.U.* para poder *juzgar* a los narcotraficantes en cualquiera de los dos países. Jorge Edgardo González, uno de los autores de este tratado, fue *asesinado* más tarde en una calle de Bogotá. Antes de morir él había dicho que el narcotráfico no es particular a ningún país; es un «problema de la *humanidad*.»

Preguntas

1. ¿Por qué cree Ud. que la mafia internacional escogió a Colombia para el cultivo de la marihuana? *— porque había gente pobre, está cerca de los EEUU*
2. ¿Qué hacían «los nuevos ricos de la marihuana» en Barranquilla?
3. ¿Por qué eran populares los mafiosos de la cocaína en Medellín?
4. Las guerrillas que viven en las selvas de Colombia quieren cambiar la sociedad. Algunos de ellos son idealistas. ¿Cómo explica Ud., entonces, su «extraña alianza» con los narcotraficantes?

«EL PAÍS»

Discusión

1. ¿Cuál de las dos drogas le parece a Ud. peor: la marihuana o la cocaína? ¿Por qué? ¿Cree Ud. que es posible tomarlas con moderación o no? ¿Por qué?
2. ¿Qué opina Ud. de los mafiosos en los Estados Unidos? ¿Tienen mucho poder? ¿Qué negocios controlan?
3. ¿Cómo contestaría Ud. la pregunta del título?: «¿Quiénes son los culpables del narcotráfico?» Explique.

Expansión de vocabulario: crucigrama

Crucigrama de palabras claves

Llene los blancos con las letras de palabras del artículo, según las indicaciones, para completar el crucigrama. ¡Cuidado! Recuerde Ud. que en español, *rr* (y también *ll*) es **una sola letra**.

Horizontales

1. Uno de los cultivos tradicionales de Colombia.
4. La actividad ilegal de comprar y vender drogas.
7. Una sustancia de efectos estimulantes, deprimentes o narcóticos.
8. Establecimientos financieros que, en algunos casos, fueron comprados por la mafia en los años 60 y 70.
9. Matar sin causa justificada.
10. Ciudad colombiana muy afectada por la violencia y corrupción de la mafia de la marihuana durante los años 60 y 70.
11. País donde el cultivo y consumo de la coca es una antigua tradición.

Verticales

2. Un producto narcótico que contribuyó en los años 80 a la creación de una nueva mafia en Colombia.
3. Lo que se ha vuelto Colombia porque allí en laboratorios se convierten ciertas plantas en drogas.
4. Ocupación o trabajo comercial que se hace para ganar dinero.
5. Representante en el congreso; oficio electivo ganado por uno de los mafiosos populares de Medellín.
6. Grupos armados que viven en la selva y luchan contra el gobierno.

La United Fruit Co.

Pablo Neruda

INTRODUCCIÓN

Pablo Neruda, eminente poeta chileno que recibió el Premio Nobel
en 1971, murió dos años después, pero su obra sigue inspirando a
los lectores de hoy. Su poesía trata una enorme variedad de temas:
desde el amor y la muerte hasta el humilde pepino.° El siguiente   *cucumber*
5 poema es un buen ejemplo de su poesía política. Neruda critica a
las compañías multinacionales, en particular, a la United Fruit, por
su arrogancia, crueldad y explotación° de las pequeñas naciones   *exploitation*
de Centroamérica.

     Para comprender la sátira° que Neruda presenta en su   *satire*
10 poema es necesario saber algo de la historia centroamericana de
este siglo. Durante muchos años la United Fruit dominaba la vida
política y social de la región, corrompiendo° a los gobernantes y   *corrupting*
funcionarios con sobornos° y determinando muchas veces los   dinero pagado para ganar
resultados de las elecciones. Empleaban a la gente común para   favores
15 recoger las bananas y otras frutas, pagándole muy poco. Los trabajadores vivían en condiciones de gran pobreza, pero no podían
formar sindicatos° ni quejarse porque la policía y el gobierno   grupos organizados
estaban controlados por la compañía y castigaban severamente a
los desconformes. Para la United Fruit, las naciones centroameri-
20 canas no tenían ningún derecho ni identidad; eran simplemente
«Repúblicas Bananas°», una fuente de productos baratos° que les   **Repúblicas...** *Banana*
daba una buena ganancia.   *Republics* / que costaban
   poco

     Además de Neruda, otros escritores latinoamericanos, como
el guatemalteco° Miguel Ángel Asturias, que también ganó el Pre-   hombre de Guatemala
mio Nobel, atacaron a la United Fruit en su obra. Para mejorar° su   hacer mejor
25 imagen y por otras razones, en los años 60 la Compañía empezó a
introducir reformas: la construcción de clínicas, escuelas y mejores casas para los trabajadores y sus familias y el empleo de más
gente de la región en puestos° ejecutivos.   trabajos

     En tiempos recientes, la Compañía ha tenido otros proble-
30 mas. Desde 1968 se llama la United Brands Co., debido a un cambio
de propietarios,° y ya no tiene la gran riqueza y el poder de antes   *owners*
pues tuvo que vender una parte de sus tierras. Sigue sus negocios,
y, según algunas interpretaciones, su explotación a escala menor.°   **a...** de manera más
   limitada

Pablo Neruda, al recibir las noticias de que ha ganado el
Premio Nobel.

ANTICIPACIÓN Las imágenes como parte esencial de la sátira

El poema de Neruda es satírico porque presenta su crítica social en forma humorística. Como muchos poetas Neruda usa imágenes. Busque las siguientes imágenes en el poema y explique qué o a quiénes representan. ¿Qué actitudes o acciones son puestas en ridículo por medio de estas imágenes?

el momento de la creación del mundo
la ópera bufa
las coronas de César
las moscas

Ahora, lea el poema dos o tres veces, tratando de ver las imágenes mentalmente y, al mismo tiempo, de comprender la crítica social.

Cuando sonó la trompeta,° estuvo
todo preparado en la tierra,
y Jehová repartió° el mundo
a Coca-Cola Inc., Anaconda,
Ford Motors y otras entidades:
la Compañía Frutera Inc.
se reservó lo más jugoso,°
la costa central de mi tierra,
la dulce cintura° de América.
Bautizó° de nuevo sus tierras
como «Repúblicas Bananas»,
y sobre los muertos dormidos,
sobre los héroes inquietos
que conquistaron la grandeza,
la libertad y las banderas,°
estableció la ópera bufa:°
enajenó los albedríos,°
regaló coronas de César,
desenvainó° la envidia, atrajo
la dictadura de las moscas,°
moscas Trujillos, moscas Tachos,
moscas Carías, moscas Martínez,
moscas Ubico,° moscas húmedas
de sangre humilde y mermelada,°
moscas borrachas° que zumban°
sobre las tumbas populares,
moscas de circo,° sabias° moscas
entendidas° en tiranía.

Cuando... *When the trumpet sounded, at the time of creation*
Jehová... Dios distribuyó
lo... *the juiciest part*
dulce... *sweet waistline*
Baptized
flags
cómica
enajenó... corrompió a los hombres, *alienated their free will*
unsheathed
flies
Trujillos... nombres de dictadores anteriores
húmedas... *damp with humble blood and jelly*
drunken / *buzz*
circus / inteligentes
expertas

Entre las moscas sanguinarias°
30 la Frutera° desembarca,
arrasando° el café y las frutas,
en sus barcos que deslizaron°
como bandejas° el tesoro
de nuestras tierras sumergidas.°

35 Mientras tanto,° por los abismos
azucarados° de los puertos,
caían indios sepultados°
en el vapor de la mañana:
un cuerpo rueda,° una cosa
40 sin nombre, un número caído,
un racimo° de fruta muerta
derramada° en el pudridero.°

bloody

Compañía Frutera

llenando

slipped away

trays

sunken

Mientras... *Meanwhile*

sugary

buried

rolls

branch, bunch

thrown away / garbage heap

Preguntas

1. ¿Cómo cambió la Compañía Frutera los nombres tradicionales de las naciones? ¿Qué tipo de gobierno fue producido por el dinero y la corrupción de la Frutera?
2. ¿Por qué cree Ud. que Neruda compara a los dictadores con las moscas? ¿Qué cualidades atribuye a estas «moscas»?
3. Según la última visión del poema, ¿cómo consideraba la Compañía a los indios que trabajaban para ella?
4. En palabras sencillas, describa Ud. las consecuencias de la presencia norteamericana en Centroamérica, según el poeta.

Discusión o composición

1. ¿Es justa esta fuerte crítica de las grandes compañías que establecen negocios en otros países? ¿O cree Ud. que a veces estas compañías traen beneficios? Explique.
2. ¿Cree Ud. que los EE.UU. debe romper relaciones diplomáticas con naciones que sistemáticamente violan los derechos humanos? ¿Por qué?

«Guernica» de Pablo Picasso: Una pintura de protesta

Guernica del pintor español Pablo Picasso es uno de los cuadros° más famosos del arte moderno. Para apreciarlo, hay que saber un poco sobre la historia española de este siglo.

pictures

5   La Guerra Civil española (1936–39), un preludio militar y político a la Segunda Guerra Mundial, fue una de las luchas° más crueles que haya conocido la historia. Tuvo sus orígenes inmediatos en la fundación° de la Segunda República en 1931, después de la caída° de la monarquía. El
10 nuevo gobierno reformista y anticlerical pronto fue atacado por los conservadores, y durante cinco años España pasó por una época caótica con terrorismo de la derecha y de la izquierda. En 1936 se levantó contra la República un grupo de militares que querían restablecer el orden y la tradición.
15 Su bando° se llamaba «los nacionales» e incluía el ejército,° la iglesia católica, los monárquicos y un número muy pequeño de falangistas.° El otro grupo, «los republicanos», estaba compuesto de personas que, por diversas razones, deseaban mantener una república: liberales, socialistas,
20 anarquistas, separatistas y un número pequeño de comunistas.
    La violencia de la guerra aumentó° con la participación de Alemania° e Italia, que estaban en poder de Hitler y Mussolini. Éstos ayudaron a los nacionales españoles con

combates

creación

fall

grupo / army

miembros de la Falange, el partido fascista español

creció

Germany

Pablo Picasso. *Guernica.* (mayo – junio, 1937) El cuadro mide 7,82 metros (25'5¾'') de ancho por 3,50 metros (11'5½'') de alto. En 1981 fue devuelto a España por el Museo de Arte Moderno de Nueva York. Ahora está en el Museo del Prado, Madrid.

25 tropas y armas especializadas que querían probar.° Rusia,   *try out*
al mando de Stalin, apoyó° técnica y moralmente a los re-   *supported*
publicanos. Voluntarios de todas partes del mundo acu-
dieron° a combatir, especialmente del lado republicano, en   *fueron*
las Brigadas Internacionales. La tragedia es que toda esta
30 intervención de afuera° produjo una gran polarización e   **de...** externa
hizo que el conflicto se convirtiera pronto en una lucha
entre el fascismo y el comunismo, a pesar de que muy pocos
españoles profesaban esas ideologías. En 1939 los nacionales triunfaron bajo el liderazgo° del general Francisco   *leadership*
35 Franco; pero la lucha entre el fascismo y el comunismo
continuaría al iniciarse la Segunda Guerra Mundial.

Durante la Guerra Civil los dos bandos cometieron
atrocidades. Una de las más horrorosas fue el bombardeo°   *bombing*
por los nacionales en 1937 de Guernica, un pequeño pueblo
40 sin ninguna importancia militar en el norte de España. Por
tres horas los aviones alemanes del *Luftwaffe* bombar-
dearon Guernica, destruyendo completamente el pueblo
más antiguo de los vascos° y el centro de su tradición cul-   personas del norte de
tural. Este bombardeo, el primero contra una población   España de una región
                                                                  que tiene idioma y
45 civil indefensa que utilizó métodos de guerra moderna,   costumbres propios,
produjo gran consternación en el mundo entero. Ese mismo   *Basques*
año Picasso, como protesta a la masacre y en homenaje° a   *homage*
los miles de víctimas inocentes, pintó en Paris el famoso
cuadro.
50 Por muchos años *Guernica* estuvo en Nueva York en el
Museo de Arte Moderno como una de las atracciones más
populares. Luego, en septiembre de 1981, se la envió a
España, donde se la instaló en el Museo del Prado de Madrid. Así, los EE.UU. cumplieron con los deseos del gran
55 pintor ya difunto,° quien había pedido que se enviara la   *muerto*
pintura a su patria en cuanto se volviera a establecer allí la
democracia.

Hay muchas interpretaciones posibles al cuadro,
sobre todo con respecto al simbolismo que tienen las varias
60 figuras, pero no cabe duda de que Picasso ha captado° para   *captured*
siempre la agonía y el terror de una familia rural y de todo
pueblo que ha sufrido la guerra.

Preguntas

1. ¿Qué problemas tuvo el gobierno de la Segunda República española (1931–36)?
2. ¿Cómo se llamaban los dos bandos que se oponían durante la Guerra Civil? ¿Qué grupos estaban incluidos en cada bando?

3. ¿Quiénes intervinieron de afuera? ¿Qué consecuencia trágica tuvo esta intervención extranjera?
4. ¿Quiénes triunfaron en 1939? ¿Qué pasó después?
5. ¿Qué motivó a Picasso para pintar *Guernica?*
6. ¿Dónde estuvo el cuadro durante muchos años? ¿Dónde está ahora?

Preguntas sobre el cuadro

Mirando la ilustración del cuadro, trate Ud. de interpretar *Guernica*. Recuerde que no hay una sola interpretación definitiva.

1. ¿Cuáles son sus primeras impresiones del cuadro? ¿Qué emociones le comunica a Ud.?
2. ¿Por qué cree Ud. que Picasso pintó el cuadro en colores oscuros?
3. ¿Qué evidencias de guerra hay?
4. ¿Dónde ocurre la escena, dentro de una casa o fuera? ¿Cómo sabemos que es un ambiente rural?
5. Para Ud., ¿qué representa la figura que entra desde afuera? ¿la mujer con el niño? ¿la figura en pedazos *(pieces)* sobre el suelo?
6. La figura más enigmática y la única no herida es la del toro. Picasso mismo ha dicho, «El toro es un toro...El público puede ver (en el toro) lo que quiera ver». ¿Qué ve Ud.?
7. Brevemente, ¿qué cree Ud. que es el mensaje *(message)* del cuadro?

Vocabulario auxiliar

las armas *weapons*
el bien *good*
el caos
los civiles *civilians*
los colores oscuros, sombríos
  somber, dark colors
destruir, la destrucción
la espada *sword*
el fascismo
la fuerza *strength*
la gallina *hen*
gritar, los gritos *to scream, screams*
la guerra mecanizada
indefenso *defenseless*
la inutilidad (adj. inútil) *futility*
la invencibilidad
la luz
las llamas *flames*
el mal *evil*

la maternidad
el miedo, el terror
el mundo externo
el soldado *soldier*
sufrir, el sufrimiento
el susto *scare, shock*
la tragedia (adj. trágico)
la tristeza (adj. triste)
la vida familiar, doméstica
la vulnerabilidad (adj. vulnerable)

España: Del franquismo a la democracia

Consolación Salas*

ANTICIPACIÓN   Identificación de puntos claves

Piense un momento en España y en lo que Ud. ya sabe de su política. ¿Tienen los españoles un rey? ¿un presidente? ¿un dictador? ¿Hay elecciones libres? ¿Qué partidos políticos son importantes en España hoy en día? Si Ud. no sabe mucho de todo esto, haga el siguiente ejercicio de preparación antes de leer el artículo:

1. Observe el título, las fotos y los subtítulos de las secciones.
2. Lea rápidamente la primera frase de cada párrafo (sin detenerse en las palabras desconocidas).
3. Conteste esta pregunta: ¿Cuáles son algunos de los puntos claves (más importantes) que se discuten en el artículo? Compare sus puntos con los de sus compañeros de clase.

Ahora, lea el artículo para aprender más sobre la España de hoy.

España es un país con dificultades: crisis económica, terrorismo y desempleo; pero al mismo tiempo, esta nación vive un espectacular proceso de transformación: la transición del franquismo° a la democracia.

5   Durante casi cuarenta años, el general derechista Francisco Franco gobernó con mano dura° a una sociedad profundamente herida° por la Guerra Civil de 1936–39.† Su régimen° creó ciertas bases para la industrialización — con apoyo de la inversión° extranjera —, pero prohibió las
10 huelgas° y los sindicatos,° instauró la censura y eliminó el voto. Pronto, el país se vio atrapado por una burocracia conservadora y moralista en extremo.

    La muerte del dictador, en 1975, dio paso a uno de los acontecimientos° políticos más importantes de la Europa
15 contemporánea: la transición española a la democracia.

°franquismo gobierno del dictador Franco
°mano dura severa
°herida wounded
°régimen gobierno
°inversión investment
°huelgas / sindicatos strikes / trade unions
°acontecimientos incidentes

---

* Consolación Salas es una periodista mexicana que escribe para la revista *Jueves Excélsior.*

† Para saber más sobre la Guerra Civil española, véase las páginas 53–55.

Una española forma con las manos el símbolo feminista durante una manifestación a favor del aborto en San Sebastián, España.

El «destape»° español

Después de las primeras elecciones generales de 1976, la gente perdió poco a poco el miedo a manifestar sus posturas° políticas. En lo que se ha llamado el «destape» español, la nación rompió el aislamiento° en que vivía, y se
20 sacó a la luz la discusión de asuntos° antes considerados tabú, como el aborto, el divorcio y los enormes privilegios de la Iglesia Católica. Aparecieron la pornografía y las drogas, y en la primera etapa° de este proceso imperó° la inseguridad y la anarquía, acompañadas de una crisis de
25 autoridad. Sin embargo, luego de más de un decenio° de cambios, algo es evidente: la democracia española se ha consolidado.

España es una monarquía parlamentaria, donde la Corona representa la unidad nacional y el Rey tiene atribu-
30 ciones° muy limitadas. Juan Carlos I, nieto del último rey depuesto en 1931, es una figura popular y respetada y un gran partidario° de la democracia. Pero la verdadera dirección del país está en manos de los políticos que controlan el parlamento.

opening up

preferencias

isolation

temas

período / predominó

período de diez años

poderes

defensor

Un grupo de jóvenes socialistas celebran la victoria de su líder, Felipe González.

Los socialistas y la crisis

35 En un principio la ya desaparecida° Unión de Centro Democrático,° coalición de centro derecha, condujo, en sucesivos
gobiernos, el proceso de transición. En 1982 el Partido Socialista Obrero° Español, encabezado por Felipe González,
obtuvo la victoria; quedó como principal fuerza opositora
40 Alianza Popular, de extrema derecha, dirigida por Manuel
Fraga Iribarne. Pese a° su antigüedad, el Partido Comunista
Español tiene poco arraigo° en el electorado.

　　La victoria de los socialistas asustó° a mucha gente
dentro y fuera de España, pero este miedo pronto desapa-
45 reció. Los socialistas han basado su estrategia en la prudencia y la conciliación. Nunca han hablado de establecer una
sociedad socialista, sino de modernizar la economía y con-
solidar el sistema democrático. Han logrado avances importantes en cuestiones como la seguridad social y el derecho a
50 la salud, pero el severo programa económico ha restado
imagen° al presidente Felipe González entre los sindicatos.
También le ha valido° ataques de la derecha, pese a que se
ha frenado° la inflación.

ya... ahora no existente
Unión... partido político
　moderado

Trabajador

Pese... *In spite of*

influencia

dio miedo

restado... reducido el
　prestigio
sido causa de
moderado

España finalmente logró ingresar° en la CEE° en 1985.
55 Con este ingreso ha redescubierto el ideal de la unidad
europea. Aspira a lograr el mismo nivel° de desarrollo° del
resto de Europa Occidental y sueña con convertirse en
puente comercial entre la comunidad europea y América
Latina.

60   Hacer realidad estas aspiraciones implica renovar la
obsoleta planta industrial española, tarea que ha empren-
dido° el Gobierno con un costo social que se refleja en el
aumento° del desempleo, hoy en día el problema más grave
de España.

entrar / Comunidad Económica Europea

level / progreso

comenzado
crecimiento

Hacia el autogobierno° de la provincia

65 Otro problema para el gobierno español es el incremento°
de las actitudes regionalistas.

Por su historia e idioma, Cataluña° y el País Vasco°
tradicionalmente han sido las comunidades con mayores
aspiraciones autónomas.° Durante la última República
70 (1931–36) lucharon y obtuvieron sendos° estatutos° de autonomía, que perdieron cuando Franco tomó poder y cas-
tigó severamente a estas regiones, prohibiéndoles, incluso,
hablar sus respectivos idiomas.

Establecida formalmente la democracia en 1977, Cata-
75 luña y el País Vasco recobraron la libertad, aunque con
restricciones. Luego, en 1978, el Gobierno incluyó en la
Constitución el derecho de autonomía para todas las provincias que así lo desearan. Actualmente los reclamos° de
los gobiernos autónomos se orientan a una mayor y más
80 rápida transferencia de poderes del centro hacia las provincias.

La postura más radical es la de los independistas.
Tiene adeptos° entre vascos, catalanes y valencianos. También es origen de las actividades guerrilleras de ETA,* grupo
85 terrorista vasco de extrema izquierda. Por su parte, la extrema derecha, contraria al desmantelamiento° de las viejas
estructuras del franquismo, también contribuye con sabo-
tajes y atentados° al clima de violencia política.

Asuntos como éstos no son de fácil solución, pero, no
90 obstante, es evidente que los españoles disfrutan° de su
joven democracia, para la cual muchos pensaron que no
estaban hechos. Pero, como dicen en España: «¡Hombre, si
para lo que no estamos hechos es para la dictadura!»

self- government

extensión

*Catalonia / **País...** Basque region*

de lograr el autogobierno
cada uno / leyes

demandas

defensores

destrucción gradual

ataques críminales

gozan

---

* Acrónimo por *Euzkadi Ta Azkatasuna,* que en la lengua de los vascos significa «País vasco y libertad.»

Comprensión de la lectura

Clarificación de contrastes

¿Comprendió Ud. los contrastes entre la España bajo Franco y la España democrática? Escriba **F** delante de las frases que se relacionan con el Franquismo y **D** delante de las que se relacionan con la Democracia.

1. _____ los años 1939–1975

2. _____ los años 1975 al presente

3. _____ discusiones abiertas sobre el aborto y el divorcio

4. _____ la censura

5. _____ la prohibición de huelgas y sindicatos

6. _____ elecciones libres

7. _____ una burocracia conservadora y moralista en extremo

8. _____ la proliferación de drogas y de pornografía

9. _____ la prohibición de los idiomas de los vascos y catalanes

10. _____ el derecho de autonomía para todas las provincias

Preguntas

1. ¿Cómo se llama el rey de España? ¿Qué importancia tiene?
2. ¿Cuáles son los dos partidos políticos más populares en España ahora?
3. ¿Por qué cree Ud. que mucha gente se asustó cuando los socialistas ganaron las elecciones en España en 1982? ¿Por qué desapareció muy pronto este miedo?
4. ¿En qué organización supranacional ingresó España en 1985? ¿Qué aspiraciones tiene para el futuro?
5. ¿Cuáles son los problemas principales de la España actual? ¿Le parece a Ud. que son los mismos problemas que existen en la sociedad norteamericana, o son diferentes? Explique.

Expansión de vocabulario: palabras escondidas

A veces se puede adivinar el significado de una palabra desconocida por medio de una palabra (o el fragmento de una palabra) familiar escondida dentro de ella. Adivine el significado de las palabras en bastardilla, identificando las palabras o fragmentos escondidos. Luego, explique en español el significado de la frase.

ejemplo: En 1982, el Partido Socialista Obrero Español, *encabezado* por Felipe González, obtuvo la victoria.

cabeza = head   En 1982 Felipe González era el líder del partido socialista y ellos ganaron las elecciones.

1. Durante casi cuarenta años el general *derechista* Francisco Franco gobernó con mano dura.
2. Pronto el país se vio *atrapado* por una burocracia conservadora y moralista en extremo. (*trampa* = **trap**)
3. Quedó como principal fuerza *opositora* Alianza Popular, de extrema derecha, dirigida por Manuel Fraga Iribarne.
4. Pese a su antigüedad, el Partido Comunista Español tiene poco *arraigo* en el electorado. (*raíz* = **root**)
5. La postura más radical es la de los *independistas*.

Discusión

1. ¿Qué piensa Ud. de las aspiraciones y actividades de ETA? ¿En qué otras partes del mundo hay grupos parecidos? Según su opinión, ¿cómo podemos defendernos contra ataques de terroristas?
2. ¿Qué sabe Ud. de las noticias más recientes de España? Por ejemplo, ¿qué partido ganó las últimas elecciones? ¿Cree Ud. que su sistema político es más o menos estable que el norteamericano? ¿Por qué?

Actividad informativa: El nuevo mapa de España

¿Cuánto sabe Ud. sobre el mapa de España? En los últimos años el gobierno español ha hecho varios cambios en la división política del país como respuesta a las demandas regionales. El resultado es un mapa modificado que incluye nuevos nombres como *Cantabria* y *Comunidad de Madrid*. Los nombres de las ciudades no han cambiado. Trate de identificar las ciudades indicadas en el mapa y escriba la letra que corresponde a cada nombre de ciudad. Luego, conteste las preguntas. Si no sabe algunos puntos, pregúnteselos a sus compañeros de clase o búsquelos en la biblioteca.

Correspondencias

1. Zaragoza _____
2. La Coruña _____
3. Sevilla _____
4. Toledo _____

5. Valencia _____
6. Santander _____
7. Barcelona _____
8. Badajoz _____

9. Valladolid _____
10. San Sebastián _____
11. Pamplona _____
12. Madrid _____

Preguntas

1. ¿En qué parte de España se habla un dialecto del portugués llamado «gallego»?
2. ¿Cuáles son las otras dos regiones que tienen idiomas particulares?
3. Tradicionalmente, ¿qué regiones son las más prósperas?
4. ¿Cuál de las regiones es famosa por su arquitectura árabe?
5. ¿Cuál de las regiones le gustaría a Ud. visitar? ¿Por qué?

Sobre el trabajo, el gozo y los esclavos del reloj

Las actitudes hacia el trabajo varían según el individuo, pero se pueden señalar diferencias generales entre la mentalidad anglosajona y la hispana. La comparación de ciertas palabras en los dos idiomas sugiere algunas divergencias. Cuando una persona es vieja y va a dejar su trabajo definitivamente, decimos en inglés que
5 la persona va a «*retire*». La palabra es un poco negativa: insinúa «*to withdraw*» o «*to give up*», como en el juego de béisbol cuando un equipo «*retires the side*», o cuando alguien «*retires for the night*», o cuando llamamos a una persona tímida «*a retiring person*». En español se dice que la persona va a «jubilarse». La palabra es afirmativa y significa literalmente, «alegrarse», «*to rejoice*». (Sin embargo, en
10 tiempos recientes algunos hispanos han empezado a usar la palabra «retirarse», probablemente por influencia del inglés.)

La seriedad de los ingleses o norteamericanos también se manifiesta en su reputación de ser muy puntuales, en contraste con los hispanos, que no insisten tanto en llegar a tiempo. Algunos hispanos afirman que su actitud es más sana, y
15 que los norteamericanos tendrían menos úlceras si no fueran tan esclavos del reloj. Dicen que cuando realmente es necesario, los hispanos son puntuales. ¿Y cómo le indican a la otra persona que en cierta situación es urgente llegar a tiempo? Se dice simplemente: «Nos vemos mañana a las dos, ¡hora inglesa!»

SONRIO, LUEGO EXISTO ———————— por OLI

Es que somos muy pobres

Juan Rulfo*

ANTICIPACIÓN   Definición del conflicto

¿Qué es la pobreza? El concepto es relativo porque la misma cantidad de dinero puede significar riqueza en ciertas circunstancias, pobreza en otras. ¿Cuándo clasifica Ud. a una persona como «pobre»?

El siguiente cuento nos muestra una visión particular de la pobreza. Está contado desde el punto de vista de un niño mexicano que vive en el campo. Como toda narración, este cuento empieza con un problema central o *conflicto* que luego se complica. Busque en la primera parte (líneas 1 – 13) los siguientes tres elementos y explique cómo forman una cadena de causa y efecto que resulta en el conflicto:

la lluvia → el río → la vaca

Lea el resto del cuento para ver por qué esta cadena amenaza *(threatens)* a la familia del niño. La lluvia → el río → la vaca → ??

Aquí todo va de mal en peor.° La semana pasada se murió mi tía Jacinta, y el sábado, cuando ya la habíamos enterrado° y comenzaba a pasársenos la tristeza, comenzó a llover como nunca. A mi papá eso le dio coraje,° porque 5 toda la cosecha de cebada° estaba asoleándose° en el campo. Y el aguacero° llegó de repente, en grandes olas de

de... *from bad to worse*

buried

le... *made him angry*

cosecha... *barley harvest / drying / lluvia fuerte*

---

* Juan Rulfo (1918 – 1985), famoso novelista y cuentista contemporáneo de México. En sus narraciones presenta el ambiente, el lenguaje y la tragedia de la vida rural de su país con tal maestría que las angustias y temores de sus personajes trascienden el campo mexicano para adquirir una significación universal.

agua, sin darnos tiempo ni siquiera a esconder un manojo;° *handful, i.e., of barley*
lo único que pudimos hacer, todos los de mi casa, fue es-
tarnos arrimados° debajo del techo, viendo cómo el agua *huddled*
10 fría que caía del cielo destruía aquella cebada amarilla.

Y apenas ayer, cuando mi hermana Tacha acababa de
cumplir° doce años, supimos que la vaca que mi papá le llegar a la edad de
regaló para el día de su santo se la había llevado° el río. **se...** *had been taken away from her by*

El río comenzó a crecer° hace tres noches. Yo estaba subir
15 muy dormido y, sin embargo, el estruendo° que traía el río ruido fuerte
me hizo despertar en seguida.

Cuando me levanté, la mañana estaba llena de nubes y
parecía que había seguido lloviendo sin parar. A la hora en
que me fui a asomar,° el río ya había perdido sus orillas.° salir a ver / bordes
20 Mi hermana y yo volvimos a ir por la tarde a mirar
aquel amontonadero° de agua. Allí nos estuvimos horas y acumulación
horas sin cansarnos viendo la cosa aquella. Después nos
subimos por la barranca,° donde también hay gente mi- *ravine*
rando el río y contando los perjuicios° que ha hecho. Allí *damages*
25 fue donde supimos que el río se había llevado a *la Serpentina,* la vaca esa que era de mi hermana Tacha y que tenía
una oreja° blanca y otra colorada° y muy bonitos ojos. *ear* / roja

No acabo de saber° por qué se le ocurriría a *la Serpen-* **acabo...** puedo entender
tina pasar el río. *La Serpentina* nunca fue tan tonta. Lo más
30 seguro es que ha de haber venido dormida para dejarse
matar así. Tal vez se le ocurrió despertar al sentir que el
agua le golpeaba las costillas.° Tal vez entonces se asustó° y **le...** *was hitting her sides* / **se...** tuvo miedo
trató de regresar. Tal vez bramó° pidiendo que le ayudaran. *bellowed*
Bramó como sólo Dios sabe cómo.

35 Yo le pregunté a un señor que vio cuando la arras-
traba° el río si no había visto también al becerrito° que llevaba / pequeño hijo de una vaca
andaba con ella. Pero el hombre dijo que no sabía si lo había
visto. Sólo dijo que la vaca manchada° pasó patas arriba° *with spots* / **patas...** *with its feet up*
muy cerca de donde él estaba. Por el río rodaban° muchos se movían
40 troncos de árboles y él estaba muy ocupado en sacar leña,° *firewood*
de modo que no podía fijarse si eran animales o troncos los
que arrastraba.

Nomás° por eso, no sabemos si el becerro está vivo, o si Sólo

se fue detrás de su madre río abajo.° Si así fue, que Dios los
45 ampare a los dos.°

La preocupación que tienen en mi casa es lo que
pueda suceder° ahora que mi hermana Tacha se quedó sin
nada. Porque mi papá con muchos trabajos había conse-
guido a *la Serpentina* para dársela a mi hermana, con el fin
50 de que ella tuviera un capitalito° y no se fuera a ir de piruja°
como lo hicieron mis dos hermanas más grandes.

Según mi papá, ellas se habían echado a perder° porque éramos muy pobres en mi casa y ellas eran muy tercas.
Tan luego que crecieron° empezaron a andar con hombres
55 que les enseñaron cosas malas. Ellas aprendieron pronto y
entendían muy bien los chiflidos,° cuando las llamaban a
altas horas° de la noche. Después salían hasta de día. Iban
cada rato° por agua al río y a veces, cuando uno menos se lo
esperaba,° estaban en el corral, revolcándose° en el suelo,
60 las dos desnudas y cada una con un hombre trepado encima.°

Entonces mi papá las corrió° a las dos. Ellas se fueron
para Ayutla o no sé para donde; pero andan de pirujas.

Por eso está preocupado mi papá, ahora por la Tacha,
65 que no quiere que vaya a resultar como sus otras dos hermanas, al sentir que se quedó muy pobre viendo la falta de
su vaca, viendo que ya no va a tener con qué entretenerse°
mientras le da por crecer° y pueda casarse con un hombre
bueno, que la pueda querer para siempre. Y eso ahora va a
70 estar difícil. Con la vaca era distinto, pues no hubiera faltado
quién se hiciera el ánimo de casarse con ella,° sólo por
llevarse también aquella vaca tan bonita.

La única esperanza que nos queda es que el becerro
esté todavía vivo. Ojalá no se le haya ocurrido pasar el río
75 detrás de su madre. Porque si así fue, mi hermana Tacha
está muy cerquita de hacerse piruja. Y mamá no quiere.

Mi mamá no sabe por qué Dios la ha castigado° tanto al
darle unas hijas de ese modo,° cuando en su familia nunca
ha habido gente mala. Y cada vez que piensa en ellas, llora y
80 dice: «Que Dios las ampare a las dos».

Pero mi papá alega° que aquello ya no tiene remedio.°
La peligrosa° es la que queda aquí, la Tacha, que crece y que
ya tiene unos comienzos de pechos° que prometen ser
como los de sus hermanas: puntiagudos° y altos para llamar
85 la atención.

«Sí —dice— le llenará los ojos a cualquiera.° Y aca-
bará° mal; como que estoy viendo que acabará mal».

Ésa es la preocupación de mi papá.

Y Tacha llora al sentir que su vaca no volverá porque
90 se la ha matado el río. Está aquí, a mi lado, con su vestido

río... down river

*que... may God protect
them both*

pasar

a little money / prostituta

se... had been ruined

*Tan... As soon as they
grew up*

whistles

a... muy tarde

cada... con frecuencia

*menos... least expected
it / rolling around*

trepado... on top of her

echó

ocuparse

le... she is growing up

*no... there always would
have been someone who
would decide to marry
her*

punished

tipo

afirma / solución

one who is in danger

breasts

pointed

*le... she will attract
anyone / she will turn out*

color de rosa,° mirando el río desde la barranca y sin dejar   **color...** *pink*
de llorar. Y la abrazo° tratando de consolarla, pero ella no   *I hug*
entiende. Llora con más ganas.° De su boca sale un ruido   *fuerza*
semejante al que se arrastra por las orillas del río, que la
95 hace temblar° y, mientras, la creciente° sigue subiendo.   *tremble / flood*

Comprensión de la lectura

Opciones múltiples

1. La lluvia le dio coraje al papá del niño porque sabía que (*a*) el funeral de la tía Jacinta sería aun más triste (*b*) la cosecha de cebada se echaría a perder (*c*) la vaca de la niña iba a enfermarse
2. En la barranca cerca del río, el niño y su hermana supieron que (*a*) sus hermanas mayores estaban en Ayutla (*b*) el río se había llevado a la vaca de Tacha (*c*) un tronco de árbol había matado al becerro
3. El niño cree que *la Serpentina* se dejó matar porque (*a*) estaba dormida (*b*) era tonta (*c*) buscaba el becerro
4. En el cuento, el autor Juan Rulfo nos muestra que por ser pobre, una persona es más (*a*) vulnerable a las circunstancias (*b*) violenta y terca (*c*) ignorante de sus acciones.

Preguntas

1. ¿Por qué dice el niño que «todo va de mal en peor»?
2. ¿Cuántos años tiene la hermana del niño? ¿Qué le pasó a la vaca que le había regalado su padre?
3. ¿Por qué era tan importante la vaca?
4. ¿Cuál es la única esperanza que le queda a la familia? ¿Por qué?
5. ¿De qué manera es parecida la situación de los animales a la de los personajes del cuento?
6. ¿Qué visión de la pobreza ve Ud. en este cuento?

Discusión

1. ¿Qué debería hacer el gobierno mexicano para ayudar a familias como la del cuento? ¿Sería beneficioso un sistema de asistencia pública *(welfare)* o algún programa de educación? Explique.
2. En el cuento los padres parecen temer la llegada de la adolescencia a sus hijos. ¿Cree Ud. que esta actitud es común en nuestra sociedad también o no? ¿Por qué?

Minidebates

En una o dos frases, explique por qué Ud. está de acuerdo o no con las siguientes declaraciones.

1. No hay gente realmente pobre en Estados Unidos, en comparación con otros países.
2. Los países pobres necesitan educación sobre el control de la natalidad más que comida o medicamentos.

3. Para mejorar el nivel de vida del Tercer Mundo, nosotros tenemos que reducir *nuestro* nivel de vida.

Composición

Usando el título «Es que somos muy pobres», escriba Ud. una pequeña narración desde el punto de vista de un niño (o una niña) pobre que vive en una ciudad grande.

MAFALDA

ANÉCDOTA

El derecho a botar

En español no hay una diferencia de pronunciación entre las palabras **votar** *(to vote)* y **botar** *(to throw out, get rid of)*, porque la letra **v** y la letra **b** se pronuncian igual. Esto forma la base de un chiste cubano:

«Lo bueno de las elecciones no es realmente **votar por** alguien; ¡es **botar a** alguien!»

3

El hombre y la mujer

El conflicto entre los sexos en los años 80

Dice él...

Francamente, no entiendo a las mujeres. ¿Qué más pueden querer? Han tenido tantos éxitos en los últimos diez años — mujeres astronautas, jefas de estado, un premio Nobel, jueces de la Corte Suprema. Yo creo que con todo eso ya deberían sentirse contentas. Además, en el mundo comercial hay ahora mucha discrimi-
5 nación contra el hombre. Entre un hombre y una mujer con igual preparación, casi siempre se emplea a la mujer. Sin embargo, una gran parte de las mujeres que to- man programas de capacitación
10 abandonan después sus carre- ras por el matrimonio o la ma- ternidad. No veo por qué una mujer debe recibir preferencia o privilegios especiales como los
15 permisos prenatales o las horas flexibles. Yo creo en la igualdad de oportunidades.

Dice ella...

Es verdad que ahora hay más mujeres en campos importantes, pero todavía son muy pocas. En casi todo el mundo las mujeres sufren un desempleo más alto que
20 el de los hombres y reciben salarios más bajos que ellos. Entonces, ¿cómo podemos hablar de «discriminación contra el hombre»? Al contrario, en el mundo comercial persiste el prejuicio contra la mujer. No me ascienden tan rápidamente como a mis colegas masculinos, y muchos hombres no toman en serio mis ideas. Quizás lo peor es que siempre hay uno o dos que me molestan con sus insinua-
25 ciones sexuales. Quiero ser aceptada como una persona que puede contribuir, no como «el adorno más lindo del departamento.»

Dice él...

Las mujeres quieren triunfar en las profesiones, pero ¿cuáles han sido las consecuencias? ¿No han ido demasiado lejos en sus aspiraciones? Ahora, las mujeres que buscan el éxito están sufriendo los mismos problemas que antes sólo tenían
30 los hombres, como cáncer de pulmón, más ataques cardíacos y más tensiones. ¿A

eso le llaman tener éxito? Con respecto a las «insinuaciones sexuales,» muchas mujeres las invitan con su manera provocadora de vestirse. Además, a veces estas insinuaciones son realmente chistes normales de los hombres.

Dice ella...

Naturalmente las mujeres están sufriendo muchos problemas de salud ahora,
35 porque para triunfar la mujer típica tiene que hacer una «doble jornada». Además de cumplir con todos los requisitos de mi trabajo fuera de la casa, también debo ocuparme del hogar (casa) y de la crianza de los niños. Tengo que ser «super-mujer». ¿Por qué es todo esto la responsabilidad de la mujer? El hombre no tiene que combinar su carrera (profesión) con el matrimonio, pero yo **sí** necesito
40 adaptar mi trabajo a las necesidades de la familia. Mi esposo (marido) no me ayuda bastante con **nuestras** obligaciones domésticas. Quiero poner a los hijos en una guardería (centro para niños). Así los dos podríamos trabajar a tiempo completo y compartir igualmente el trabajo aburrido (monótono) de la casa.

Dice él...

La liberación de las mujeres es un lindo ideal, pero desgraciadamente los niños
45 han sido muchas veces las víctimas de esta «liberación». Yo creo que las ideas feministas han roto muchos matrimonios y por eso hay tanto divorcio hoy día. Debemos volver a la idea tradicional de la familia. ¿Acaso muchas mujeres no están desilusionadas ahora con el movimiento feminista? En cuestiones domés-ticas, yo no puedo pasar mucho tiempo en casa porque mi trabajo no permite
50 horas flexibles. Además, yo gano más dinero así que ella debe trabajar más en el hogar. ¿Y para qué tener hijos si los abandonamos después en una guardería? Alguien de la familia debe dedicarse a la crianza de los niños, y creo que la mujer tiene más aptitud natural para esto. Ella debe apreciar sus responsabilidades; la maternidad y el hogar son carreras muy importantes.

Dice ella...

55 Yo sigo pensando que el movimiento feminista es valioso porque me ha enseñado
a ver que lo que pasa en el hogar es un reflejo de lo que pasa en el mundo de
afuera. Los niños de hoy muchas veces son víctimas porque la sociedad no les da
importancia. Tampoco reconoce el valor del trabajo doméstico. Si alguien quisiera obtener los servicios que provee el ama de casa típica, tendría que pagar más

60 de $20,000 al año. En muchas regiones, como África, América Latina y Asia, el
trabajo de las mujeres produce más de la mitad de los alimentos (comida) que se
consumen. Los gobiernos no proveen servicios, como guarderías, porque
esperan que nosotras nos hagamos cargo de los hijos gratis. Depositar esta gran
responsabilidad sólo sobre la mujer no es justo.

Expansión de vocabulario

Sinónimos

Para cada palabra de la primera columna, seleccione el sinónimo apropiado de la segunda columna.

1. _____ marido   a. casa
2. _____ guardería   b. triunfar
3. _____ carrera   c. esposo
4. _____ hogar   d. centro para niños
5. _____ tener éxito   e. profesión

Antónimos

Llene los espacios en blanco con antónimos de las palabras en bastardilla, para mostrar como las opiniones de él y las de ella son diferentes.

ejemplo: Él dice que el movimiento feminista es *malo,* pero ella dice que es *valioso.*

1. Él dice que el trabajo doméstico es *interesante*, pero ella dice que es _____ .

2. Ella dice que en general las mujeres de la oficina se visten de manera *conservadora*, pero él dice que es de manera _____ .

3. Ella dice que en el trabajo hay mucha *discriminación* contra la mujer, pero él dice que, al contrario, las mujeres reciben _____ .

Formación de palabras

A veces los adjetivos se pueden convertir en sustantivos *(nouns)*, agregando **-idad** a la última consonante (y quitando la **o** final si la hay). Estos sustantivos son siempre femeninos.

ejemplo: materno   <u>la maternidad</u>

Hay otros adjetivos que se pueden convertir en sustantivos, quitándoles las letras **-le** al final y agregándoles **-ilidad**. También son siempre femeninos.

ejemplo: flexible   <u>la flexibilidad</u>

Convierta los siguientes adjetivos en sustantivos, siguiendo los modelos.

1. agresivo   <u>la</u> _____   4. sensible   _____
2. responsable _____   5. respetable   _____
3. masculino   _____

(Dos excepciones son **igual > igualdad; femenino > feminidad.**)

No puedo verte trabajar tanto: cierra la puerta.

Preguntas

1. ¿Por qué dice el hombre que no entiende a las mujeres?
2. Según él, ¿hay igualdad ahora en el trabajo o no? Explique.
3. ¿Por qué no está contenta la mujer con los éxitos recientes de las mujeres?
4. Según ella, ¿qué problemas tienen las mujeres en el mundo de los negocios?
5. ¿Cómo explica el hombre estos problemas? ¿Quién tiene razón, él o ella? ¿Por qué?
6. Según la mujer, ¿por qué tiene que ser «supermujer»? ¿Qué cambios desea ella con respecto al trabajo doméstico?
7. ¿Qué piensa el hombre del movimiento feminista? ¿Qué piensa ella?
8. ¿Hay algunas opiniones del hombre o de la mujer que le parecen a Ud. erróneas o exageradas? Explique.

Discusión

¿Qué opina Ud. del movimiento feminista? ¿Ha sido favorable o desfavorable para la mujer? ¿para el hombre? ¿para los hijos? Explique.

Minidebates

En una frase o dos, explique por qué Ud. está de acuerdo o no con las siguientes declaraciones:

1. En general, las mujeres trabajan más que los hombres.
2. En Norte América el gobierno debe pagar un sueldo a las amas de casa como en Suecia.
3. Las mujeres no pueden competir con los hombres en los deportes.

MAFALDA

Actividad

Se ha dicho que los estereotipos sexuales son transmitidos por la sociedad. Busque algunos ejemplos de esto en las ilustraciones de anuncios *(advertisements)*, revistas o libros para niños, y tráigalos a la clase.

Españolas que mandan*

Silvia Llopis
Mari Luz Miranda

ANTICIPACIÓN   Identificación de puntos importantes

Antes de leer, mire Ud. rápidamente los cuatro primeros párrafos del artículo y fíjese en los campos o profesiones en que las españolas tienen éxito actualmente. ¿Cuáles son?

Ahora, nombre los campos donde todavía no han logrado triunfar.

Según su opinión, ¿son éstos los mismos campos en que las mujeres han tenido éxito en Estados Unidos y Canadá?

Lea el artículo para aprender más sobre las mujeres y el trabajo en España.

Hombre público, dice el Diccionario de la Real Academia, es «el que se ocupa públicamente de los asuntos° de gobiernos.» La definición de *mujer pública* es mucho más escueta:° «ramera°.» El diccionario no considera siquiera la
5 posibilidad de que una mujer decente tenga poder.

    En realidad, como grupo social la mujer española tiene muy poco poder todavía. Basta° echar un vistazo° a los cuadros° que componen el poder ejecutivo y legislativo, comprobar° que la Banca y las grandes empresas° siguen
10 estando casi por completo en manos de hombres, recordar que en el Ejército° no se admiten mujeres y constatar° que ni una de ellas ocupa un alto cargo° del poder judicial.

    Sin embargo, en la España actual° hay miles de mu-
15 jeres públicas, y no precisamente del tipo a que se refiere el diccionario. En comparación con los hombres, son pocas todavía, pero muchas si miramos atrás. Las mujeres constituyen el 14% de los altos cargos de la Administración Central,° el 4% de los diputados° y senadores y el 9% de los
20 empresarios. Porcentajes muy modestos, claro está, si se tiene en cuenta que las mujeres son el 51% del electorado y el 30% de la población activa.°

    Los sectores más abiertos a la mujer española son la cultura y la enseñanza, donde la influencia femenina es
25 muy grande. Los más machistas son la Banca y la construc-

cuestiones

concisa / prostituta

*Es suficiente / **echar...** mirar brevemente grupos*
confirmar / compañías

Army / confirmar
***alto...** posición de importancia*

de hoy

***Administración...** gobierno federal / congresistas*

***población...** personas que trabajan*

---

* Un artículo de *Cambio 16,* revista española publicada en Barcelona.

ción. Los medios de comunicación,° a pesar de la masiva *medios...* mass media
incorporación femenina, siguen siendo cosa de hombres.
También lo son los sindicatos° y los partidos políticos. *trade unions*

30   Aun con los avances recientes, persisten actitudes negativas hacia la mujer excepcional, incluyendo la extendida
creencia de que las mujeres importantes se odian entre ellas
y son más hombres que nadie. No es nueva la costumbre de
descalificar° a las mujeres que mandan, a las feministas y, desacreditar
en general, a las que resultan tan competitivas como los
35 hombres. Es una forma como cualquier otra de intentar° tratar de
dejarlas fuera de juego.° Ya lo decía una conocida perio- **fuera...** apartadas de la
acción
dista española: «En este país sólo hay dos tipos de mujeres
que triunfan: las que tienen muy mala leche° y las que **mala...** mal carácter
tienen muy buen cuerpo.»
40   A continuación encontramos algunas observaciones
de cuatro de las mujeres que más mandan en la España de
hoy. Explican cómo ser poderosas e influyentes les afecta en
su trabajo o en su vida personal.

Ana Carreras
45   Agente de Cambio y Bolsa° **Cambio...** *the Stock
Exchange*

El trabajo le parece como una droga. «Me excita. Es un
mundo muy dinámico.» Por las mañanas en la Bolsa, por las
tardes en su despacho° particular y por las noches con la oficina
familia: «Hay días en que mi marido, que es abogado, y yo,
50 apenas si nos cruzamos por el pasillo° de casa.» corredor

Matilde Fernández
Miembro de la Comisión Ejecutiva del PSOE°

No tiene hijos, renunció a ellos° hace ya años. Tiene un compañero, eso sí. «Pienso que hay que cuidar y conservar
55 la relación hombre-mujer.»

Partido Socialista Obrero Español

renunció... decidió no tenerlos

María Consuelo Reyna
Subdirectora de *Las Provincias* (un diario° de Valencia)

«Es muy beneficioso ser mujer y comentarista político,
60 porque se obtiene información más fácilmente. El político profesional suele ser° hombre y ante una mujer intenta demostrar que es superior, intenta seducirla, de tal manera que la mujer periodista obtiene provecho° de ellos. Hay un abuso de sexo, pero es al revés,° es por nuestra parte.»

periódico

suele ser... es usualmente

beneficio

al... *the opposite*

65   Margarita Sánchez
        Subdirectora General del Banco Exterior

      «A mi marido han llegado a preguntarle si no le mo-
lesta° tener una mujer que ocupa un cargo tan importante.   irrita
¿Cómo le va a molestar? Habrá un día en que será tan fre-
70 cuente que haya mujeres ocupando altos cargos que no
será necesario escribir sobre ellas como si fueran una rareza.°»   cosa muy extraña

Comprensión de la lectura

Identificación del tema central

Lea las siguientes declaraciones y diga cuál expresa mejor el tema central del artículo.

1. En el ejército español no se admiten mujeres.
2. Los únicos sectores realmente abiertos a la mujer española son la cultura y la enseñanza.
3. A pesar de los avances recientes, las mujeres españolas están todavía lejos de tener igualdad en el trabajo.
4. En España, sólo hay dos tipos de mujeres que tienen cargos importantes: las que tienen muy mal carácter y las que tienen muy buen cuerpo.

Preguntas

1. Según el Diccionario de la Real Academia, ¿qué es un *hombre público?* ¿Y una *mujer pública?* ¿Conoce Ud. algunas expresiones en inglés que discriminan a la mujer?
2. ¿Cuáles son las profesiones de las cuatro españolas mencionadas al final del artículo? ¿Cuál de éstas cree Ud. que sería más difícil de combinar con la carrera de esposa y madre? ¿Por qué?
3. ¿Quiénes son algunas mujeres norteamericanas con poder e influencia? ¿Cree Ud. que es bueno o necesario tener poder? Explique.

En palabras sencillas

Explique en palabras sencillas las siguientes descripciones o citas de españolas importantes mencionadas en el artículo. Luego, diga qué opina Ud. de cada cita.

1. El trabajo le parece como una droga.
2. «Hay días en que mi marido...y yo, apenas si nos cruzamos por el pasillo de casa».
3. No tiene hijos, renunció a ellos hace ya años.
4. «Hay un abuso de sexo, pero es al revés, es por nuestra parte».

Expansión de vocabulario

Buscar sinónimos

Busque en el artículo sinónimos para las palabras en bastardilla.

¿Ah? ¿Ud. no cree que la mujer tiene muy poco *dominio* en la sociedad española? Pues, escuche la siguiente información:

Basta *confirmar* que la Banca y las grandes *compañías* siguen casi por completo en manos de hombres. Las mujeres *componen* el 14% de los altos *empleos* de la Administración Central. Los medios de comunicación, a pesar de la *enorme* incorporación femenina, siguen siendo *asunto* de hombres. Hay una falsa creencia de que las mujeres influyentes *se detestan* entre ellas.

Ahora, Ud. ve que es difícil que una mujer *tenga éxito* en la España de hoy.

Discusión

1. ¿Qué prefiere Ud., trabajar bajo el mando de una mujer o de un hombre? ¿Por qué?
2. Algunos psicólogos dicen que muchas mujeres sufren de un «temor al éxito». ¿Está Ud. de acuerdo? ¿Hay hombres que sufren de este problema también?

MAFALDA

El varón domado*
De la felicidad de los esclavos†

Esther Vilar

ANTICIPACIÓN   El título y otros materiales como puntos de partida

Esta historia, que trata de cómo la mujer sabe manipular al varón (hombre) en ciertas situaciones, es de *El varón domado,* un best-seller en toda América Latina que presenta una fuerte defensa de los derechos del hombre. Quizás Ud. imagina que el autor sea un hombre muy «machista», pero no, es una mujer argentina que cree que las verdaderas víctimas de la sociedad moderna no son las mujeres, sino los hombres. Antes de leer la selección, mire rápidamente el título, el subtítulo, la ilustración y el primer párrafo; luego, conteste estas preguntas:

1. ¿Qué problema tiene la mujer con su MG?
2. ¿Qué «medidas» toma inmediatamente para resolver su problema?
3. ¿Quién la ayuda?
4. ¿Cómo cree Ud. que se siente la mujer en esta situación? ¿Y el hombre?

   Lea la selección para ver como la autora usa esta situación para mostrar el dominio de los hombres por las mujeres.

El *MG* amarillo limón se inclina y da bandazos.° La mujer — joven — que lo conduce° lo frena,° baja de él y descubre que la rueda delantera° izquierda está en el suelo.° No pierde un instante en tomar medidas° para la reparación de
5　la llanta:° inmediatamente lanza° miradas a los coches que pasan. No tarda en detenerse una camioneta,° al percibir su conductor esa señal de desamparo° femenino (*«débil mujer abandonada por la técnica masculina»).* El conductor nota al instante lo que hay que hacer. «En seguida estará»,° dice
10　consoladoramente,° y pide a la mujer que le dé el gato.° No le pregunta siquiera si ella misma sería capaz de cambiar la rueda: ya sabe que no lo es. Ella no encuentra gato alguno en su *MG,* razón por la cual el hombre va por el suyo. Le bastan° cinco minutos para resolver el problema. Ahora
15　tiene las manos manchadas de grasa.° La mujer le ofrece un pañuelito delicado que él rechaza° cortésmente. Siempre

se... *tilts to one side and lurches along*
drives / *brakes*
rueda... *front tire* / *ground*
measures
rueda / *she casts*

station wagon

helplessness

«En... *"It'll be fixed right up."*
comfortingly / *jack*

son suficientes

manchadas... *soiled with grease*
no acepta

---

* dominado

† *slaves*

El hombre y la mujer

tiene a mano en la caja de herramientas° un trapo° y gaso-

caja... *tool box* / *rag*

lina, precisamente para casos así. Ella le da las gracias exu-
berantemente y pide perdón por su torpeza° «típicamente

ignorancia, inhabilidad

20 femenina». Si él no hubiera pasado por allí —declara— se
habría tenido que quedar probablemente hasta la noche. Él
no contesta, sino que le cierra con delicadeza la puerta y le
aconseja° que cambie pronto la rueda pinchada.° Ella con-

da la sugestión / *flat*

testa que lo hará aquel mismo día en la estación de servicio a
25 la que acostumbra ir. Y arranca.°

she starts off

    El hombre ordena las herramientas en la caja y se
vuelve hacia la camioneta, lamentando no poder lavarse las
manos. Tampoco lleva tan limpios los zapatos, pues para
cambiar la rueda ha tenido que chapotear° en una zona de

splash about

30 barro;° y su trabajo —es representante— requiere zapatos

mud

limpios. Tendrá que darse prisa si quiere alcanzar° al

llegar a ver

cliente que sigue en su lista. Pone el motor en marcha.°

moción

«Estas mujeres —va pensando— no se sabe nunca cuál es la
más tonta»; y se pregunta qué habría hecho aquélla si él no
35 hubiera pasado por allí. Acelera imprudentemente con objeto de recuperar el retraso° que lleva. Al cabo de un rato

delay

empieza a tararear° algo en voz baja. Se siente feliz de al-

hum

guna manera.

    La mayoría de los hombres se habría portado° de ese

behaved

40 modo en la misma situación; y también la mayoría de las
mujeres: sobre la sencilla base de que el hombre es hombre
y ella es algo enteramente distinto, la mujer hace sin el
menor escrúpulo que el varón trabaje para ella siempre que
se presenta la ocasión. La mujer de nuestro incidente no
45 habría podido hacer más de lo que hizo, esperar la ayuda de
un hombre; porque lo único que ha aprendido a propósito
de averías° automovilísticas es que hay que cargar° la re-

breakdowns / poner la
  responsabilidad de

paración a un hombre. En cambio, el hombre de nuestra

historieta, que soluciona velozmente el problema de una
50 persona desconocida, se ensucia el traje, pone en peligro la
conclusión de su trabajo del día y, al final, se pone en peligro
incluso él mismo por la necesidad de acelerar exageradamente. ¿Y por qué se va la mujer a ocupar de reparaciones si
la mitad° del género humano — los varones — lo sabe hacer   cincuenta por ciento
55 tan bien y está tan deseosa de poner sus capacidades a
disposición de la otra mitad?

   Las mujeres hacen que los varones trabajen para ellas,
piensen por ellas, carguen en su lugar con todas las responsabilidades. Las mujeres explotan° a los hombres. Y, sin   *exploit*
60 embargo, los varones son robustos, inteligentes, imagina-
tivos, mientras que las mujeres son débiles, tontas y carecen
de° fantasía. ¿Cómo es que, a pesar de ello, son las mujeres   **carecen...** no tienen
las que explotan a los hombres, y no lo contrario?

   ¿Será, tal vez, que la fuerza, la inteligencia y la imagi-
65 nación no son en absoluto condiciones del poder, sino de la
sumisión? ¿Que el mundo esté gobernado° por los seres que   mandado
no sirven más que para dominar, o sea, por las mujeres?
Mas, ¿cómo consiguen° las mujeres que sus víctimas no se   *manage*
sientan humilladas y engañadas,° sino como dueños,°   *deceived* / jefes
70 como «señores»? ¿Cómo consiguen las mujeres inspirar a los
varones ese sentimiento de felicidad que experimentan°   sienten
cuando trabajan para ellas?

   ¿Cómo no se desenmascara° nunca a las mujeres?   *unmask, expose*

Comprensión de la lectura

Verdad (+) o mentira (0)

1. _____ El conductor de la camioneta se detiene porque reconoce la señal de una débil mujer.

2. _____ Al principio el hombre cree que la mujer es capaz de cambiar la rueda pinchada.

3. _____ El trabajo del hombre requiere zapatos limpios, una apariencia ordenada y puntualidad.

4. _____ Según la autora, esta escena no es típica de la mayoría de los hombres y las mujeres.

5. _____ La autora cree que las mujeres son superiores a los hombres.

6. _____ A pesar de ser víctimas de las mujeres dominantes, los varones se sienten superiores y felices.

Preguntas

1. ¿Cuál es la primera reacción de la mujer al descubrir la rueda pinchada de su coche? ¿Cree Ud. que es típica esta reacción? ¿Por qué?
2. ¿Cómo muestra la mujer «su torpeza típicamente femenina»? ¿Cómo sabemos que el hombre está bien preparado para estas situaciones?
3. ¿Qué consecuencias negativas sufre el hombre por haber ayudado a la mujer? Pero, ¿cómo se siente mentalmente? ¿Cómo explica Ud. esto?
4. Según la autora, ¿por qué no se ocupan las mujeres de la reparación de automóviles?
5. ¿Cómo explotan las mujeres a los varones, en opinión de la autora? ¿Qué cualidades tienen los dos sexos? ¿Está Ud. de acuerdo? Explique.
6. En la serie de preguntas del final, ¿qué es lo que no comprende la autora? ¿Cómo contestaría Ud. sus preguntas?
7. ¿Qué piensa Ud. de este artículo?

Discusión

1. ¿En qué costumbres o actitudes de nuestra sociedad vemos que al hombre se le obliga a proteger o ayudar a la mujer? ¿Cree Ud. que el hombre sufre con estas obligaciones? Explique.
2. Describa Ud. su concepto de un movimiento de liberación masculina. ¿De qué tienen que liberarse los hombres y por qué?

Composición

Escriba Ud. una respuesta a las siguientes preguntas, usando el *Vocabulario auxiliar,* si quiere:

¿Quién sufre o pierde más en un divorcio? ¿Por qué? ¿Qué se necesita hacer para que el divorcio sea más justo tanto para el hombre como para la mujer?

Vocabulario auxiliar

la asistencia de divorcio *alimony*
la ayuda económica al niño *child support*
cambiar *to change*
la carrera *career*
comprometerse (*n.* el compromiso) *to commit oneself* (n. *commitment*)
la custodia compartida *joint custody*
el egoísmo (*adj.* egoísta) *selfishness* (adj. *selfish*)
esperar *to expect, hope*
la falta de comunicación *lack of communication*

la familia nuclear, extensa *nuclear, extended family*
la fidelidad (*adj.* fiel) *faithfulness* (adj. *faithful*)
jefe o cabeza de familia *head of household*
mudarse *to move (from one place of residence to another)*
las presiones *pressures*
el ritmo de vida *pace of life*
soltero(a) *single person*
tolerar (*n.* la tolerancia)
los valores *values*

DON GREGORIO

¿Por qué tan sola, güerita*?†

Patricia Berumen

> ## ANTICIPACIÓN   El título como punto de partida
>
> Muchas veces el título le puede ayudar a comprender mejor una selección. Antes de leer el siguiente cuento, piense un momento en el título. En una frase, ¿qué cree que es el tema central?
>
> Ahora, busque Ud. la pregunta del título (pero no necesariamente su repetición exacta) en el texto. Identifique las tres situaciones en que se hace la pregunta.
>
> Mientras lea el cuento, piense en lo siguiente: ¿Qué les representa «mujer sola» a los varios personajes?

Estoy sentada en un colchón° a la orilla° de la alberca.° Mis niños nadan con sus amigos, salen, se ríen. Mmm, ¡qué rico! —las vacaciones. Un largo fin de semana todo para mí. No hay prisas. Ni horarios. No tengo que manejar° ni ma-
5 quillarme.° Sola con mis hijos. Dos días enteros para gozarlos, tiempo para reflexionar y descansar. Estoy a gusto, no pienso en el trabajo, no hago cuentas,° ni me acuerdo de los galanes° ausentes.

Leo durante horas. Estoy tan metida° en mi libro que
10 no me doy cuenta en qué momento se ocuparon todos los colchones y las sillas. La piscina está congestionada.° Una familia entera formada por abuelos, hijos, nietos, tíos. Varios matrimonios jóvenes, con niños como los míos. La pareja° madura que juega al tenis. Los recién casados con
15 cara de fascinación. Los jóvenes Punk, vestidos de cuero° negro.

Tengo sed. Los meseros° no me hacen caso.° No me ven. No están acostumbrados a atender a una mujer sola. No aquí donde vacacionan familias. Son los señores que or-
20 denan y finalmente los que pagan.

Llega un grupo de señores, haciendo mucho ruido. Todos con su gafete° de identificación: el gerente,° el contador,° el representante.° Miembros todos de la convención de alguna transnacional.° Sus piernas blancas se ven ridí-
25 culas. Sus portafolios de cuero fuera de lugar. Se apoderan

mattress / a... al lado / piscina

conducir el auto
put on makeup

cálculos
amigos varones
interesada

llena de gente

couple
leather

camareros / hacen... prestan atención

tag / director
accountant / salesman
compañía multinacional

---

* *Blondie* (mexicanismo). Los mexicanos comunmente dicen **güero, –a** en vez de **rubio, -a.**

† De *fem.*, una revista feminista publicada en México.

de° las mesas cerca del bar. Piden copas y botanas,° que les son servidas de inmediato.

     Sigo con sed. Decido levantarme al bar por una copa. Encargo° mi bolsa a la señora de junto que me mira con
30 compasión. ¿Está sola?, pregunta. Con mis hijos, respondo. Los de la convención me observan. Se codean.° Un papá se aprovecha que su esposa arregla el traje de baño a su hija para cerrarme el ojo.° Cuando pido un Margarita, la abue-lita y las tías me voltean a ver como a una aparición. La más
35 joven pellizca° a su marido que mira mis piernas. Las demás me ven con odio. Sus antenas las alertan: mujer sola igual a peligro. Conocen muy bien los alcances° de sus maridos. Yo sólo quiero gozar del sol, de mis hijos y de mí misma. Las miradas de los de la convención se me echan encima de un
40 jalón.° Resbalan por mis caderas,° desnudándome gro-seros. Me siento turbada por su descaro.°

     Regreso a mi camastro.° Saco mi libreta° y la pluma. Escribo. Trato de encender un cigarro.° Para cuando lo logro, las llamas° de dos encendedores° se ofrecen solícitas.
45 Levanto apenas la mirada. Los ejecutivos galanes esperan una respuesta.

     —Gracias— y continúo con mis escritos.

     —¿Qué haces, güerita? ¿Estás sola? ¿Nos podemos sentar?

se... Ocupan con autoridad / *appetizers* (mexicanismo)

Doy el cuidado de

Se... *They nudge each other*

para... *to wink at me*

pinches

capacidades

se... *fall on me all at once / hips*
insolencia
rickety lounge cot / cuaderno
cigarette (mexicanismo)
flames / aparatos para dar fuego

50 —Estoy trabajando. Discúlpenme.°   Perdónenme

Me miran con incredulidad y desprecio.° Molestos   desdén
ante mi total indiferencia. ¿Cómo una mujer sola que tiene
que levantarse al bar por su copa puede despreciarlos? ¿A
ellos, con sus encendedores imitación de oro, sus lentes
55 Carrera, sus tenis Nike? ¿Y sobre todo frente a sus colegas y
jefes? Se van murmurando.

El agua me recibe fresca. Me agrada sentir el movimiento de mi cuerpo; la atravieso° una y otra vez. Salgo   paso
totalmente relajada. Tengo que cruzar por la mesa de los
60 señores ya bastante tomados,° que se lanzan con una reta-   borrachos
hila° de piropos:° «Güera, ¿por qué tan solita?» «¡Qué bien   serie / *flirtatious*
estás, preciosa!» «Mamacita.»   *compliments*

A palabras necias, oídos sordos.° Camino sintiéndome   **A...** *For silly words, deaf*
incómoda. Busco mi camiseta.° Pido la cuenta. El ambiente   *ears* (un proverbio)
65 de la piscina me es ya francamente hostil. Las señoras se   *shirt*
alertan a mi paso. Vigilando a sus maridos. Los tipos de la
barra, envalentonados por ser mayoría,° hacen bromas a mi   **envalentonados...** con
costa.   más confianza porque
                                                              están en un grupo
El mesero me informa que mi cuenta ha sido pagada
70 por los galanes bizarros° y que me invitan a una copa en su   generosos
mesa. Le exijo mi nota.° Amenazo con hablar con el gerente.   cuenta
Se asusta. Firmo sin agregar° propina. Me mira con odio.   *adding*

Recojo mis cosas y camino con rumbo a° mi cuarto. No   **con...** en camino de
me queda más que recluirme,° cuando hubiera querido   encerrarme
75 gozar del sol hasta que desapareciera. Al pasar frente a la
mesa de los ejecutivos galanes, escucho sus voces:
—Adiós, güera apretada.° ¿Quién te crees?° PUTA.°   *uptight* / **Quién...** *Who do*
                                                              you think you are? /
                                                              manera vulgar de decir
                                                              «prostituta»

Comprensión de la lectura

Recapitulación de la historia

Llene cada espacio en blanco con una palabra o frase apropiada para completar el resumen
de la historia. En algunos casos, hay varias maneras correctas de llenar el espacio.

La mujer está sentada en un colchón al lado de la _____ y piensa, «Un largo

fin de semana todo para mí.» Sus _____ nadan con sus amigos. Ella lee durante

horas. Tiene _____, pero los meseros no le hacen caso. Llega un grupo de señores

_____ ruido. Ocupan las mesas cerca del bar. La mujer va al bar por una copa.

Cuando _____ un Margarita, algunas mujeres la _____ como a una apari-

ción. Otras la ven con odio. Mujer sola igual a _____. Ella regresa a su colchón.

Trata de encender un _____ y las llamas de dos _____ se ofrecen solícitas.

Uno de los hombres le pregunta: ¿Nos podemos _____? Ella les contesta que

_____. La miran con _____. Se van murmurando.

Ella nada un rato. Luego, _____ de la piscina y pasa enfrente de los señores que ya

están _____ y que le lanzan piropos estúpidos. Pide la _____ y el mesero le

dice que los señores ya la pagaron. Ella insiste y la recibe. La firma sin agregar

_____. Recoge sus cosas y camina hacia su _____ mientras los hombres le

insultan con palabras groseras.

Preguntas

1. ¿Qué les representa «mujer sola» a los diferentes personajes del cuento? Según su opinión, ¿es posible que un hombre solo pueda sufrir problemas parecidos o no? ¿Por qué?
2. ¿Cree Ud. que la situación que se describe en la historia es un problema actual de nuestra cultura? Explique.
3. ¿Qué piensa Ud. de la siguiente opinión, expresada por un mexicano que leyó el cuento?

> «Me parece que esta mujer ha causado sus propios problemas. En realidad, no hubo ningún ataque sexual contra ella. Algunos hombres le expresaron su admiración y la trataron con cortesía. Eso es todo. Parece que ella es una persona que no comprende la generosidad (por eso no le dio ninguna propina al pobre mesero) y busca malos motivos en las buenas acciones de los demás. La única maldad estaba en los pensamientos de ella.»

Discusión

1. ¿Qué opina Ud. de las residencias mixtas que hay en algunas universidades? ¿Deben compartir hombres y mujeres la misma habitación? ¿El mismo piso? Explique.
2. ¿Cómo es la vida de soltero(a) en los Estados Unidos? ¿Es más popular que antes? ¿Por qué?

Expansión de vocabulario: Formación de frases nuevas

Prepare Ud. ocho frases nuevas, escogiendo la parte apropiada de cada una de las tres columnas. La primera frase está hecha como ejemplo.

ejemplo: La mujer/lee/durante horas.

1. *La mujer*	le da	a sus maridos.
2. Los niños	nadan	palabras insultantes.
3. Las señoras	le dicen	*durante horas.*
4. El mesero	vigilan	la cuenta.
5. Los ejecutivos galanes	*lee*	en la piscina.

CHISTE

Un hombre muy dominante se casó con una mujer tímida y pasiva. Durante la luna de miel el marido empezó a criticar a su mujer, sobre todo por su costumbre de usar mucho el diminutivo. Una noche, cuando cenaban en un restaurante, ella le preguntó—¿No tienes una monedita? Quiero hacer una llamadita a mi hermanita.

—¡Qué barbaridad! — le gritó — Acabas de usar el diminutivo tres veces. ¡Es intolerable!

Su esposa empezó a llorar y no volvió a tocar su comida. Después de varios minutos el hombre, un poco arrepentido, le preguntó—¿Y por qué no comes?

—Pues, es que no tengo...¡apeto! — le respondió la infeliz mujer.

Minidebates

En una o dos frases, explique por qué Ud. está de acuerdo o no con las siguientes declaraciones:

1. En un matrimonio la mujer debe conservar su propio apellido.
2. Dos homosexuales deben poder casarse legalmente.
3. La liberación de las mujeres es la causa del problema nacional de las madres solteras adolescentes.

Lo siento, sólo admitimos parejas casadas.

Aventuras e historias verdes

Es interesante notar que muchas de las palabras inglesas que se refieren al sexo se derivan de términos relacionados con los negocios, las leyes o la suciedad, mientras que esto no ocurre tanto en español. Los amores entre dos personas no casadas se llaman *an affair* en inglés, en español, «una aventura». En inglés se dice
5 que el hombre *possesses* la mujer; en español, el hombre «goza» a la mujer. El niño nacido como resultado de estos amores fuera del matrimonio es *an illegitimate child* en inglés, «un hijo natural» en español.

Dirty words son «palabrotas» (palabras grandes y feas). *Dirty jokes* y *dirty books* son «historias verdes», «libros verdes». *A dirty old man* se traduce como «un
10 viejo verde» en castellano.

En fin, los españoles relacionan el sexo con el color verde (simbólico de la vida, la naturaleza y la esperanza), con el gozo, con lo natural. Los anglosajones relacionan el sexo con los negocios, lo jurídico, lo sucio. ¿Es posible que la tendencia anglosajona sea un reflejo de cierto puritanismo o represión sexual que no está
15 presente en la historia española?

Preguntas

1. ¿De dónde se derivan muchas palabras inglesas que se refieren al sexo? ¿Cómo explica Ud. esto?
2. ¿Cómo se dice *an affair* en español? ¿Cuál de estos dos términos prefiere Ud.? ¿Por qué?
3. ¿Con qué color se relaciona el sexo en español? ¿Qué simboliza ese color?

CHISTE

—Gracias por su invitación a la fiesta, señor, pero me temo que mi esposa no podrá asistir porque tiene un niño de días.

—No importa, hombre; que venga Díaz también.

Rima XI

Gustavo Adolfo Bécquer*

«Yo soy ardiente, yo soy morena,° _brunette_
yo soy el símbolo de la pasión;
de ansia° de goces° mi alma está llena. _deseo / **de...** for pleasures_
¿A mí me buscas?» «No es a ti, no.»

5 «Mi frente° es pálida; mis trenzas,° de oro; _cara / braids_
puedo brindarte dichas° sin fin; **brindarte...** ofrecerte felicidad
yo de ternura guardo un tesoro.° **de...** de cariño tengo una riqueza
¿A mí me llamas?» «No; no es a ti.»

«Yo soy un sueño,° un imposible, _dream_
10 vano fantasma de niebla° y luz; _mist_
soy incorpórea, soy intangible;
no puedo amarte.» «¡Oh, ven; ven tú!»

Preguntas

1. ¿Cómo son las tres mujeres que aparecen ante el poeta?
2. ¿Por qué se enamora solamente de la última? ¿Es común esta actitud? ¿Por qué?
3. ¿Cree Ud. que el amor es algo distinto para el hombre que para la mujer? Explique.

---

* Gustavo Adolfo Bécquer (1836–1870), el más famoso de los poetas románticos de España. En sus _Rimas_ evoca con fina sensibilidad el mundo íntimo del hombre, sus amores, sus sueños y su búsqueda del ideal.

4. ¿Qué personas famosas (actores, actrices, músicos, etc.) representan el ideal perfecto de la feminidad o de la masculinidad en nuestra cultura? ¿Qué características tienen?
5. Según Ud., ¿existe el amor ideal? Explique.

Chiripa*

Rubén Darío†

Casi casi me quisiste;
casi casi te he querido;
si no es por el casi casi,
casi me caso contigo.

Pregunta

En sus propias palabras, ¿qué quiere decir este poema?

Sigue ahí‡

Mire Ud. la historieta *(comic strip)* en las páginas 96–97 sobre dos jóvenes que se enamoran. Haga una descripción de lo que Ud. cree que está pasando en cada dibujo, y llene con sus propias palabras las burbujas *(word balloons)* en blanco.

---

* Suerte

† Rubén Darío (1867–1916), famoso poeta nicaragüense.

‡ La historieta es de *Encuentro,* una revista para jóvenes publicada en México.

El machismo en México*

Salvador Reyes Nevares

ANTICIPACIÓN   Identificación de puntos importantes

Para muchos sociólogos y psicólogos el machismo mexicano no es sólo una actitud sexista del hombre contra la mujer, sino que representa toda una filosofía de vida. En el siguiente artículo, se refiere a las ideas del escritor Octavio Paz, quien cree que esta filosofía del machismo mexicano tiene sus orígenes en la historia: en la Conquista de México por los españoles en el siglo XVI. Según él, ciertas figuras históricas son símbolos que han formado la psicología nacional. Para los mexicanos, la Conquista fue una violación, tanto de su tierra como de sus mujeres. El símbolo de esta violación es una mujer, La Malinche, la amante indígena (india) del jefe español, Hernán Cortés, que luego de ayudarlo, fue abandonada por él. La contraparte de ella es Cuauhtémoc, el joven y heróico emperador azteca que prefirió morir torturado, antes de cooperar con los españoles.

Antes de leer, mire Ud. el artículo y busque la parte al comienzo donde el autor empieza a explicar la historia de México. Conteste estas preguntas:

1. ¿Cuáles son los dos «troncos de ascendencia» que han resultado en el pueblo mexicano? ¿Con cuál se identifican los mexicanos de hoy?
2. ¿Qué sentimiento les inspira a los mexicanos la Malinche?
3. ¿Qué sentimiento les inspira Cuauhtémoc?

Ahora lea para aprender más sobre el machismo mexicano y para ver cómo la historia puede influir en la psicología.

El machismo es una característica de ciertos mexicanos. No vale para definir a toda la población del país. Por otra parte, esta singular obsesión no es privativa° de México. Puede sospecharse que ciertos españoles, o griegos, o franceses o
5 italianos están poseídos de ella.°

    exclusiva

    it, referring to «la obsesión»

---

* De *Mundo Nuevo*, revista argentina publicada en París.

¿Qué es el machismo? ¿Cómo es el individuo contaminado de machismo?

El machista es un hombre que se da importancia, pero
no de cualquier modo: su importancia proviene° de su po-
derío° sexual. Puede conceder que intelectualmente no
descuella° gran cosa, puede estar de acuerdo en que no
tiene una gran habilidad en el trabajo, en que es mediocre
para todo, menos en su papel de macho.°

El machista es muy hombre con las mujeres, pero
también es muy hombre a la hora de ingerir° licores y en el
momento de la pelea.° La borrachera° del varón° despierta
en las mujeres reacciones: las aterroriza, las escandaliza, las
enfada. Lo que hay en el fondo de la conducta machista es
una frase: «Para que vean que no me importa lo que ella
quiera. Yo hago lo que me da la gana».° Hay un propósito°
obsesivo de probar que se es libre respecto a la mujer y que
ésta se encuentra absolutamente sometida.°

El machista pretende autoafirmarse.° ¿Delante de
quién? Delante de sus prójimos° que lo contemplan. ¿Respecto a° quién? Respecto a una mujer.

Ahora bien, ¿cuál es el tipo de reacción que se esta-
blece entre el hombre y la mujer, para que aquél se convierta en un machista? Por debajo de las autoafirmaciones
es fácil distinguir una radical conciencia de debilidad.° Ese
hombre que bebe para demostrar que es muy macho y que
hace lo que le da la gana, en realidad tiene serias dudas.
Sospecha que es débil y que está a merced° de la mujer. El
machista se percata° de esa realidad, pero no quiere confe-
sarse a sí mismo que se ha percatado. Él es el fuerte. Es el
macho, el jefe, el que manda. Y entonces monta su rudi-
mentario mecanismo de prueba: hace lo que a la mujer no le
gusta que haga.

El machista puede tener muy mal gusto, pero logra° lo
que se propone: la derrota lacrimosa° de la hembra.° Se
consuma° con esa derrota, una especie de venganza°
oscura. Voy a explicarme con más rigor.

El papel femenino

La historia de México se inicia con un acto de fecundación
entre los españoles y los indígenas.°* De esta conjunción
surgió° un nuevo pueblo.° Lo curioso del caso es que nosotros en México hemos elegido a uno de los troncos de nuestra ascendencia° para atribuirle nuestro cariño y nuestro
respeto. Nos hemos declarado indígenas. A pesar de esto,

---

* Aquí se refiere a la Conquista española del siglo XVI. La combinación de españoles e indios creó
una raza nueva: los mestizos.

Glosas marginales:
- viene
- poder
- se distingue
- *male*
- beber
- combate / *drunkenness* / *male*
- **me...** deseo hacer / intención
- dominada
- afirmarse a sí mismo
- compañeros
- **Respecto a** *In regard to*
- *weakness*
- **a...** *at the mercy*
- **se...** está consciente
- obtiene
- **derrota...** *tearful defeat / female*
- **Se...** Se completa / *vengeance*
- nativos indios
- nació / gente
- **troncos...** *branches of our ancestry*

La conquista de la Ciudad de México por los españoles.

tenemos sentimientos ambivalentes hacia nuestro pasado indio, igual que hacia los españoles.

50 Experimentamos° rencor hacia los españoles por haber invadido nuestra cultura indígena. «...la Conquista—dice Octavio Paz—fue una violación,° no solamente en el sentido histórico, sino en la carne misma° de las indias». Como consecuencia de esta violación original, el mexicano 55 siente un temor enfermizo, violento por todo lo que pueda mancillar° la integridad de sus mujeres: su madre, su esposa, su hermana, su hija. La modestia femenina llega a constituirse en centro de la vida del hombre.

Por otro lado, lo ibérico° reside también en nosotros. 60 Lo español fue el elemento activo y predominante en la Conquista, así representando la parte masculina. Lo indígena, por su pasividad, hace la parte° femenina en aquel trance° de fecundación. El mexicano de hoy, pues, se ve compelido a probar su masculinidad para no asociarse con 65 la parte femenina de la Conquista. Dedica todos sus actos a ese propósito fundamental de no permitir que se dude de él.

Aunque el mexicano siente cariño y respeto por lo indígena, también experimenta vergüenza.° En la figura de la Malinche, la madre universal del mexicano, Octavio Paz 70 ve «el símbolo de la entrega°». Dice que repudiamos a la Malinche, pero es un repudio a medias.° Al renegar° de la Malinche, en realidad renegamos de la parte india de nuestro ser. Pero, no obstante, en Cuauhtémoc la reverenciamos y la admiramos. El mexicano oscila entre estos 75 dos sentimientos—repudio y admiración—siempre que vuelve la cara hacia su pasado indígena.

Sentimos

rape

carne... *very flesh*

deshonrar

español

hace... *plays the role*
momento crítico

shame

capitulación
a... parcial / negar
vigorosamente

Amor contrariado° es, pues, el primer motor° del machismo. Amor y vergüenza y una rabia° de siglos. El machismo implica un acto de afirmación de la masculinidad. El

80 acto erótico constituirá la prueba por antonomasia.° Mi conducta al volante° de un automóvil, o al frente de un grupo de subordinados, o en una reunión de condiscípulos,° o en una fiesta será siempre una conducta machista. Con ese fin gritaré y reiré más que los otros, y provocaré

85 alguna riña° para que reparen en mí;° y sobre todo, mantendré uncida° a mi mujer a una disciplina que la preserve a ella y a mí me reafirme en mi condición de jefe de la casa.

frustrado / motivating force
furia

por... por excelencia
steering wheel

compañeros

combate, pelea / **reparen...** me observen
yoked

La contrapartida: el hembrismo°

El machismo supone el otro lado de la medalla,° el hembrismo. Los rasgos° de la feminidad son normalmente pa-

90 sivos: la paciencia, la fidelidad, la resistencia ante los infortunios, la dulzura°...

exaggeratedly feminine actions and attitudes
coin
características

sweetness

Pues bien, la «abnegada° mujer mexicana» es una suma de tales virtudes, pero llevadas a lo alto° que acaban por° ser ridículas. El hombre machista necesita una mujer

95 así. Para los alardes° de virilidad insaciable, la mujer que resiste todas las infidelidades es ideal; para exabruptos,° y demás actos de tiranía, una mujer inmensamente pasiva, sumisa° y resistente es indispensable.

sacrificadora
a... a tal extremo
acaban... *end up*
boasts
grandes descortesías

obediente

El camino de la curación

Es posible avizorar una curación.° Se trata de atenerse a° la

100 dualidad que nos preside.° En el momento en que no subsistan ni la noción del indio ni la del español, sino solamente la del mexicano, en ese momento México se sentirá de una sola pieza, y el machismo se habrá quedado entonces sin base.

avizorar... ver una solución / **atenerse a** aceptar / **nos...** existe en nosotros

Comprensión de la lectura

Opciones múltiples

1. El machista cree que es muy importante mostrar su habilidad (*a*) intelectual (*b*) amorosa (*c*) económica.
2. El machista se emborracha y pelea para probar que tiene (*a*) gran respeto por la mujer (*b*) miedo de otros hombres (*c*) libertad absoluta de acción.
3. En realidad el machista (*a*) no trata de autoafirmarse (*b*) duda de su fuerza (*c*) obedece a su mujer.
4. A causa de la violencia que sufrieron los indios durante la Conquista española, el mexicano de hoy está obsesionado con (*a*) la pureza de las mujeres de su familia (*b*) la cultura española (*c*) el miedo de entrar en peleas.

5. ¿Qué siente el mexicano contemporáneo hacia la parte india de su ser? (*a*) admiración sin límites   (*b*) indiferencia absoluta   (*c*) emociones contradictorias.
6. Como prueba de su masculinidad, el machista *no* (*a*) grita en las fiestas   (*b*) permite que su mujer tenga libertad   (*c*) maneja el auto rápidamente.

Preguntas

1. Según el autor, ¿en qué sociedades existe el machismo?
2. ¿Qué es un machista? ¿Qué poderío superior cree tener?
3. ¿Qué acciones son típicas del machista?
4. ¿Qué dudas tiene?
5. ¿Por qué siente rencor por los españoles el mexicano? ¿Cómo ha afectado la Conquista su actitud hacia las mujeres?
6. Por otra parte, ¿cómo se identifica el mexicano con el español de la Conquista? ¿Qué acciones o actitudes provoca esto?
7. ¿Qué características tiene la mujer hembrista? ¿Cómo se complementan el hembrismo y el machismo?
8. ¿Qué curación sugiere el autor para el machismo mexicano?

Discusión

Algunas personas creen que sería mejor volver a las relaciones tradicionales entre los sexos. Dicen que con la nueva igualdad entre hombre y mujer, la vida ha perdido mucho de su emoción y romanticismo y, en su lugar, hay tensión, pena y confusión. ¿Está Ud. de acuerdo?

Composición

1. ¿Cree Ud. que existe el machismo en los Estados Unidos? ¿Y el hembrismo? Explique.
2. Algunos psicólogos afirman que ciertas razones machistas explican el carácter violento de la vida norteamericana. ¿Qué opina Ud.? ¿Se puede asociar el machismo con algunos deportes? ¿Con la pornografía y el maltrato físico de las esposas? ¿Con el alto nivel de crímenes? ¿Por qué sí o no?

Cuestiones éticas

Vocabulario preliminar

Estudie el vocabulario antes de empezar esta sección sobre dos cuestiones éticas difíciles. Luego utilice este vocabulario como medio de consulta durante su estudio del capítulo.

1. **asesinar** eliminar a una persona (*sinónimo:* **matar**); **asesino (el)** persona que asesina; **asesinato (el)** acción de asesinar, homicidio
2. **ayudar** dar auxilio, cooperar con o contribuir a otra persona o cosa, asistir
3. **crear** producir, hacer, establecer
4. **deber** estar obligado; tener obligación de pagar una cantidad de dinero
5. **derecho (el)** autoridad de actuar o pedir algo; **tener derecho a** *to have a right to*
6. **enfermedad (la)** alteración más o menos seria en la fisiología del cuerpo. Algunas enfermedades graves: el cáncer, la cólera, la malaria
7. **ética (la)** parte de la filosofía que trata de la moral y de las obligaciones del individuo; *adj.* **ético**
8. **gobierno (el)** mando, administración, control de una nación; *v.* **gobernar**
9. **justicia (la)** virtud que hace dar a cada cual lo que le corresponde; *adj.* **justo, injusto**
10. **muerte (la)** cesación definitiva de la vida; *v.* **morir**
11. **peligro (el)** una dificultad inminente; algo que puede causar consecuencias graves; *adj.* **peligroso**
12. **ser humano (el)** hombre o mujer, persona, individuo
13. **tener la culpa** ser moralmente responsable de algo, ser la causa de una situación, ser culpable

Dos cuestiones difíciles

Cada día se nos presentan cuestiones éticas, es decir, problemas y situaciones que requieren una decisión moral. Generalmente son decisiones difíciles y controversiales, porque no todos tienen la misma definición de lo que es moralmente correcto e incorrecto. A continuación examinamos dos de estas cuestiones.

El uso de los placebos en los experimentos médicos

5   Una enfermedad mortal de reciente aparición, el SIDA (Síndrome de Inmuno-Deficiencia Adquirida), que ha llegado a proporciones epidémicas en los Estados Unidos y otros países del mundo, ha provocado muchos experimentos científicos con drogas nuevas. Con las investigaciones surge una cuestión muy vieja en la historia de la medicina: ¿es ético dar placebos (drogas inertes que no pueden
10 curar) a algunos pacientes moribundos (que están muriendo)? Dos estudiantes de medicina discuten el problema.

TERESA: Sólo cuando los investigadores dan una droga nueva a unas personas y un placebo a otras igualmente enfermas es posible determinar si la droga es segura (sin peligro) y eficaz (efectiva, eficiente). Es un procedimiento muy antiguo
15 y respetado en la ciencia médica.

ANDRÉS: Pero negarle una medicina potencialmente curativa a una persona que está muriendo del cáncer o del SIDA es increíblemente cruel. Es casi un asesinato. Alguien que sufre de una enfermedad mortal tiene derecho a recibir todas las drogas —aun si no están probadas científicamente— que puedan ayu-
20 darlo a sobrevivir.

TERESA: Si todos toman medicamentos, es mucho más difícil establecer las características especiales de una droga específica y es imposible saber exacta-

mente cómo una droga afecta al paciente. También, muchas drogas no ayudan
nada y algunas pueden acelerar la muerte o empeorar (hacer peor) la vida del
25 enfermo. Así, es sumamente importante conducir experimentos muy sistemá-
ticos. Desgraciadamente, es necesario sacrificar un grupo pequeño de pacientes
hoy para salvar a muchos en el futuro.

ANDRÉS: El sacrificar una vida humana en nombre de la ciencia es un acto frío e
injusto. ¿No tenemos la responsabilidad moral de hacer todo lo posible por un
30 paciente que está mortalmente enfermo? Además, no es necesario usar un placebo como una base de comparación cuando la enfermedad es mortal. ¿Por qué

no comparar una droga nueva con otra droga nueva en vez de un placebo? Sería muy fácil observar cuál ayuda y cuál no ayuda.

Una crisis en Latinoamérica: La deuda externa

Mucha gente acepta fácilmente la idea de la caridad, es decir, que las personas
35 más afortunadas deben ayudar a las menos afortunadas. Pero cuando se extiende este concepto a la responsabilidad que tienen los países ricos del mundo (Estados Unidos [EE.UU.], Canadá, Japón, varias naciones europeas) hacia los países del Tercer Mundo (los de África, Asia y la América Latina), la situación se complica. Aquí una economista y un político discuten la situación en Latinoamérica.

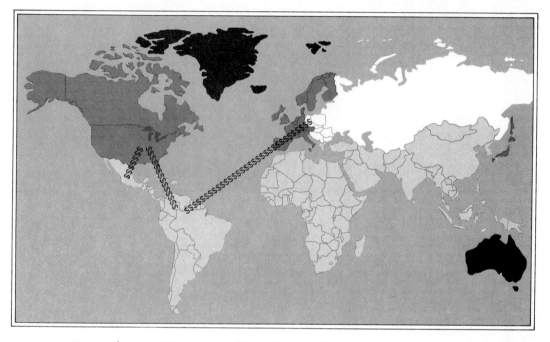

40 **EL POLÍTICO:**   Es nuestra obligación moral ayudar a los países menos afortunados de la América Latina. Necesitan dinero para desarrollar su producción industrial y cultivar más productos agrícolas. Pero con las deudas (dinero que se debe) enormes que tienen, es difícil. México, por ejemplo, tiene que pagar anualmente $10 billones en intereses a los bancos americanos y europeos, pero sólo gana $15
45 billones. ¿Cómo un país pobre puede progresar así? Creo que debemos eliminar por completo parte de la deuda.

LA ECONOMISTA: Eliminar la deuda no resuelve nada. El problema es que en estas naciones hay mucha corrupción, millones de nacimientos cada año, y gobiernos represivos. Si un país pobre no puede controlar estos elementos internos,
50 las naciones ricas no debemos prestarle dinero. Necesita reformarse primero.

EL POLÍTICO: Pero sin ayuda económica, hay aun más sufrimiento e inestabilidad en estos países. Si empeoran las condiciones económicas y políticas, perderemos terreno a los comunistas. Así que nos conviene una Latinoamérica estable. Además, Argentina, México, Brasil, entre otros, han iniciado programas de aus-

55 teridad y en varios países hay campañas para controlar el número de nacimientos. También, muchas naciones latinoamericanas hoy día tienen gobiernos
democráticos, no militares.

LA ECONOMISTA: A pesar de las reformas, el hecho es que estos países deben
casi $400 billones. Si no cumplen con su obligación de pagar, ¿qué le pasará a la
60 economía norteamericana? Nuestros bancos podrán quebrar (*to go bankrupt*). ¿Y
entonces, qué? No, señor. Una América fuerte es lo más importante.

Expansión de vocabulario

Sinónimos

Después de estudiar el *Vocabulario preliminar* y *Dos cuestiones difíciles*, busque los sinónimos de las palabras entre paréntesis y cambie la forma si es necesario.

1. Algunos países latinoamericanos (*tienen una deuda de*) más de un billón de dólares al
   Banco Mundial.
2. La falta de una economía fuerte (*produce*) problemas en esta región.
3. Muchas organizaciones internacionales (*dan auxilio*) en particular a las naciones de
   Centroamérica.
4. No es una región (*sin peligro*) debido a conflictos políticos y militares.
5. Ciertos individuos mantienen que no es (*moral*) intervenir en los asuntos de estos
   países.
6. Otros afirman que toda nación (*tiene autoridad de*) proteger sus intereses econó-
   micos.
7. Hay los que defienden y los que critican la política de (*la administración*) de la Casa
   Blanca.

Preguntas

A. El uso de los placebos

1. ¿Cómo defiende Teresa el uso de los placebos en los experimentos médicos? Según ella, ¿por qué no existen métodos alternativos eficaces?
2. ¿Qué opina Andrés del uso de los placebos? Según él, ¿qué otra opción hay?
3. ¿Con quién está Ud. de acuerdo y por qué?

B. La deuda de Latinoamérica

1. ¿A cuánto asciende (cuánto es) la deuda de Latinoamérica? ¿Por qué no está la economista a favor de eliminarla?
2. Según el político, ¿por qué hay que ser más flexible con la deuda? ¿Qué cambios recientes han ocurrido en Latinoamérica?
3. ¿Cree Ud., como el político, que los países ricos están obligados a ayudar a las naciones del Tercer Mundo? Explique.

DON GREGORIO

Usted es el (la) juez

Todos están de acuerdo que el asesinato es un acto inmoral. Sin embargo, no todas las situaciones son tan fáciles de juzgar (*judge*). Para discutir los siguientes casos, la clase debe dividirse en grupos pequeños. Cada grupo debe decidir el orden de gravedad de los cinco casos: **1** para el caso más grave, **2** para el segundo más grave, etc., hasta **5** para el menos grave.

1. Una persona falsifica ligeramente los datos cuando prepara sus impuestos (*taxes*) federales.
2. Una persona cuenta una mentirita (*little white lie*) para no ofender a su amigo.
3. Una secretaria lleva a casa, para su uso personal, lápices, plumas, papeles, etc., de la oficina.
4. Una persona no dice nada cuando el camarero calcula mal la cuenta, ahorrándose (*saving himself or herself*) $10.
5. Varias personas observan un crimen pero no hacen nada para ayudar a la víctima.

CHISTE

—¿Qué es un moralista?

—Una persona que da buenos consejos cuando ya no está en edad de ofrecer malos ejemplos.

Pequeñas entrevistas espontáneas

Imagínese que Ud. es un(a) periodista que anda solicitando la opinión de la «persona de la calle» sobre los temas que se dan a continuación u otros de interés actual. Se deben dividir los temas entre varios «periodistas» que hablan con otros miembros de la clase.

«Buenos días. Soy periodista y trabajo para el famoso periódico _____.

¿Qué piensa Ud. de:

unas penas más estrictas para los conductores borrachos (*drunk drivers*)?
un alto definitivo (*equivalent to «freeze»*) en la producción de armas nucleares?
exámenes para la detección de drogas en candidatos a nuevo empleo y en atletas profesionales?
el uso de una pistola para defenderse de los ladrones en el metro o en una tienda?
la construcción de una cárcel (prisión) de seguridad máxima en su comunidad?

Comentario sobre el dibujo

¿Qué estará diciendo este astronauta que quiere fumar? ¿Siente Ud. compasión o irritación hacia él? ¿Por qué?

En defensa de la vida humana
Un punto de vista*

¿Puede Ud. adivinar° qué grupo de edad en los Estados Unidos está creciendo con más rapidez? ¿Los de 0 – 19 años? No. ¿Los de más de 65 años? Casi. La respuesta es: ¡los de 85 años para arriba! Con los avances de la medicina, mejores
5 dietas y programas de ejercicio, el número de ancianos° está aumentando° dos veces más rápidamente que el resto de la población.† Ahora bien, los viejos son los que se enferman con más frecuencia y más utilizan los servicios médicos. Por lo tanto, todos tendremos que enfrentarnos° cada
10 vez más con una cuestión problemática: ¿quién decide cuándo debe morir una persona mayor — el médico, la familia, el viejo mismo o Dios (o la naturaleza)? Otro punto relacionado es: ¿quién determina si nace o no nace un bebé — la madre, el padre o el tocólogo?° La única respuesta
15 moralmente correcta a ambas preguntas es que nadie tiene derecho a interferir con los procesos naturales de la vida y la muerte. La vida, tal como nos fue dada, es preciosa y debemos intentar preservarla a toda costa, a pesar de lo que proponen los partidarios° de la eutanasia° y el aborto.
20 Además, es nuestro deber apoyar a la profesión de los médicos, que son los responsables de guardar el regalo que es la vida humana.

La eutanasia

Mucha gente sostiene que es un acto de compasión dejar morir a un viejo o a un enfermo incurable que pide la
25 muerte. El argumento predilecto° es que todos tenemos el derecho de poner fin a nuestro sufrimiento «voluntariamente» para «morir con dignidad». Pero estos defensores de la eutanasia olvidan que la misión del médico es curar, no matar. En lugar de acortar° la vida, hay que prolongarla,
30 aun si son necesarias medidas° heroicas que sostienen artificialmente al paciente. ¿Cómo se sentiría Ud. si, al día siguiente de mandar desconectarle los tubos a su madre, se descubriera la cura para su enfermedad? Además, ni la persona que sufre de una enfermedad dolorosa ni su familia
35 tienen suficiente estabilidad emocional o mental en esas

guess

personas viejas
increasing

confrontar

obstetrician

defensores / "mercy killing"

favorito

hacer más corta
métodos

---

* Este ensayo presenta intencionalmente un solo punto de vista, con el fin de provocar discusión sobre este tema. No representa necesariamente el punto de vista de las autoras del texto.

† Según "America in Transition: An Aging Society." U.S. Senate Committee on Aging, 1985.

El aumento veloz del número de ancianos trae consigo decisiones difíciles para sus familias y para los médicos.

circunstancias críticas. Las decisiones de vida o muerte no se deben tomar en momentos de debilidad. La muerte es irreversible.

El aborto

Nadie—ni un médico, ni Ud., ni yo—puede autorizar la
40 eliminación de otro ser humano, sea feto° o embrión,° niño
o adulto, anciano, enfermo incurable o agonizante.° Todos
tenemos derecho a la vida, especialmente los que no han
nacido todavía.° ¿Qué defensa tienen estos seres inocentes
contra la irresponsabilidad de sus madres?—sobre todo
45 esas madres que prefieren hablar de «los derechos de la
mujer» en vez de usar anticonceptivos o de planear con
inteligencia sus finanzas. Un aborto no es nada menos que
un asesinato imperdonable. Aun si uno afirma que la vida
humana no empieza hasta el punto en que el feto pueda
50 sobrevivir fuera del útero° (alrededor de los seis meses),
nadie puede negar que, si se aborta un feto antes de este
punto, se ha matado la *posibilidad* de vida. El bebé, aunque
quizás no deseado por los padres, tiene la *posibilidad* de
transformarse en un adulto productivo y feliz. Pero con el
55 aborto no existen posibilidades, ni segundas oportunidades.

fetus / embryo

persona que está
  muriendo

los... *the unborn*

sobrevivir... *survive
outside of the uterus*

Crisis en la profesión de la medicina

Los médicos se dedican al auxilio de los enfermos, lo cual es
una causa honrada y noble. Sin embargo, hoy día la profesión está en grave peligro, porque un número verdadera-

mente alarmante de pacientes están armando pleitos° en
60 contra de sus doctores por supuestos actos de negligencia.
En años recientes el número de pleitos y la cantidad de
dinero otorgada° al paciente han doblado. La situación ha
llegado a extremos absurdos en la Florida donde un tocó-
logo° puede pagar hasta $200.000° en primas° anuales de
65 seguro.° Por cada diez tocólogos en los Estados Unidos, siete
han sido acusados legalmente de tratamientos erróneos o
dañinos.°

No nos debe extrañar° que muchos cirujanos,° neuró-
logos, tocólogos y otros especialistas en cuidado urgente
70 estén negando ciertos servicios arriesgados,° como la cirujía, o aún peor, estén abandonando por completo la profesión.* No estamos muy lejos del día en que una madre tendrá que viajar a otro estado o quizás a otro país para dar a
luz,° porque ya no habrá tocólogos en su región.
75 ¿Es que los médicos son incompetentes hoy día? Claro
que no. Ya es hora de defender a los defensores de la vida.
Son los pacientes mismos y los abogados quienes más tienen
la culpa, aunque es innegable que existen unos cuantos
casos de verdadera negligencia. Todos sabemos que la me-
80 dicina ya es una ciencia compleja y tecnológica. El problema es que los pacientes tienen una fe ciega en la tecnología moderna que los lleva a esperar la perfección. En
cualquier otra profesión se puede cometer un error, pero
no en la medicina. Así que, cuando los resultados de una
85 operación no son perfectos, los pacientes se sienten enga-
ñados y echan la culpa a los médicos. Los padres esperan
tanto de la medicina que si su niño no nace 100% sano,° se
consuelan en un pleito legal. Por su parte, los abogados han
fomentado una actitud litigiosa y avara° en el público, y han
90 hecho indispensables sus servicios. ¿Hasta qué punto vamos
a permitir esta locura? ¿Hasta que no haya médicos?

Aunque la medicina está avanzando rápidamente
estos días, siempre será necesario estar consciente del antiguo derecho a una vida digna y larga que tienen tanto los
95 ancianos como los que no han nacido todavía. Tampoco
debemos olvidar que los que se dedican al servicio de los
enfermos asimismo merecen una vida digna y una carrera
larga.

armando... *bringing
lawsuits*

dada

*obstetrician / $200,000 /
premium
insurance*

tratamientos... *mal-
practice*
sorprender / *surgeons*

risky

tener un bebé

healthy

greedy

_____

* La información de estos párrafos es de *"Malpractice Law Reform,"* Massachusetts Medical
Society, 1985, y *"A Doctor on Trial,"* N.Y. Times Magazine, 20 July, 1986.

Expansión de vocabulario

Hay muchos verbos en inglés que terminan en *-ate*. Cuando son cognados, muchas veces corresponden a verbos españoles que terminan en **-ar.** Siguiendo esta fórmula, escriba Ud. el verbo español que corresponde a los siguientes verbos en inglés.

ejemplo:

   tolerate   **tolerar**

1. *create* _____   3. *eliminate* _____

2. *dedicate* _____   4. *investigate* _____

(Otros ejemplos: *appreciate, imitate, castigate, cooperate, violate*)

Comprensión de la lectura

Sí o no

Escriba Ud. «sí» delante de las oraciones que representan opiniones o creencias expresadas en «En defensa de la vida humana» y «no» delante de las que oponen sus ideas. Si la respuesta es «no,» forme una oración correcta.

En «En defensa de la vida humana» se afirma que...

1. _____ No se debe intervenir en los procesos de la vida y la muerte.

2. _____ Cuando no hay esperanzas de curación, es mejor dejar morir al enfermo.

3. _____ El feto es un ser humano, y por eso, un aborto es lo mismo que un asesinato.

4. _____ Las mujeres tienen derecho a controlar su propio cuerpo.

5. _____ Los médicos de hoy son más incompetentes que los del pasado.

Preguntas

1. Describa Ud. el «envejecimiento (*aging*) de América.» ¿Qué problemas puede causar este fenómeno?
2. ¿Qué argumentos se dan a favor de la eutanasia? ¿Y en contra? ¿Qué opina Ud. sobre esto?
3. ¿Qué puntos se presentan en contra del aborto? ¿Está Ud. de acuerdo? ¿Por qué?
4. ¿Debe el hombre (el padre) participar en la decisión del aborto? ¿Quién debe pagar el aborto—la mujer, el hombre o el gobierno? Explique.
5. ¿Por qué están negando servicios o abandonando la profesión algunos médicos, sobre todo los tocólogos?
6. Según su opinión, ¿quién tiene la culpa de esta situación—los pacientes, los abogados o los médicos? Explique.

¿Qué dirían ellos?

Trate Ud. de identificarse con los siguientes individuos y de pensar en sus actitudes hacia los pleitos legales y los actos de negligencia. Luego, en una o dos frases explique lo que dirían ellos.

—una madre pobre que no puede encontrar tocólogo

—los padres de un niño que se quedó paralizado en una operación

—un(a) médico(a) que personifica la dedicación y buenas intenciones de su profesión

—un(a) abogado(a) que defiende el derecho de sus clientes a poner pleitos (*to sue*)

Minidebates

En una o dos frases, explique por qué Ud. está de acuerdo o no con las siguientes declaraciones:

1. Es cruel abandonar a los viejos en una residencia para ancianos.
2. Un anciano que mata a su esposa que sufre de la enfermedad de Alzheimer no es un criminal.
3. Los médicos merecen poca compasión. No trabajan mucho y son muy ricos.

Discusiones de mesa redonda

Cuatro estudiantes deben preparar una discusión en grupo sobre uno de los siguientes temas. Cada estudiante debe hacer el papel de acuerdo con una de las personas mencionadas en la lista. El resto de la clase debe preparar preguntas para dirigírselas al grupo.

La eutanasia

Pro	Contra
un(a) viejo(a) que quiere morir	un(a) médico(a) que defiende el juramento de Hipócrates
un(a) enfermero(a) que ha visto la agonía de niños que tienen enfermedades incurables	una persona religiosa que siente reverencia por la vida

El aborto

Pro	Contra
el padre o la madre de una muchacha de 14 años que está embarazada (*pregnant*)	una madre feliz con sus diez hijos
una mujer que defiende el derecho a controlar su propio cuerpo	un(a) tocólogo(a)

Composición

Se ha escrito que «Lo malo no es morir; lo malo es que nos tengan en la cama de un hospital llenos de tubos y de agujas (*needles*), como si fuéramos vegetales». ¿Cree Ud. que sostener al paciente así es prolongar la vida o prolongar la muerte? ¿Deshumanizamos la muerte en nuestra sociedad? Explique.

CHISTE

—¿Son graves las heridas de mi marido, doctor?

—No se preocupe, señora. Sólo una de ellas es mortal. Las demás no tienen importancia.

¿E pluribus unum?

Bárbara Mujica*

ANTICIPACIÓN   Buscando detalles

Estos días se discute mucho el tema de la inmigración porque desde los años 70 el número de inmigrantes a los Estados Unidos (EE.UU.) ha aumentado enormemente. Aunque el lema nacional, *E pluribus unum* («De muchos, uno»), proclama la integración de los habitantes nuevos, muchas veces su llegada provoca gran controversia. Antes de leer el siguiente ensayo sobre el tema, pase Ud. rápidamente por la lectura, buscando la información mencionada en las preguntas a continuación. El concentrarse en ciertos detalles, como los números de inmigrantes y los nombres de países y nacionalidades, le ayudará a comprender mejor el contenido general del artículo.

1. ¿Qué porcentaje (%) de la población de los EE.UU. es de origen anglosajón? (*Busque un número.*)
2. ¿De dónde eran los inmigrantes a los EE.UU. del siglo pasado? ¿Y los de hoy? (*Busque nombres de nacionalidades.*)
3. ¿Cuántas personas de origen hispánico hay en los EE.UU.? (*Busque un número.*)

    Una pregunta final: ¿Qué información sobre la inmigración ya tiene Ud. de la televisión, los periódicos y las revistas?

Aunque ha habido grandes olas° migratorias desde los comienzos de la historia, pocas naciones están constituidas casi exclusivamente de inmigrantes y sus descendientes. Las poblaciones° de la gran mayoría° de los países están
5 profundamente arraigadas° en su tierra.

    Los Estados Unidos, sin embargo, tienen una población casi totalmente de origen extranjero.° Aunque se habla inglés y muchas de las instituciones fueron heredadas de Gran Bretaña, es inexacto decir que ésta es una nación an-
10 glosajona, ya que sólo el 14% de la población es de origen inglés. Otros grupos étnicos grandes son los alemanes, los africanos, los irlandeses, los hispanos y los italianos, nin-

waves

populations / más del 50% / firmemente establecidas

foreign

---

* Bárbara Mujica, profesora y escritora contemporánea.

La estatua de la Libertad, que ha saludado a millones de inmigrantes a los Estados Unidos

guno de los cuales constituye una mayoría. Éste es un país de grupos minoritarios.

La emigración del Tercer Mundo

15 Hoy en día, la población del mundo aumenta° rápidamente, pero hay un tremendo desequilibrio entre el crecimiento de los países industrializados y los del Tercer Mundo.° Por lo general, las naciones más desarrolladas° han alcanzado° una tasa de natalidad° muy baja, mientras que las menos

20 desarrolladas experimentan una verdadera explosión demográfica. Es inevitable que un gran número de personas que sufren de la escasez° de recursos básicos emigren a esas zonas que ofrecen un mejor nivel de vida. En Francia, para mencionar sólo uno de los países que ha recibido cientos de

25 miles de inmigrantes, hay comunidades de obreros marroquíes, tunecinos,° turcos, yugoslavos y portugueses.

Pero, ¿qué pasa cuando una nación ya no puede absorber a más inmigrantes, ya sea por un revés° económico, ya sea por razones de saturación? En algunos países de

30 África y del Medio Oriente,° en que los inmigrantes competían con los ciudadanos° por trabajos y recursos, el resultado ha sido expulsiones o aun masacres de la población extranjera.

is growing

Tercer... Asia, África, Latinoamérica
developed / llegado
tasa... *birth rate*

shortage

marroquíes... *Moroccans, Tunisians*

infortunio

Este

citizens

Cuestiones éticas

Las cuestiones éticas son muchas y muy complejas. Algunos
35 alegan° que una nación rica tiene la obligación moral de   mantienen
aceptar a cualquier extranjero necesitado. Dicen que la ex-
clusión del inmigrante del Tercer Mundo no es más que una
forma sutil de racismo. Otros dicen que las naciones indus-
trializadas que han luchado por limitar su crecimiento de-
40 mográfico están sufriendo un revés a causa del gran influjo
de inmigrantes.

En los Estados Unidos, a pesar del carácter hetero-
géneo de la población, la actitud hacia la inmigración es
ambivalente. Por primera vez, algunos expertos están di-
45 ciendo que hay una población óptima, que el país no puede
absorber un número indefinido de nuevos habitantes, por-
que no hay suficientes trabajos, viviendas,° escuelas, servi-   casas
cios sanitarios y otros recursos.

Otro factor es la composición del nuevo influjo de
50 inmigrantes. Durante el siglo pasado, la gran mayoría eran
europeos. Aunque existían terribles prejuicios° contra   actitudes o acciones
ciertos grupos — los irlandeses, los italianos, los judíos° —   discriminatorias / *Jews*
con el tiempo pudieron integrarse a la cultura predomi-
nante. La mayoría de los inmigrantes actuales° son his-   de hoy día
55 panos y asiáticos. Un 42% de los legales son de países
hispánicos, y la mayor parte de los que entran sin documentación también son de Hispanoamérica, principalmente de México. Debido a la inmigración y a la alta tasa de
natalidad, la población hispánica está creciendo más rápido
60 que cualquier otro segmento de la sociedad. Hoy en día hay
unos 16 millones de personas de origen hispánico en los
Estados Unidos. Se proyecta que para el año 2000, consti-
tuirán el grupo minoritario más grande del país, sobrepa-
sando a los negros.*

La asimilación

65 A pesar de que varios estudios demuestran que hasta ahora
los hispanos y los asiáticos se han establecido con más o
menos la misma rapidez que otros grupos, hay los que
temen que si el influjo de inmigrantes no se frena,° dentro   se... se contiene
de un par de décadas la composición étnica del país habrá
70 cambiado radicalmente — y con ella, el sistema de valores,
las costumbres y aun el idioma. Dicen que una nación tiene
el derecho y aun el deber de mantener sus instituciones
intactas y de preservar sus tradiciones. Las encuestas° de-   *polls*

---

* Veáse las páginas 180–184 para una discusión del carácter especial de la presencia hispánica en
los EE.UU. y de su evolución histórica en este país.

muestran que más de dos tercios de la población quiere
75 imponer límites a la inmigración. Aun muchos de los que
favorecen la inmigración legal se oponen al influjo de trabajadores sin documentación, cuyos números, según varios
cálculos, llegan a entre dos y diez millones.

    Por otra parte, hay los que insisten en que este país,
80 con sus inmensos recursos naturales y sus grandes llanu-
ras° despobladas,° podría sostener a una población aun   *plains* / sin gente
más grande. Además, según varias encuestas, la gran
mayoría de los americanos cree que el extranjero enriquece
el país. Señalan que Estados Unidos siempre les han abierto
85 sus puertas al pobre y al desamparado,° y que el inmi-   abandonado
grante, con su energía, optimismo y voluntad de trabajar y
de seguir adelante, renueva al país.

Una iglesia ofrece
santuario a estos re-
fugiados de Centro-
américa, que temen
persecución si se
descubre su identidad.

El movimiento de santuario

La mayoría de los americanos sienten una responsabilidad
especial para con los refugiados políticos o religiosos y estos
90 sentimientos le dieron ímpetu al movimiento de santuario,
cuyos miembros son unas trescientas iglesias de diversas
denominaciones. Les brindan° ayuda a los refugiados de   ofrecen
Centroamérica, principalmente a los que huyen° de la vio-   se escapan
lencia y de las dificultades económicas de Guatemala y El
95 Salvador. El gobierno de los Estados Unidos mantiene que El
Salvador y Guatemala son democráticos. Por lo tanto, no
puede haber refugiados políticos y la presencia de estos
inmigrantes es ilegal. Los del movimiento insisten en que
existe un ambiente de represión política en estos países y
100 que si las personas que buscan refugio fueran deportadas,
estarían en peligro de persecución o de muerte. ¿Son héroes
los del movimiento de santuario o son criminales? Los parti-
darios de ambas posiciones creen tener el derecho moral a
su lado.

Históricamente la capacidad de transformarse con cada ola de inmigrantes ha sido fundamental al éxito° de los *success* Estados Unidos. Pero, dentro de un par de décadas, ¿será el lema todavía *E pluribus unum*?

Comprensión de la lectura

Dos oradores en una tribuna improvisada

Imagínese que Ud. y otro(a) orador(a) sostienen un debate sobre la inmigración. Busque Ud. la sección de *¿E pluribus unum?* que presenta los argumentos escritos abajo. Luego, en palabras sencillas, escriba la opinión o el hecho contrario presentado por la autora.

La inmigración

Pro   Contra

1. _____   1. EE.UU. es una nación anglosa-
_____   jona y necesita preservar esta
_____   tradición.

2. Una nación rica tiene la obliga-   2. _____
ción de aceptar extranjeros   _____
pobres.   _____

3. _____   3. EE.UU. ha llegado al punto de
_____   saturación con los inmigrantes.

4. Los inmigrantes de Centro-   4. _____
América son refugiados polí-   _____
ticos.   _____

Preguntas

1. ¿Cómo se distinguen la población de los Estados Unidos y la de la mayoría de las otras naciones? ¿De qué origen es Ud.? ¿Cuándo vinieron sus padres/abuelos/bisabuelos a este país?
2. ¿Por qué hay tantas emigraciones de las naciones del Tercer Mundo?
3. ¿Cree Ud. que una nación tiene derecho a repatriar o expulsar a los inmigrantes? Explique.
4. ¿Qué diferencias hay entre el nuevo influjo de inmigrantes a los EE.UU. y las inmigraciones del pasado? ¿Por qué temen su presencia algunos norteamericanos? ¿Qué opina Ud.?
5. ¿Qué es el movimiento de santuario en los EE.UU.? ¿Le parece a Ud. que sus miembros son héroes o criminales? Explique.

Discusión o debate

Belize, un país pequeñito que comparte sus fronteras (*borders*) con Guatemala y México, ganó su independencia de Inglaterra en 1981. El idioma oficial es inglés y culturalmente Belize se identifica con las otras naciones de habla inglesa del Caribe (Jamaica, Bermuda, Bahamas.) En años recientes, sin embargo, los refugiados de Guatemala, El Salvador y Nicaragua han inundado el país y es posible que se convierta en una nación hispánica por medio de la inmigración. ¿Cree Ud. que Belize no debe aceptar más inmigrantes ahora para poder preservar su cultura e idioma tradicionales?

Vocabulario auxiliar

Consulte también el *Vocabulario preliminar* en la página 104.

ayudar *to help, aid*
cambiar *to change*
el deber *duty*
los desafortunados *the unfortunate*
destruir *to destroy*
la herencia cultural *cultural heritage*

huir (de) *to flee*
imponer límites *to impose limits*
inundar (n. **la inundación**) *to flood*
proteger *to protect*
quitar *to take away*
los valores *values*

Comentario sobre el dibujo*

¿Qué cree Ud. que contestarían los mexicanos a la explicación del anglo?

gota... *drop*
derrama... *spills*

———————
* Del dibujante mexicano Rogelio Naranjo.

Símbolos religiosos y seculares

La esvástica

Para la gran mayoría de la gente del mundo moderno, la esvástica (*swastika*) es un símbolo de la maldad y crueldad del hombre, pero en el pasado ha expresado exactamente lo contrario. La palabra «*swastika*» es del sánscrito; «*swa*» quiere decir «*bueno*» o «*bien*» y «*asti*» es una forma del verbo *ser* o *estar*. Es decir que
5 significa literalmente «estar bien» o «ser bueno.» Este signo decoró armas en Rusia durante el Período Glaciar, y se vio en la cerámica del Medio Oriente en 4000 a.C. y en las tumbas de Europa en la Edad de Bronce. Tradicionalmente ha representado varios elementos naturales —el sol, la luna, el fuego, el agua— que simbolizan la prosperidad, la regeneración y la felicidad. Tanto los indios navajos norteameri-
10 canos como los indígenas de Centro y Sud América lo asociaban con los dioses de la lluvia y el viento. También ha servido de amuleto que trae la buena suerte y de símbolo en ritos de fertilidad, funerales y bendiciones. No fue hasta su adopción por Adolf Hitler durante el Tercer Reich que adquirió sus connotaciones nega-tivas actuales.

La cruz

15 La cruz siempre se ha tratado de manera reverente. Se teoriza que en tiempos prehistóricos representó palos sagrados (*sacred sticks*) que se usaban en la cons-trucción de fuegos. Para la cultura clásica de Grecia los cuatro brazos de la cruz simbolizaban los cuatro elementos, la tierra, el aire, el agua y el fuego, que se creía que dieron origen a todas las formas de vida. Para los aztecas de México durante
20 los siglos XII a XVI, la cruz comunicaba la idea de la sabiduría secreta. También se ha visto en las tumbas de Egipto y en la cerámica religiosa de los hindúes y budistas. Es con el cristianismo que la cruz adopta su sentido simbólico más conocido hoy: la crucifixión de Jesucristo.

La estrella (o el escudo) de David

En el tercer siglo a.C. tanto los árabes como los judíos usaban la estrella de seis
25 puntos intercambiablemente con la de cinco para rechazar los espíritus malos. Anteriormente, en las Edades de Bronce y de Hierro, se encontró la de seis puntos en reliquias europeas y del Medio Oriente. El concepto de la protección del mal siguió en el siglo XIII, cuando se atribuían poderes mágicos a la estrella. No fue hasta el siglo XIX que el «Escudo (*Shield*) de David» (los seis puntos forman una
30 especie de armadura que protege) llegó a ser el símbolo popular del judaísmo. Hoy día decora la bandera oficial de Israel.

¡No es cierto!

Puesto que el significado de un símbolo puede cambiar de cultura en cultura y de época en época, debemos tener cuidado al interpretarlo. Supongamos que Ud. y otro miembro de la clase participan en un diálogo en que uno hace las siguientes declaraciones en términos muy enfáticos y el otro lo corrige, empezando con **«¡No es cierto!»**

1. «*Swastika* es una palabra alemana inventada por Hitler.»
2. «Tradicionalmente la esvástica ha representado el mal.»
3. «La cruz es el símbolo exclusivo del cristianismo.»
4. «La estrella de David representa la victoria.»
5. «Los judíos siempre han usado una estrella de seis puntos.»

Algunos símbolos contemporáneos

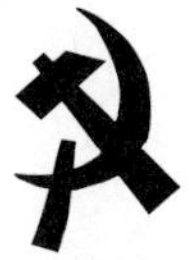

Para Ud., ¿qué simboliza...?

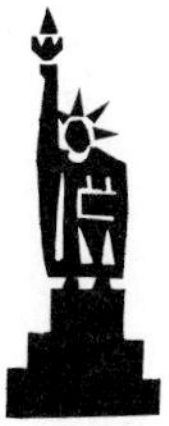

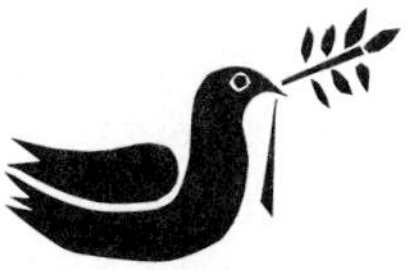

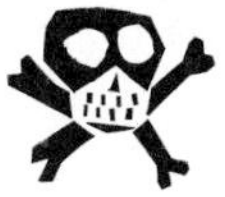

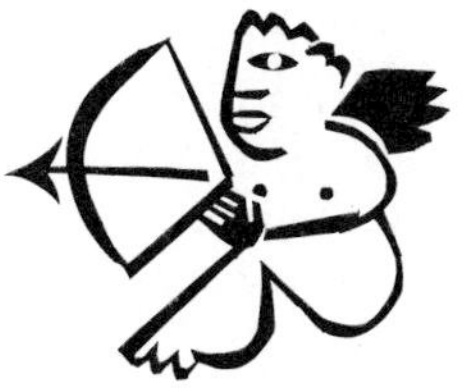

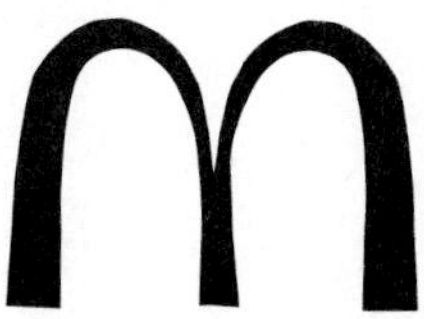

El bosque en el bolsillo

Ana Alomá Velilla*

La joven mujer observó a la niña jugando entre los árboles del parque. Era el sitio predilecto° de ambas.° La parte donde los bancos° se distanciaban, donde había espacios soleados para entibiar° el corazón. Pero también, lugares

    favorito / las dos
    benches
    dar calor

---

* Ana Alomá Velilla, profesora y escritora cubana que ahora reside en los Estados Unidos.

⁵ donde los árboles se acercaban más y entonces la luz del sol
se filtraba en un polvillo° brillante donde bailaban mil pun-
titos dorados.° De vez en cuando la niña se inclinaba y
recogía° algo del suelo.° La mujer sonrió° observándola.
¡Cabecita loca! Llena de fantasía, de alegría de vivir, de...
¹⁰ Igual que el padre. Recordaba la época en que la niña nació,
en los dos cuartos que habitaban en la azotea.° La primera
vez que los vio se le oprimió el corazón.° Lucían° tristes,
vacíos, desnudos...° Su marido rió. —Ya verás —le dijo —
como los vamos a transformar. ¡Hasta un jardín vamos a
¹⁵ tener!

Y fue cierto. Milagroso° era lo que la pintura clara y las
alegres cortinas de gingham habían hecho por aquellos
cuartos. Y la parra sembrada en medio barril° había dado
sombra° y fruto, mientras que las macetas° de flores ponían
²⁰ su color y alegría por todos los rincones.° Habían sido supremamente felices los tres a pesar de° la estrechez° económica en que vivían. Pero ahora tenían otro medio° de
vida de sostener,° y después de la compra de la nueva casa,
la operación del marido y el colegio de la niña, no podían
²⁵ darse el lujo° de no ser prácticos. No, a pesar de la resistencia que encontró en el marido. Si llegara a suceder,° no
podría trabajar ella como lo había hecho en los últimos años.
¡Y lo bien que había venido ese dinero! Ella era la de los pies
en la tierra en esa casa. No había cabida° al sentimentalismo.
³⁰ Bien mirado, ¿qué era eso ahora? Una multiplicación de
células,° informe.° Nada mas —¿Y qué?°

La chiquilla se acercó. Traía abultado° el bolsillito del

fine dust

de color de oro

se... *bent over and picked up* / tierra / *smiled*

open sun roof

se... *her heart was crushed* / Parecían *bare*

Extraordinario

parra... *grapevine planted in a half barrel* shade / *pots* corners

a... *in spite of* / austeridad

estilo

mantener

luxury

ocurrir

espacio

cells / sin forma / **¿Y...** *So what?* grande

delantal° y venía riendo. La mujer notó una vez más algo   *apron*
que siempre la llenaba de admiración, casi sobrecogi-
35 miento:° la expresión radiante de la niña, como una afirma-   *awe*
ción de la vida, como un misterio inexplicable pero sentido.

     —¡Mira! ¡Traigo un bosque en el bolsillo!

     Se acercó más. La clara sonrisa le iluminaba el rostro.°   *cara*
La mujer miró. Eran bellotas.° Bellotas de roble° que había   *acorns / oak tree*
40 recogido.

     —Tontita—le dijo—no son más que semillas...°   *seeds*

     —¡Ah, claro! Pero muy pronto tendremos un roble-
dal° en el patio. ¡Ya verás!   *grupo de robles*

     El mundo de la mujer se quebró repentinamente° en   **se...** *burst suddenly*
45 mil pedazos.° Los fragmentos saltaban° locos ante sus ojos o   *fragmentos / bounced*
giraban a su alrededor° incontenibles. Finalmente empe-   **giraban...** *spun around*
zaron a calmarse y después se aquietaron del todo. En-   *her*
tonces no pudo esperar a llegar a casa para llamar al marido.
De la mano de la niña se llegó a un teléfono público. Marcó°   *She dialed*
50 el número y cuando al fin él contestó:

     —Juan... Juan, cancela... cancela...

     Lo sintió reír feliz al otro lado de la línea.

     —Pero cariño...°¡si yo nunca llamé!   *expresión de amor*

Expansión de vocabulario: Las emociones

En el cuento aparecen varias palabras que describen unos sentimientos muy comunes. ¿Puede Ud. pensar en otras formas de las siguientes palabras—un adjetivo, verbo o sustantivo (*noun*)?

ejemplo: sonreír   *sonrisa*

   reír _____

   alegre _____

   triste _____

   admiración _____

   calmarse _____

Comprensión de la lectura

Identificación del tema central

Lea las siguientes declaraciones y diga cuál expresa mejor el tema central del cuento. Luego, explique por qué ésta es mejor que las otras. (Más de una respuesta correcta es posible.)

   1. En la vida real es necesario siempre ser práctico y mantener los pies sobre la tierra.
   2. Una vida con todo su potencial vale más que el dinero.
   3. La vida comienza como algo muy pequeño.

Preguntas

1. ¿Cómo era el primer apartamento donde vivía el matrimonio?
2. La mujer dice que en ese apartamento, ellos estaban «supremamente felices.» ¿Por qué cree Ud. que la gente muchas veces es más feliz cuando tiene muy poco?
3. ¿Por qué necesitan más dinero ahora?
4. ¿Cómo es la niña? ¿Qué quiere decir ella cuando declara que tiene «un bosque en el bolsillo»?
5. ¿Qué decisión toma la mujer en este momento? ¿Por qué?
6. ¿Qué sorpresa recibe cuando habla por teléfono con su marido?

Discusión

1. Según su opinion, ¿sobre qué base tomó su decisión la mujer: sobre una base racional, emotiva o moral? Explique.
2. ¿Qué piensa Ud. de su decisión? ¿Por qué?
3. ¿Cree Ud. que decisiones de este tipo son personales o que la sociedad debe intervenir? Explique.

MAFALDA

VOCABULARIO Y ACTITUDES

«¡Jesús, ven acá inmediatamente!»

Si Ud. escucha a los hispanos en sus conversaciones diarias, oirá tanto los nombres de Dios y Jesucristo que Ud. podría concluir o (1) que los hispanos maldicen (*swear*) mucho, o (2) que son gente exageradamente religiosa. Pues, ninguna de estas observaciones es realmente válida, pero sí es cierto que el Dios de los
5 hispanos es más íntimo y personal que el de los anglosajones.

Vemos esta personalización de la religión en los nombres hispanos. Muchos hombres se llaman Jesús, Ángel, Santo o aun María (José María González). Entre los nombres femeninos están Concepción (*the Immaculate Conception of Mary*), Trinidad, María, Ángela, Consuelo y María José. Todos los años el niño celebra dos
10 días especiales: su cumpleaños y el día de su santo, esto es, la fecha del santo de su nombre.

Ciertas expresiones diarias revelan una relación con Dios íntima e informal. Cuando alguien estornuda (*sneezes*), muchos responden con «salud», pero también se oye con frecuencia «Jesús». Si estornuda dos veces, «Jesús y María», y si
15 tres veces, «Jesús, María y José». Para mostrar sorpresa o incredulidad, el hispano dice, «¡Ave María!» o «¡Madre de Dios!» o «¡Dios mío!» Además, es muy común terminar una frase con «si Dios quiere» («Nos vemos el lunes, si Dios quiere»).

La diferencia de actitud hacia Dios entre las culturas hispanas y anglosajonas es quizás más notable en el uso de palabrotas (*swear words*). En inglés para
20 insultar a alguien o para expresar enojo, se dice «*God damn you (it)!*» o «*Jesus Christ!*» o «*Go to hell!*» Éste es el Dios puritano de la ira, un Dios amenazante (*threatening*) que juzga y castiga. En cambio, las palabras más insultantes en español son «¡Tu madre!» Al poner en duda el honor de la madre, el hispano ofende profundamente. Pero normalmente no usa el nombre de Dios para expre-
25 sar sentimientos fuertes y negativos, porque su Dios, ante todo, es el Dios personal del amor, del consuelo, un Dios accesible, en fin, el Dios familiar a quien habla el hispano diciéndole «Tú».

Preguntas

1. Cuando un hispano dice «¡Jesús!», ¿está maldiciendo? Explique.
2. ¿Cómo es el Dios de los hispanos?

CHISTE

—¿Y usted, nunca va a misa?
—No señor. Gracias a Dios, yo soy ateo.

Minidebates

En una o dos frases, explique por qué Ud. está de acuerdo o no con las siguientes declaraciones:

1. La religión es el opio de los pueblos (la gente).
2. Se deben permitir las oraciones (*prayers*) en las escuelas públicas.
3. Las mujeres no deben ser curas (*priests*), ministros o rabinos (*rabbis*).

La rebelión de las masas
(Selecciones)

José Ortega y Gasset

ANTICIPACIÓN

José Ortega y Gasset (1883 – 1955) fue un famoso escritor, metafísico y crítico español, más conocido por sus obras filosóficas sobre la historia, la política y la sociología. En *La rebelión de las masas* (1930), presenta un tema que sigue siendo controversial hoy día, esto es, que aunque todo ser humano es igual ante la ley, no todos somos iguales como personas, porque hay una aristocracia natural de inteligencia, talento y ambición. Para Ortega, este grupo pequeño de individuos especialmente calificados debe gobernar y controlar a las masas y todos los aspectos de la vida pública. Lo que ha pasado en tiempos modernos, según el filósofo, es que el hombre común ya se cree igual a todos, e impone su presencia y cualidades mediocres en el arte, la educación, la religión, etc. El resultado inevitable es una perversión de los valores y criterios de excelencia tradicionales, que durante siglos fueron laboriosamente establecidos por las minorías selectas.

Ahora, lea Ud. rápidamente los tres primeros párrafos, sin buscar palabras en el diccionario. Luego conteste estas preguntas.

1. (párrafo Nº 1) ¿Cuáles son tres lugares donde vemos a las masas?
2. (párrafo Nº 2) ¿Cuáles son dos frases que definen a la masa?
3. (líneas 29 – 34) a.¿ Para qué ha venido al mundo la masa?
    b. Entonces, ¿qué es la rebelión de las masas?

Ya que Ud. tiene una idea de quién es el hombre masa y cuál es su rebelión, lea el resto de la selección, concentrándose en cómo las masas se comportan (*behave*) en el mundo moderno tan abundante y perfecto.

Hay un hecho° que, para bien o para mal, es el más impor-   *fact*
tante en la vida pública de la hora presente. Se llama la
rebelión de las masas. Las ciudades están llenas° de gente.   *full*
Los cafés, llenos de consumidores. Las playas, llenas de
5 bañistas.° ¿Qué es lo que vemos? Vemos «la invasión de los   *bathers*
bárbaros»° en los lugares mejores, reservados antes a mino-   *barbarians*
rías.° Las masas gozan de los placeres° y usan los utensilios   *minorities* / **gozan...** *enjoy the pleasures*
inventados por los grupos selectos y que antes sólo éstos
usufructuaban.° Vivimos bajo el brutal imperio° de las   **éstos...** *the latter enjoyed the use of* / *dominación*
10 masas.

La sociedad es siempre una unidad dinámica de dos
factores: minoría y masas. Las minorías son individuos o
grupos de individuos especialmente cualificados que acu-
mulan sobre sí° dificultades y deberes.° El hombre exce-   *themselves* / *obligaciones*

15 lente se exige mucho a sí mismo.° Trasciende° de lo que es
hacia lo que se propone° como deber y exigencia. La masa
es el conjunto de personas no especialmente cualificadas
que no se exigen nada especial. El hombre vulgar° se contenta con lo que es, y está encantado consigo.° No se en-
20 tienda por masas sólo «las masas obreras»;° dentro de cada
clase social hay masa y minoría auténtica. Masa es «el
hombre medio»,° cuya vida carece de° proyectos.

   Ahora bien: existen en la sociedad operaciones, actividades, funciones que son especiales, y, consecuentemente,
25 no pueden ser bien ejecutadas° sin dotes° también especiales. Por ejemplo: la vida política, intelectual, moral,
económica, religiosa, el modo de vestir° y de gozar. Antes
eran ejercidas estas actividades especiales por minorías ca-
lificadas. La masa no pretendía° intervenir en ellas. La masa
30 ha venido al mundo para ser dirigida, influida, represen-
tada, organizada por las minorías excelentes. Pretender la
masa actuar por sí misma es, pues, rebelarse contra su pro-
pio° destino, y como eso es lo que hace ahora, hablo yo de la
rebelión de las masas.

35   Mientras en el pretérito° vivir significaba para el
hombre medio encontrar dificultades, peligros, escaseces,°
limitaciones de destino y dependencia, el mundo nuevo
aparece como un ámbito° de posibilidades prácticamente
ilimitadas, donde no se depende de nadie. Nuestra vida,
40 como repertorio de posibilidades, es magnífica, exuberante,
superior a todas las históricamente conocidas. Prácticamente nada es imposible y nadie es superior a nadie. De
aquí que por vez primera nos encontremos con una época
que no reconoce en nada pretérito posible modelo o norma.
45 Los muertos ya no pueden ayudarnos. Tenemos que resolver nuestros problemas sin colaboración activa del pasado.

   El hombre vulgar, al encontrarse con este mundo técnica y socialmente tan perfecto, cree que lo ha producido la
50 naturaleza, y no piensa nunca en los esfuerzos geniales° de
individuos excelentes que supone su creación.° El nuevo
hombre desea el automóvil y goza de él;° pero cree que es
fruta espontánea de un árbol edénico.° Ha aprendido a usar
muchos aparatos de civilización, pero se caracteriza por
55 ignorar de raíz los principios mismos° de la civilización. No
le preocupa más que su bienestar° y, al mismo tiempo, es
insolidario° de las causas de su bienestar.

   Está satisfecho tal y como es. Es incapaz de salir un
rato de sí mismo y compararse con otros seres para descu-
60 brir sus insuficiencias. El hombre-masa se siente perfecto.
Como lo más natural del mundo, tenderá° a afirmar y dar

---

se... demands a great deal of himself / Trasciende *se...* determina hacer

ordinario, sin distinción
with himself
de trabajadores

average / **carece...** no tiene

carried out / aptitudes

dress

trataba de, deseaba

natural

pasado
shortages

espacio

esfuerzos... *ingenious efforts* / **supone...** *the creation (of the perfect world) implies*
goza... *enjoys its use* del paraíso de Edén

ignorar... no saber completamente las ideas básicas o los orígenes
well-being / *disconnected*

tendrá la tendencia

por bueno y completo cuanto° en sí halla: opiniones, ape-   *todo lo que*
titos, preferencias o gustos.° ¿Por qué no, si, según hemos   *tastes*
visto, nada ni nadie le fuerza a caer en la cuenta° de que él es   **caer...** *to realize*
65 un hombre de segunda clase, limitadísimo? *Lo caracterís-*
tico del momento es que el alma° vulgar, sabiéndose vulgar,   *persona*
tiene el denuedo° de afirmar el derecho de la vulgaridad y lo   *boldness*
impone dondequiera.°   *anywhere*

    Resumen: el hombre vulgar, antes dirigido, ha re-
70 suelto° a gobernar el mundo. Si se estudia la estructura   *past participle of* **resolver** *(resolved)*
psicológica del hombre-masa, se encuentra la conocida psi-
cología del niño mimado:° (1) una impresión de que la vida   *spoiled*
es fácil, sin limitaciones trágicas; por lo tanto,° cada indivi-   **por...** *therefore*
duo encuentra en sí una sensación de dominio y triunfo
75 que, (2) le invita a afirmarse a sí mismo tal cual° es. Este   **tal...** *such as*
contentamiento consigo le lleva a cerrarse para toda instan-
cia exterior, a no escuchar, a no poner en tela de juicio° sus   **poner...** *dudar de*
opiniones. Actuará, pues, como si sólo él y sus congéneres°   *otras personas como él*
existieran en el mundo; por lo tanto, (3) intervendrá en todo
80 imponiendo su vulgar opinión sin contemplaciones ni re-
servas.°   *restricciones, prudencia*

Yo sé que muchos de los que me leen no piensan lo mismo que yo. Esto confirma el teorema.° Aunque resulte errónea mi opinión, quedaría el hecho de que muchos lec-
85 tores discrepantes no han pensado cinco minutos sobre tan compleja materia. ¿Cómo van a pensar lo mismo que yo? Pero al creerse con derecho a tener una opinión sobre el asunto° sin previo esfuerzo para forjársela,° manifiestan su ejemplar pertenencia° al modo absurdo de ser hombre que
90 he llamado «masa rebelde».

theorem

cuestión / formar (la opinión) / ejemplar... exemplary membership or belonging to

Comprensión de la lectura

Opciones múltiples

Según Ortega y Gasset...

1. La rebelión de las masas se refiere a (*a*) un movimiento político que origina un nuevo gobierno (*b*) la insistencia de las masas en controlar sectores de la vida pública antes reservados a minorías (*c*) actos violentos cometidos por los obreros
2. El hombre vulgar es (*a*) el que dice muchas obscenidades (*b*) miembro solamente de la clase baja social (*c*) el hombre ordinario sin distinción ni ambición
3. En épocas anteriores a la presente, (*a*) la vida difícil del hombre medio le forzó a reconocer sus límites (*b*) las masas intervinieron activamente en la vida política y social (*c*) el hombre-masa era un niño mimado
4. ¿Cuál de las siguientes características *no* pertenece al hombre-masa? (*a*) está contento consigo (*b*) es incapaz de compararse con otras personas (*c*) lo vemos por todas partes (*d*) expresa sus opiniones y gustos después de mucha reflexión (*e*) es ignorante del pasado y de las ideas fundamentales de la civilización

Inferencias: ¿Cómo lo sabemos?

Si leemos con cuidado («entre las líneas») podemos sacar **inferencias,** ideas que no están expresadas de manera directa sino que están insinuadas por el autor. Busque las secciones del ensayo que nos insinúan las siguientes ideas.

1. Las sociedades del pasado funcionaban mejor que las del presente.
2. La tecnología no es una fuerza completamente positiva.
3. Muchos lectores de Ortega no pertenecen a la minoría selecta.

Preguntas

1. ¿Cuál es el problema central de la época moderna, según Ortega y Gasset?
2. ¿Cómo define el autor al hombre excelente (la minoría)? ¿De qué clase social es el hombre-masa?
3. ¿Qué función tienen la masa y la minoría en la sociedad? ¿Está Ud. de acuerdo con que hay una rebelión de las masas en tiempos modernos? ¿Por qué?
4. ¿Qué contraste hay en la vida del hombre medio de hoy y el de épocas anteriores? ¿Puede Ud. dar algunos ejemplos? ¿Qué actitud tenemos hacia el pasado, según Ortega?

5. ¿Qué entiende el hombre vulgar de la civilización? ¿Qué opinión tiene de sí mismo y de sus ideas y preferencias?
6. ¿Por qué dice Ortega que el hombre-masa es como un niño mimado?
7. ¿Qué piensa Ortega del lector que no está de acuerdo con él? ¿Qué opina Ud. de Ortega? ¿Es un «snob» o elitista o es válido su argumento?

Asociaciones

Un «voluntario» debe hacer el papel de un(a) psicólogo(a) que emplea la libre asociación. Llamará a varias personas de la clase para que digan la primera palabra que asocien con las cosas que están en la lista. Luego el(la) psicólogo(a) les preguntará «¿Por qué?» y la persona llamada debe explicar por qué asocia las dos cosas.

la música rock
el nivel (level) intelectual de la televisión
la «comida rápida» (McDonald's)
las películas de Sylvester Stallone

las elecciones presidenciales
los libros de mayor venta (best-sellers)
los bluejeans
las flores de plástico

Si José Ortega y Gasset estuviera vivo, ¿cómo cree Ud. que reaccionaría ante esta lista? ¿Puede Ud. pensar en otras cosas de nuestra sociedad que irritarían a Ortega?

Discusión o debate

Muchos educadores creen que nuestras universidades están llenas de estudiantes no calificados a causa del mito nacional de que *todo el mundo* debe tener un título universitario. Mantienen que se han bajado los criterios de excelencia tradicionales para acomodar las habilidades mediocres de las masas. ¿Está Ud. de acuerdo? ¿Qué opina Ud. de:

una especialización en las artes liberales?
una vuelta al énfasis tradicional en la lectura, la escritura y las matemáticas?
los requisitos en general y, en particular, un curso de composición en inglés?
el dinero como factor determinante en la selección de una especialización?
la necesidad de una educación universitaria?
los exámenes de aptitud para los profesores?

Vocabulario auxiliar

las asignaturas optativas *elective courses*
las ciencias *the sciences*
la competencia *competence* (*adj.* **competente, incompetente**)
el conocimiento amplio *broad knowledge*
conseguir un empleo *to get a job*
la discriminación

escoger *to choose* (*n.* **la opción** *choice*)
la especialización *major* (*v.* **especializarse**)
fracasar *to fail* (*n.* **el fracaso**)
la garantía *guarantee* (*v.* **garantizar**)
la ingeniería *engineering*
los negocios *business*
los requisitos *requirements*
tener éxito *to be successful*

Minidebates

En una o dos frases, explique por qué Ud. está de acuerdo o no con las siguientes declaraciones:

1. Ortega tiene razón cuando no incluye a la mujer en su teoría.
2. El gobierno federal tiene la obligación de ofrecer ayuda económica al hombre medio para su educación, su salud y su trabajo.

Génesis

Marco Denevi*

Con la última guerra atómica, la humanidad y la civilización desaparecieron. Toda la tierra fue como un desierto calcinado.° En cierta región de Oriente sobrevivió° un niño, hijo del piloto de una nave espacial.° El niño se alimentaba de° 5 hierbas° y dormía en una caverna. Durante mucho tiempo, aturdido° por el horror del desastre, sólo sabía llorar y clamar° por su padre. Después sus recuerdos se oscurecieron, se disgregaron,° se volvieron arbitrarios y cambiantes como un sueño, su horror se transformó en un vago 10 miedo. A ratos recordaba la figura de su padre, que le sonreía o lo amonestaba,° o ascendía a su nave espacial, envuelta° en fuego y en ruido, y se perdía entre las nubes. Entonces, loco de soledad, caía de rodillas° y le rogaba° que volviese. Entretanto la tierra se cubrió nuevamente de vege- 15 tación; las plantas se cargaron de° flores; los árboles, de frutos. El niño, convertido en un muchacho, comenzó a explorar el país. Un día vio un ave.° Otro día vio un lobo.° Otro día inesperadamente,° se halló frente a una joven de su edad que, lo mismo que él, había sobrevivido a los estragos° 20 de la guerra atómica.

     —¿Cómo te llamas? —le preguntó.

     —Eva, —contestó la joven—. ¿Y tú?

     —Adán.

incinerado / *survived*

nave... *spaceship* / **se...** comía
grass
stunned
gritar

se... se disolvieron

scolded
encircled
knees / imploraba

se... tenían en abundancia

pájaro / *wolf*
unexpectedly
ruina

---

* Marco Denevi (*n.* 1922), novelista y cuentista argentino.

Preguntas

1. En cierta región de Oriente, ¿quién sobrevivió a la destrucción del mundo? Con el tiempo, ¿qué pasó con los recuerdos de su vida anterior?
2. ¿Por qué pensaba en su padre? ¿Qué recuerdos guardaba de él?
3. ¿Qué hizo el niño convertido en muchacho? ¿A quién conoció?
4. En la nueva civilización, ¿a quién podría representar el padre de los recuerdos de Adán?
5. ¿Cómo explica Ud. el título del cuento?

Discusión

Con todas las dificultades que ofrecen la vida y la sociedad moderna, ¿debe uno ser optimista o pesimista con respecto al futuro?

Arte y fantasía

5

El arte: ¿Espejo* de realidad o de fantasía?

Se ha dicho que el arte refleja° la realidad, pero, ¿qué es la realidad? ¿Debe limitarse el artista a copiar servilmente el mundo exterior? ¿O hay otra realidad dentro del individuo que también necesita expresarse en la obra° de arte —los deseos, temores, sueños°— en fin, el mundo de la fantasía?

Lo fantástico siempre ha sido un elemento importante de la cultura humana, evidente en mitos, leyendas° y supersticiones. Estas fantasías colectivas representan el poder creador de un pueblo y la necesidad de un escape del mundo ordinario. Las acciones de monstruos y héroes sirven de temas al pintor o poeta y le permiten una mayor libertad que la simple reproducción de una persona real o de una escena histórica. Es por eso que en muchos pueblos la primera manifestación literaria es el poema épico, buen ejemplo de la mitología convertida en arte.

A veces un personaje° o incidente mitológico parece simbolizar alguna constante de la naturaleza humana y pasa de pueblo° en pueblo, de generación en generación por innumerables reinterpretaciones. De tal modo en el siglo XIX, el pintor español Francisco de Goya (1746–1828) todavía halla inspiración en el antiguo mito griego sobre Saturno, un dios que devoró a sus propios hijos con la excepción de Zeus, quien fue escondido° por su madre. El mito representa aspectos universales del ser humano: la violencia y el conflicto entre las generaciones, los cuales persisten a través de la historia.

Pero el empleo° de la fantasía para escapar de las limitaciones de la realidad se ha manifestado más dramáticamente en algunos movimientos artísticos del siglo XX, que han transformado por completo el concepto tradicional del arte como imitación del mundo exterior. Uno de estos movimientos es «el cubismo», en el cual se destacan° dos pintores españoles, Pablo Picasso (1881–1973) y Juan Gris (1887–1927). En vez de copiar fielmente° un objeto real, los cubistas lo usan como punto de partida,° abstrayendo° algunos de sus aspectos y reorganizándolos en una nueva estructura inventada por la imaginación del artista. Una de las técnicas° comunes es «la simultaneidad», la presentación del objeto desde diferentes puntos de vista° o ángulos al mismo tiempo —de frente, de perfil,° por detrás, quieto,°

reflects

work

dreams

mitos... historias tradicionales

character

cultura

ocultado

uso

son notables

con exactitud

point of departure / separando mentalmente

techniques

view

profile / inmóvil

---

* *mirror*

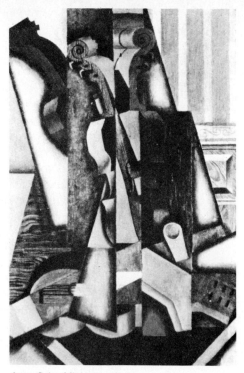

Francisco de Goya. *Saturno devorando a su hijo.* c. 1821. Museo del Prado, Madrid.

Juan Gris. *Violín y guitarra.*

en movimiento—para mostrar así una realidad más completa.

En la pintura de Juan Gris, *Violín y guitarra,* varios aspectos de estos instrumentos están presentados simultá-
45 neamente. El cuadro° nos desorienta al principio, pues es-   *picture*
tamos acostumbrados a la presentación artística de objetos
desde un solo punto de vista. Pero, según los cubistas, esta
estructura múltiple nos comunica la experiencia psicológica de confrontar estos objetos en el tiempo y el espacio, en
50 contraste con la observación siempre estática y artificial de
una pintura tradicional.

Otro movimiento artístico de este siglo que nos ofrece
una nueva visión de la realidad es «el surrealismo» (o «su-
perrealismo»), que empezó como movimiento literario en
55 Francia, y luego extendió su influencia a las artes de casi
todos los países. Con el surrealismo se han identificado
otros dos pintores españoles, Joan Miró (1893–1983) y Salvador Dalí (*n.* 1904). Este movimiento tiene como fin el penetrar en la realidad de la subconsciencia para unirla° con   *combinarla*
60 la realidad externa y crear así una superrealidad. Influidos

por el pensamiento de Freud, los surrealistas utilizan
mucho el motivo° del sueño, pues es aquí donde la lógica y   *motif*
las convenciones sociales se suspenden, revelando los in-
stintos, deseos y fantasías interiores.

65   Otras características del arte surrealista incluyen: (1) la
animación o humanización del ambiente externo, (2) la atribución de un aspecto amenazante° a un objeto ordinario, (3)   *menacing*
el uso de imágenes extrañas° y maravillosas,° y (4) la insi-   no usuales / de fantasía
nuación de un estado de delirio o locura.°   condición de estar loco

70   En *La tierra arada*° de Joan Miró, vemos que el artista   **La...** *The Tilled Field*
ha creado una atmósfera de ensueño por medio de la fusión
de objetos reales e invenciones de su fantasía. La animación
del ambiente es evidente en el árbol con su ojo y oreja, y el
cacto con cabeza de perro.

75   Los surrealistas practican «el automatismo», método
inspirado en la libre asociación del psicoanálisis freudiano.
Trabajan rápidamente y sin pensar, para liberar de la subconsciencia imágenes espontáneas y asombrosas.° Creen   *startling*
que la invasión de lo maravilloso en la vida cotidiana° del   de todos los días
80 hombre le hace ver una realidad que está debajo del aspecto
superficial de las cosas.

Joan Miró. *La tierra arada*. 1923–1924. Museo Solomon R. Guggenheim, Nueva York.

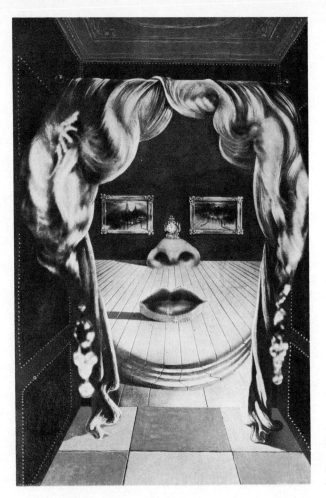

Salvador Dalí. *La cabeza de Mae West, usable como un apartamento surrealista.* Instituto de Arte de Chicago.

La cabeza de Mae West, usable como un apartamento surrealista de Salvador Dalí es un buen ejemplo del sentido de humor un poco grotesco que demuestran con frecuencia
85 los pintores surrealistas. La pintura se presta° a dos interpretaciones visuales: o es la cara de la famosa actriz y símbolo del sexo de los años 20, o es un apartamento con cuadros (los ojos), una chimenea° (la nariz), un sofá (los labios) y cortinas (el pelo). Esta identificación entre objetos muy di-
90 ferentes, tan común en sueños o alucinaciones, nos asombra y nos hace pensar en la relación entre el sexo y el deseo de tener un hogar,° entre el amor y la comodidad. El cuadro es un chiste, pero un chiste que invita a pensar.

Salvador Dalí afirma que su método consiste en provo-
95 car en sí mismo un estado de delirio y paranoia para liberar de la subconsciencia imágenes extraordinarias sin la intervención de los procesos racionales. ¡Cuánto nos hemos

se... lends itself

fireplace

home

apartado del realismo tradicional, pues la idea de Dalí es
que un hombre loco puede ver más aspectos de la realidad
100 que un hombre cuerdo!° *sane*

  Esta experimentación con los límites entre fantasía y
realidad no ha ocurrido solamente en la pintura, sino en
todas las bellas artes° del siglo XX: escultura,° música, **bellas...** *fine arts /
sculpture / genres, liter-
ary forms*
literatura; y, dentro de la literatura, en todos los géneros:°
105 poesía, cuento, novela, ensayo. También como tendencia se
ha manifestado en las artes comerciales de la televisión, la
publicidad y el cine. El famoso director español, Luis Buñuel, es uno de varios directores de cine que ha utilizado
numerosas técnicas para combinar la ilusión y la realidad
110 en sus películas.

  Así pues, el arte sigue reflejando lo real, pero la visión
del artista moderno va explorando más y más profundamente el secreto de lo que es verdaderamente la realidad.

Salvador Dalí. *Construcción blanda con frijoles hervidos: Premonición de Guerra Civil.* 1936.
Museo de Arte de Filadelfia (colección de Louise y Walter Arenberg).

Comprensión de la lectura

Ejercicio de identificación

1. _____ el arte realista o tradicional
2. _____ mitos y supersticiones
3. _____ la simultaneidad
4. _____ el automatismo
5. _____ la animación del ambiente
6. _____ la paranoia

a. técnica cubista de presentar objetos desde varios puntos de vista
b. estado de locura preferido por Dalí para la creación artística
c. atribución de cualidades humanas o animales al mundo de objetos o plantas
d. escapismo, símbolos universales y temas de arte
e. imitación exacta de la apariencia exterior de las cosas
f. método surrealista de crear imágenes espontáneamente

Preguntas

1. ¿Por qué son populares los mitos, leyendas y supersticiones?
2. ¿Por qué inspiró a Goya el antiguo mito de Saturno?
3. ¿Quiénes son los cubistas españoles de más fama? ¿Cómo se diferencian sus pinturas del arte tradicional? ¿Por qué usan esta técnica nueva?
4. ¿Quiénes son los pintores españoles más identificados con el surrealismo? ¿Cuál es la superrealidad que tratan de mostrar?
5. ¿Qué motivo es muy común en las obras surrealistas? ¿Por qué? ¿Cuáles son algunas otras características de su arte?
6. ¿Puede Ud. dar algunos ejemplos de películas, programas de TV o anuncios comerciales que combinen la realidad y la fantasía?

Discusión

Según la psicología moderna, los sueños expresan nuestros deseos reprimidos (*repressed*) o un mensaje importante que nos manda la subconsciencia. Algunas personas creen que los sueños a veces predicen el futuro. Para Ud., ¿qué representan los sueños?

Análisis de cuadros

1. Explique cómo los temas y técnicas de los siguientes cuadros se identifican con el cubismo o con el surrealismo.

Joan Miró. *Personajes, perro, sol*. 1949. Museo Bále, Suiza.

Pablo Picasso. *Mujer*. Museo Picasso, Barcelona.

2. En este cuadro que presenta a un artista dormido, ¿qué interpretación vemos del proceso creador? ¿Por qué cree Ud. que algunos críticos han llamado a Goya un «precursor del surrealismo»?

Francisco de Goya. *El sueño de la razón produce monstruos,* de *Los Caprichos.* 1796–1798. Museo Metropolitano de Arte, Nueva York (regalo de M. Knoedler & Compañía, 1918). Por cortesía de la Sociedad Hispánica de América.

¿Cuál de los cuadros de este capítulo le ha gustado más? ¿Por qué?

Una nueva manera de ver televisión*

Alicia Molina
Martha Alcocer

ANTICIPACIÓN   Prever aspectos polémicos de una controversia

Uno de los temas más polémicos de nuestros tiempos es la influencia de la televisión sobre la sociedad. ¿Es buena o mala? ¿Un maravilloso ejemplo de la tecnología o un gran peligro para el futuro de la humanidad? Antes de leer un artículo sobre un tema como éste, conviene pensar un poco en lo que Ud. sabe de la controversia. Haga Ud. una lista de las opiniones negativas y positivas que ha oído sobre la televisión.

lo negativo: *lo positivo:*

Mire el título y los subtítulos del artículo. ¿Cuáles de las opiniones que Ud. ha mencionado cree que estarán incluidas en el artículo? ¿Por qué? Ahora, lea el artículo para ver un punto de vista particular sobre la controversia de la televisión.

La influencia de la televisión sobre la educación

La televisión, por su presencia continua en el hogar,° y por lo vívido de sus mensajes° visuales y sonoros, puede influir poderosamente en la mente de sus espectadores,° especialmente la de los niños.

> casa de una familia
> comunicaciones
> personas que miran

5   Los niños, viendo algunos programas de televisión, pueden aprender lo siguiente:

- Que los problemas se resuelven a través° del dinero o a través de la violencia.

> **a...** por medio

- Que las guerras, la violencia y la competencia° son inevita-
10 bles. Triunfar es pasar por encima° de los demás.°

> rivalidad
> **pasar...** *push* (*yourself*) *ahead* / otros

¿Estamos de acuerdo en que nuestros hijos aprendan estas normas de conducta que transmite la televisión? Si no es así, tenemos que enseñarles a distanciarse de los mensajes de la televisión.

---

* De *Cuadernos de comunicación,* una revista mexicana.

El mundo de los adultos y la «tele»

15 Los padres aparecen como modelos que sus hijos pueden
imitar. Esto es una forma de comunicación. La televisión
también ofrece modelos a los niños. Esto es otra forma de
comunicación. Para el niño es mucho más importante la
comunicación familiar° y los modelos que presenta su pro-   *de la familia*
20 pia familia.

El niño que sabe que un día será adulto, siente curiosidad por el mundo de los adultos. Si los padres le niegan°   *prohiben*
continuamente el acceso a este mundo, si le prohiben
siempre escuchar sus conversaciones, conocer algunos de
25 sus problemas, si intentan que crea° que son infalibles, casi   **que...** *that he believe*
perfectos, el niño se retraerá° en su medio,° o bien se aso-   *will withdraw / pequeño*
mará° al mundo de los adultos que presenta la televisión: *mundo / entrará*

- Con sus modelos del hombre y de la mujer.
- Con sus intrigas y falsedades.
30 - Con su moralidad o inmoralidad.
- Con las costumbres norteamericanas que presenta como
  ejemplo que hay que imitar.
- Con sus hombres y mujeres que alcanzan° el éxito° eco-   *obtienen / triunfo*
  nómico y son felices comprando y gastando dinero.

35 Si los padres no desean que sus hijos imiten estos modelos, deberán enseñarles a utilizar la televisión como
fuente° de mensajes que deben ser criticados° y discutidos.   *source / criticized*

Diálogo sobre la «teleadicción»

La televisión, cuando se ve pasivamente, puede convertirse
en un mal hábito o afición° con consecuencias de grave-   *pastime*
40 dad,° sobre todo para niños y jóvenes. Se presenta a conti-   **de...** *severas*
nuación un diálogo entre algunos padres que tienen miedo
de que sus hijos se conviertan en° «teleadictos».   **se...** *might become*

PADRE 1: Si la televisión les puede hacer daño,° la solu-   **hacer...** *producir malos*
ción es muy fácil. Que no la vean y punto.°   *efectos / **Que...** Don't let*
   them watch it, period.
45 **MADRE 2:** Eso será en tu casa. Porque cada vez que mis
hijos invitan a los tuyos, se pasan la tarde clavados° frente al   *paralizados*
aparato.

Nosotros les dejamos ver todo lo que quieran, ya se
hartarán° un día y, después de todo, es bueno que vayan   **se...** *they will get fed up*
50 conociendo la realidad y sepan que en la vida hay muerte,
violencia, robos, guerras...; así, cuando sean grandes sabrán
qué es la vida y nadie se aprovechará de° ellos.   **se...** *will take advantage of*
PADRE 3: Yo no estoy de acuerdo. No quiero que mis hijos
piensen que todo es natural e inevitable. Creo que lo mejor

55 que podemos hacer es controlar lo que ven y dar o negar el
permiso según el caso.

MADRE 3: ¿Según qué caso? ¿Según estés de buen o mal
humor°?

de... in a good or bad mood

PADRE 3: No, según sea bueno o malo el programa.

60 **MADRE 3:** De todas maneras, aunque tú seas experto en
juzgar° los programas que deben ver tus hijos, eso no es
solución. Eres tú el que decide. Cuando el niño esté solo no
sabrá decidir por sí mismo.°

evaluar

por... by himself

¿Prohibir? ¿permitir? **planificar.** Controlar la televi-
65 sión es una tarea° para toda la familia.

trabajo

Algo sobre los anuncios comerciales

La intención de los empresarios° cuando pagan a los
dueños° de un canal de televisión para anunciarse° es
vender. Para vender, tratan de convencernos de que su
producto es mejor.

representantes de compañías
owners / advertising

70   Para convencernos de esto utilizan muchos trucos:°

tricks

• Presentan un objeto mucho más grande de lo que es en
realidad.

• Presentan una golosina° o un alimento° muy apetitoso
poniéndole «spray» para que brille,° mayor cantidad de
75 crema de la que en realidad tiene, etc.

dulce / tipo de comida
para... so that it shines

• Hacen que un personaje° popular de la tele recomiende el
uso de un producto.

actor o actriz

• Exageran los gestos° de gusto, felicidad, comodidad,° o
emoción que provoca el uso de un producto.

expresiones / conveniencia

80 • Relacionan el producto con situaciones que la adquisición
del artículo no nos va a dar. Por ejemplo, anunciando una
brillantina° que, con sólo ponérsela, hará a un muchacho
popular entre las mujeres.

crema para el pelo

La nueva manera de ver televisión

La televisión es un invento de gran importancia en la vida
85 moderna. Gracias a ella se elimina la distancia en la comunicación visual, se puede tener acceso fácil a todo tipo de
información y participar con comodidad en actividades
educativas, culturales y recreativas.

Sin embargo, puede convertirse también en un inva-
90 sor° de nuestro hogar, en alguien que está transmitiendo
creencias y actitudes que no queremos para nuestra familia.
De nosotros depende que ese elemento de la vida moderna
se convierta en un agente educativo.

invader

La televisión con sus programas y su atracción son
95 hechos° que no se pueden negar. También es un hecho que

facts

no podemos modificar fácilmente la programación. Lo que sí podemos hacer es modificar nuestra forma de recibir los mensajes de la televisión.

- 100 • Ver la televisión activamente quiere decir: juzgar si lo que nos presentan como bueno, valioso° y útil, de veras° es así.

meritorio / de...
realmente

- • Acompañar al niño a ver la televisión para que aprenda a verla activamente en el futuro.
- • Tener presente que los comerciales intentan convencernos de que compremos productos y artículos que
- 105 quizá no necesitemos.
- • No olvidar que la comunicación en la familia es mucho más importante para todos que cualquier programa de televisión.
- • Estimular al niño para que se interese en el problema de la
- 110 televisión, y ayudarle a verla críticamente.

Preguntas

1. Según el artículo, ¿qué mensajes malos o negativos pueden aprender los niños de la televisión?
2. ¿Qué modelos son más importantes para un niño que los modelos ofrecidos por la tele? ¿Por qué?
3. ¿Qué es la «teleadicción»? ¿Conoce Ud. a algunos teleadictos? Según su opinión, ¿es un problema serio o no? ¿Por qué?
4. ¿Cuáles son algunos de los *trucos* que se utilizan en los anuncios comerciales para vender productos? ¿Puede Ud. pensar en algún anuncio comercial que sea un buen ejemplo de uno de estos trucos? Descríbalo.
5. ¿Cuál es la diferencia entre ver televisión pasivamente y ver televisión activamente? ¿Qué pueden hacer los padres para que sus hijos aprendan la «nueva manera de ver televisión»?

TEODORO & CÍA.

Entrelíneas: Análisis de argumentos

Mire la sección **Diálogo sobre la «teleadicción»** (líneas 43–63). Busque los diferentes puntos de vista y argumentos presentados por los padres y las madres. Llene los espacios en blanco.

    A. Los tres puntos de vista sobre el uso de la tele por los niños:

       1. _____

       2. _____

       3. _____

    B. Los argumentos *en contra de* cada punto de vista:

      En contra del punto de vista 1: _____

      En contra del punto de vista 2: _____

      En contra del punto de vista 3: _____

    C. ¿Qué punto de vista le parece a Ud. el mejor? ¿Por qué?

    D. ¿Cuál parece ser el punto de vista de las autoras?

Discusión o composición

    1. El artículo menciona «las costumbres norteamericanas» (línea 31) en la lista de mensajes negativos transmitidos por la televisión mexicana. Según su opinión, ¿qué quieren decir con eso?

    2. ¿Qué opina Ud. de las telenovelas (*soap operas*)? ¿Cuál es la más popular ahora? ¿Por qué tienen un público tan grande?

    3. ¿Cuál es el programa más interesante en la televisión de hoy? ¿el más educativo? ¿el peor? Explique.

Actividad: Análisis de dibujos

Mire los siguientes dibujos que representan imágenes visuales del tipo que se ven en la televisión. Escriba el **mensaje indirecto** que cada imagen podría transmitir a un niño o a una niña.

El conde Lucanor

Ejemplo XI: Lo que le pasó a un deán de Santiago con don Illán, el gran mago de Toledo

Don Juan Manuel

INTRODUCCIÓN

Generalmente, al mencionar la literatura española, los norteamericanos piensan en los dos famosos «dones»: don Quijote, el
gran soñador,° y don Juan, el gran seductor, creaciones   *dreamer*
literarias del siglo XVII. Pero hay muchos otros libros clásicos de
5   España que son interesantes como, por ejemplo, *El conde*°   *count*
Lucanor de don Juan Manuel.

    Don Juan Manuel fue un señor de la alta nobleza° de   aristocracia
Castilla que vivió a fines del siglo XIII y que dedicaba las horas
que no pasaba en guerra o intrigas a escribir libros. Su obra
10   maestra, *El conde Lucanor,* trata de la conversación entre un
señor° aristócrata y su astuto criado° Patronio, quien le sirve de   *lord* / sirviente
consejero.° Cada capítulo empieza con un problema que el   *adviser*
conde Lucanor le describe a Patronio. Luego, el criado le cuenta
a su señor una historia que ilustra la mejor manera de solu-
15   cionar el problema. Al final de cada cuento de Patronio, el
conde pone la moraleja° en dos versos.   *moral*

    Así que *El conde Lucanor* está compuesto de muchas
historias dentro de una historia general. Este tipo de libro se
llama *un libro de historias enmarcadas,*° y era muy común en la   **un...** *a framework tale*
20   Edad Media. (Otro ejemplo es *Los cuentos de Canterbury* de
Chaucer.) Don Juan Manuel tomó cuentos de muchas fuentes:°   orígenes
la Biblia, colecciones orientales y árabes, historias populares,
manuscritos griegos y latinos. Algunos de sus cuentos han
influido en la literatura mundial, como la *Historia del hombre*
25   *que se casó con una mujer muy brava,* que mucho más tarde
apareció como *The Taming of the Shrew* de Shakespeare.

    Como los otros cuentos de *El conde Lucanor,* la siguiente
selección, presentada en lenguaje modernizado, ilustra una
lección práctica, pero, a diferencia de los otros, éste también
30   introduce la dimensión mágica. La acción tiene lugar en Toledo,
una ciudad famosa en aquellos tiempos por sus magos,° que   *magicians*
usaban la magia° negra para leer en las almas de los hombres o   *magic*
hacer encantos.° Dicen que algunos podían hasta° causar una   **hacer...** *cast spells* / *even*
suspensión en el tiempo...

Vista de Toledo, pintada en el siglo XVI por Doménico Teotocópulo, mejor conocido como «El Greco». La pintura capta la atmósfera extraña y mágica de la antigua ciudad. Museo Metropolitano de Arte, Nueva York (legado de la Sra. H. O. Havemeyer, 1929; colección de H. O. Havemeyer).

Un día hablaba el conde Lucanor con su consejero Patronio y le dijo lo siguiente:

—Patronio, un hombre vino a rogarme° que le ayudara en un asunto.° Me prometió que, más tarde, él haría

implorarme

business matter

5　por mí muchos favores en recompensa. Y comencé a ayudarlo. Luego, le pedí cierta cosa que realmente quería y me
dio excusas. Después, le pedí otra cosa y me dio otra excusa.
Pero no tiene todavía lo que él quería, ni lo tendrá sin mi
ayuda. Por la confianza que tengo en usted y en su buen
10　entendimiento,° le ruego que me dé consejos.　　　　　　　intelecto

　　　　—Señor conde—respondió Patronio—, me gustaría
contarle lo que le pasó a un deán° de Santiago con don Illán,　Dean (*lower official of the Church in the Middle Ages*)
el gran mago de Toledo.

　　　　Entonces el conde le preguntó qué había pasado.

15　　　　—Señor conde—dijo Patronio—, en Santiago había
un deán que tenía muchas ganas° de aprender la magia　　　deseos
negra. Como oyó decir° que don Illán de Toledo sabía más　oyó... *he heard it said*
que nadie sobre ese arte, fue a Toledo a hablar con él. Fue a
la casa del mago y lo encontró leyendo en un salón apar-
20　tado.° Don Illán lo recibió con mucha cortesía. Le dio aloja-　privado
miento° en su casa y todo lo necesario para su comodidad.°　una habitación donde dormir / *comfort*

　　　　Después de comer juntos, los dos hombres quedaron
solos. Entonces el deán le explicó al mago la razón de su
visita: aprender las ciencias mágicas. Don Illán le contestó
25　que él era deán y hombre de gran poder° por su puesto° en　*power* / posición
la iglesia y que posiblemente iba a estar algún día en un
puesto aun más alto° y que en general los hombres que　　importante
tienen mucho poder se olvidan muy pronto de los que le
han ayudado en el pasado. Y por eso temía que, después de
30　aprender lo que él quería, no le haría ningún favor ni le
mostraría nada de gratitud.

　　　　El deán le prometió que no sería así y le aseguró° que,　garantizó
en cualquier circunstancia, siempre estaría muy agrade-
cido.°　　　　　　　　　　　　　　　　　　　　　　　　　lleno de gratitud

35　　　　En esta conversación estuvieron hasta la hora de
cenar. Don Illán le dijo al deán que la ciencia mágica no se
podía aprender excepto en un lugar muy apartado. Luego,
tomándolo de la mano, lo llevó a una sala donde llamó a una
criada y le dijo que preparara perdices° para la cena de esa　*partridges*
40　noche, pero *que no las pusiera a asar hasta que él lo man-*
dara.°　　　　　　　　　　　　　　　　　　　　　　　　　que... *that she shouldn't start roasting them until he gave the order.*

　　　　Dicho esto, el mago y el deán descendieron por una
escalera de piedra muy bien labrada° y bajaron tanto que　carved
parecía que el río Tajo° pasaba por encima de° ellos. Final-　Tagus (*River*) / por... *above*
45　mente, llegaron al final y se hallaron en un espacio grande
donde había una habitación llena de libros. Se sentaron y
estaban decidiendo con qué libros iban a empezar el estudio
cuando de repente° entraron dos hombres por la puerta　　de... *suddenly*
con una carta para el deán. La carta era de su tío el obispo°　*Bishop*
50　de Santiago, y le hacía saber° que estaba muy enfermo y le　hacía... informaba
rogaba que fuera° en seguida a Santiago. El deán se sintió　*that he should go*

muy triste por la enfermedad de su tío. Pero su corazón no
le permitió que dejara tan pronto el estudio, y escribió una
carta de respuesta al obispo, su tío.

55   A los tres o cuatro días llegaron otros hombres a pie°   *a... on foot*
que traían otras cartas para el deán. Estas cartas le hacían
saber que el obispo había muerto y que los hombres importantes de la iglesia estaban en el proceso de elecciones.

     Y a los siete u ocho días vinieron dos escuderos° muy   *pages*
60 bien vestidos que llegaron hasta el deán y le besaron la
mano° y mostraron las cartas que anunciaban que lo habían   *le... kissed his hand*
elegido obispo. Cuando don Illán oyó esto, fue al nuevo
obispo y le dijo que estaba muy contento y, puesto que Dios
le había hecho tanto bien, le pedía un favor: que le diera° a   *que... that he give*
65 su hijo el puesto de deán que ahora quedaba vacante. El
nuevo obispo le respondió que prefería dar aquel puesto a
un hermano suyo, pero que más tarde le haría un gran favor
y que le rogaba que fuera con él a Santiago y que llevase° a   *que... to bring along*
su hijo. Don Illán dijo que lo haría.

70   Se fueron para Santiago. Cuando llegaron, fueron recibidos con mucha honra. Después de vivir allí un tiempo,
un día llegaron hasta el obispo mensajeros del Papa° con   *Pope*
cartas que decían que lo había hecho arzobispo° de Tolosa y   *Archbishop*
que, como favor, él podía dar el puesto de obispo a quien él
75 quisiera.° Cuando don Illán oyó esto, le pidió con mucha   *a... to whomever he wanted*

emoción que le diera el puesto a su hijo. Pero el arzobispo dijo que quería dárselo a un tío suyo, hermano de su padre. Don Illán le contestó que era una injusticia pero que aceptaría su decisión con tal de estar seguro° de recibir el favor
80 en el futuro. El arzobispo le prometió que así lo haría y le rogó que lo acompañara a Tolosa y que llevase a su hijo.

con... *provided he was sure*

Cuando llegaron a Tolosa, fueron muy bien recibidos por todos los nobles de la región. Llevaban dos años de vivir allí cuando llegaron mensajeros con cartas para el arzo-
85 bispo que decían que el Papa lo había hecho cardenal,° y que él podía dar el puesto de arzobispo a quien él quisiera. Entonces don Illán fue a hablar con él y le dijo que ya no había excusa para no darle a su hijo el puesto de arzobispo. El cardenal le informó que iba a darle aquel puesto a un tío
90 suyo, hermano de su madre, pero dijo que fuese con él a la corte° en Roma donde habría muchas oportunidades de hacerle un favor a su hijo.

Cardinal (a very high official of the Church)

court (of the Pope)

Al llegar a Roma, fueron muy bien recibidos por los otros cardenales y por toda la corte, y vivieron allí mucho
95 tiempo. Cada día, don Illán le rogaba al cardenal que le diera a su hijo algún puesto, y él respondía siempre con excusas.

Un día murió el Papa; y todos los cardenales eligieron al antiguo° deán por Papa. Entonces, don Illán fue a hablarle y le dijo que ahora no podía dar excusa alguna para no
100 cumplir° lo que había prometido. El Papa contestó que no insistiera tanto,° que siempre habría alguna oportunidad para hacerle un favor razonable. Don Illán empezó a quejarse° mucho, y le dijo que esto lo había temido° desde la primera vez que había hablado con él; y que ya no le tenía
105 confianza. Al oír esto, el Papa se enfadó° mucho y comenzó a insultarlo y a decirle que si él continuara hablando así, lo pondría en la cárcel, pues bien sabía que él era hereje° y encantador.°

former

hacer

que... *that he shouldn't be so pushy*

complain / feared

irritó

a heretic

mago

Cuando don Illán vio el mal tratamiento del Papa, se
110 despidió de él.° Y el Papa ni siquiera° le ofreció comida para el viaje. Entonces, don Illán le dijo al Papa que, pues no tenía otra cosa para comer, era necesario *volver a las perdices que había mandado asar*° *aquella noche, y llamó a la mujer y le mandó que asara las perdices.* Cuando don Illán dijo esto, el
115 Papa se halló° en Toledo, deán de Santiago, tal como° lo era cuando allí llegó, y sentía tanta vergüenza° que no supo qué decir. Don Illán le dijo que se fuera en paz,° que había mostrado bastante su verdadero carácter y que ya no tenía ganas de invitarlo a comer su parte de las perdices.

se... *le dijo adiós /* ni... *didn't even*

que... *that he had ordered to be roasted*

se... *found himself /* tal... *just as*
shame
que... *to go in peace*

120 —Y usted, señor conde,—dijo Patronio, pues ve que aquel hombre que le pide ayuda no le muestra ninguna gratitud, me parece que usted no debe trabajar para ele-

varlo a un puesto desde el cual él le dé° a usted el mismo tratamiento que le dio el deán al gran mago de Toledo.

desde... *from which he might give you*

125 El conde consideró que esto era buen consejo, y lo hizo así° y le resultó muy bien.

de esa manera

Como don Juan pensó que el cuento era muy bueno, lo hizo poner° en este libro y compuso estos versos:

lo... *he had it put*

La persona que no sepa agradecerte tu ayuda

130 **menos ayuda te dará, cuánto más alto suba.°**

cuánto... *the higher (in position and power) he/she gets*

Comprensión de la lectura

Resumen de la narración

Llene cada espacio en blanco con una palabra o frase apropiada para completar el resumen de la narración. En algunos casos, hay varias maneras correctas de llenar el espacio.

El conde Lucanor, Ejemplo XI: Resumen

Un día, el conde Lucanor va a hablar con su _____, Patronio, sobre un problema que tiene. El problema es que el conde está ayudando a un hombre, pero este hombre _____. El conde le pide a Patronio que le dé _____ sobre qué hacer en este caso. Para mostrarle la solución, Patronio le cuenta lo siguiente:

La historia dentro de una historia

Un día, el deán de Santiago fue a la ciudad de _____ para hablar con don Illán, el gran _____. El motivo de su visita fue que el deán deseaba _____. Don Illán lo recibió muy bien. Después de comer, hablaron hasta la hora de la cena cuando don Illán llamó a la criada y le dijo que preparara unas _____, pero que no las pusiera a asar hasta que él lo mandara. Luego, llevó al deán abajo por una _____ de piedra a un salón muy apartado para comenzar el estudio.

De repente, llegaron mensajeros con una _____ para el deán de su _____, el obispo, que estaba muy _____. A los tres días, llegaron otros mensajeros con la noticia de que el obispo había _____ y el deán ya tenía ese importante puesto. Don Illán le pidió que le diera el puesto vacante de deán a su _____, pero el nuevo obispo respondió que _____.

Después, los dos hombres viajaron a varias ciudades diferentes y en cada una, el deán subió a un puesto más importante, pero siempre cuando don Illán le pedía a él un favor, éste le daba _____ . Finalmente fueron a _____ donde los cardenales lo eligieron Papa. Esta vez, don Illán se quejó mucho de no recibir el favor, pero el nuevo Papa se enfadó y le dijo _____ . Entonces, don Illán se despidió de él para regresar a Toledo, pero no tenía comida para el viaje y por eso llamó a la _____ de su casa y le dijo **que ahora pusiera a asar a las perdices.** Con estas palabras, *se terminó el encanto mágico que había suspendido el tiempo.* El Papa se halló otra vez deán de Santiago. Sentía mucha vergüenza por el mal tratamiento que había dado a don Illán, y se fue.

Después de escuchar esta historia, el conde Lucanor decide no ayudar al hombre porque _____ .

Entrelíneas: ¿Cómo lo sabemos?

El cuento nos presenta un contraste psicológico entre los dos personajes principales. Diga cuáles de las siguientes cualidades son características de **don Illán** y cuáles del **deán de Santiago.** Luego, dé ejemplos del texto para mostrar cómo lo sabemos.

1. ambición
2. cortesía
3. paciencia
4. ingratitud

Preguntas

1. ¿Dónde parecían estar los dos hombres durante la historia? ¿Dónde estaban realmente?
2. ¿Cuánto tiempo parecía pasar? ¿Cuánto tiempo pasó en realidad?
3. ¿Cree Ud. que don Illán sabía desde el principio qué tipo de persona era el deán? Explique.
4. ¿Con qué palabras creó don Illán el encanto que suspendió el tiempo? Según su opinión, ¿por qué hizo este encanto?
5. En palabras sencillas, ¿cuál es la moraleja del cuento?

Expansión de vocabulario

Llene el espacio en blanco con un sustantivo o adjetivo relacionado con la palabra en bastardilla.

modelo: Un hombre que hace *encantos* es un <u>encantador.</u>

1. Un hombre que sabe el arte de la *magia* es un _____ .
2. Una mujer que da *consejos* es una _____ .
3. Un individuo que *agradece* los favores que le hacen es un individuo _____ .

4. Alguien que le *promete* algo a otra persona debe cumplir con sus _____ .

5. Cuando se *trata* mal a alguien, decimos que la persona ha recibido un mal _____ .

Discusión

1. ¿Cómo presenta don Juan Manuel el tema del nepotismo: como algo malo o natural? ¿Dónde existe el nepotismo en nuestros tiempos? ¿Qué le parece a Ud. esta práctica?

2. Para Ud., ¿qué es la «magia negra»? ¿Hay magos y personas que creen en la magia hoy día? ¿Qué piensa Ud. de las siguientes creencias o actividades? ¿Cuál es la más aceptada en nuestra cultura? ¿en el mundo en general?
   — la existencia del diablo y su influencia en el mundo
   — los poderes mágicos de ciertos individuos
   — la capacidad de algunas personas para viajar fuera de su cuerpo
   — la existencia de otros seres inteligentes (quizás en otros planetas o universos) que nos influyen
   — la visita de fantasmas (espíritus de personas muertas)
   — la predicción del futuro
   — la astrología

3. ¿Qué otros cuentos o qué películas de cine conoce Ud. que tratan el tema de la manipulación mágica (o científica) del tiempo?

Composición

Escriba Ud. una breve descripción del carácter de uno de los dos personajes principales del cuento.

El gitano y la poesía de Federico García Lorca: Realidad y fantasía

Durante su larga historia los gitanos,° un grupo minoritario de idioma, tradiciones y costumbres particulares, han despertado el interés, la admiración y muchas veces el oprobio° de la gente de otras culturas. El nombre «gitano», deri-
5 vado de la palabra «egipcio»,° proviene de una de la multitud de teorías equivocadas sobre su origen. Según la opinión científica de hoy, que se basa en el análisis lingüístico y el estudio de grupos sanguíneos,° los gitanos se originaron en la India, de donde emigraron en tiempos muy
10 antiguos. Se calcula que hoy día hay unos cinco millones de ellos, distribuidos por todas partes del mundo, aunque su mayor concentración se encuentra en Europa.

En la España de hoy quedan muy pocos gitanos itinerantes.° La mayoría vive en las afueras° de grandes pueblos

gypsies

hostilidad
Egyptian

grupos... *blood groups*

que siempre viajan /
secciones exteriores

15 y ciudades, generalmente en condiciones de pobreza. Muchos de los hombres han abandonado las ocupaciones tradicionales para trabajar en empleos asalariados.° Las viejas tradiciones se van perdiendo, y hay una creciente convivencia con los payos.°

20 Pero en los tiempos del poeta español Federico García Lorca (1898 – 1936) había muchos gitanos que todavía seguían con su antiguo modo nómada de vivir. En sus caravanas viajaban de pueblo en pueblo, haciendo los trabajos tradicionales. Las mujeres vendían flores, bailaban, tocaban 25 música, pedían en la calle° o decían la buenaventura.° Los hombres vendían, reparaban objetos de metal o trabajaban como herreros° o artesanos del cuero.° El hombre gitano estaba orgulloso de ser independiente en el trabajo, de no recibir órdenes de nadie. Su cultura le exigía la virilidad y el 30 honor.

Al gitano lo que le importaba más era su «raza».° Todos tenían (y todavía tienen) un nombre secreto que nunca se les decía a los payos, el nombre de su *raza* o *linaje,* un grupo familiar que incluía entre 150 y 200 miembros. Obedecían a 35 un código° especial que regía su conducta con otros gitanos. Una ofensa contra un gitano era una ofensa contra toda su raza, y tenía que ser arbitrada o vengada° por la violencia. El poder de una raza consistía en el número de «varas»° (hombres gitanos) con que podía contar en momentos de 40 necesidad.

que pagan salario

personas que no son gitanas

pedían... *begged /* **decían...** *told fortunes*

blacksmiths / leather

clan

code of behavior

avenged

sticks, clubs

Por su raza, el código de honor y los muchos ritos° y ⟶ ceremonias
costumbres de su cultura, el gitano tenía un claro sentido de
identidad. Al mismo tiempo era libre e independiente; no se
preocupaba mucho por las leyes o costumbres de la socie-
45 dad paya, contando con su astucia o el apoyo° de su raza ⟶ ayuda
para evitar posibles conflictos.

Tal es la visión, algo idealizada, del gitano que presenta Federico García Lorca en su libro de poemas *Roman-
cero gitano.*° La vida gitana que él había visto en la Andalu- ⟶ **Romancero...** *Gypsy Ballad Book* / región al sur de España
50 cía° de su niñez representaba para él una libertad, un
orgullo y una riqueza cultural que no encontraba en la vida
urbana y burguesa° de los payos. ⟶ de la clase media

El segundo poema que se presenta a continuación,
«Romance sonámbulo», es de ese libro. El poeta evoca el
55 ambiente misterioso, el peligro y la pasión de la vida de los
gitanos que se dedican al contrabando.° El poema es una ⟶ *smuggling*
serie de impresiones y está abierto a interpretaciones diferentes. Hasta° el estribillo,° «Verde que te quiero verde», ha ⟶ *Even / refrain*
sido interpretado de varias maneras: como una referencia a
60 la piel° de los gitanos (que para el español, es verde), a la ⟶ *skin*
vida libre de la naturaleza, o al amor. El poema es una
fantasía que ocurre en la imaginación, en la leyenda o en un
sueño, pero muestra el color, la música y la emoción que
realmente caracterizan las tradiciones gitanas.

65 En el siguiente poema, «La guitarra» del libro *El cante
jondo,*° Lorca nos transmite la experiencia de escuchar la ⟶ **El...** música gitana del sur de España
guitarra gitana a través de los sonidos y los ritmos de los
versos y de una serie de imágenes vívidas.

En los dos poemas figura la naturaleza, no solamente
70 como escenario,° sino también como un ser animado que ⟶ *background*
participa en la acción. Esto ilustra, quizás, la creencia de
Lorca, quien veía al gitano todavía en contacto vivo y orgá-
nico con el mundo natural, a diferencia de los payos, que se
habían perdido en el cemento, el vidrio° y las masas de la ⟶ cristal
75 ciudad.

Preguntas

1. ¿Dónde se originaron los gitanos?
2. En la España de hoy, ¿cómo viven los gitanos?
3. ¿Cómo era la vida de los gitanos españoles en tiempos de Lorca?
4. ¿Qué trabajos hacían los hombres gitanos? ¿Las mujeres?
5. ¿Qué es la «raza» de un gitano? ¿Por qué le importa tanto?
6. ¿Cómo se llaman los dos libros de poemas que Lorca escribió sobre los gitanos?
7. ¿Qué representaba para Lorca la vida gitana?
8. ¿Cómo figura la naturaleza en los dos poemas?

La guitarra

Federico García Lorca

ANTICIPACIÓN   Relacionar el sonido con el significado

¿Ha oído Ud. alguna vez la música flamenca de España? Es una forma de música de guitarra, apasionada y rítmica, que se asocia con Andalucía, la región del sur, y con los gitanos que viven allí. Tradicionalmente, el arte de tocar flamenco no se aprende en una escuela, sino por oído, escuchando a los maestros en la calle. En el siguiente poema, García Lorca nos describe la guitarra flamenca al mismo tiempo que nos transmite su música en los ritmos de los versos y en los sonidos de las palabras. Escuche el poema recitado por su profesor(a), por un disco o por un amigo hispano. Luego, léalo Ud. en voz alta y conteste las siguientes preguntas.

1. ¿Qué sonidos de vocales predominan en la última palabra de cada verso?
2. ¿Qué efecto tiene esta repetición de sonidos?
3. Según su opinión, cuál es la emoción principal sugerida por las imágenes y los sonidos del poema?

	Empieza el llanto°	*cry of grief*
	de la guitarra.	
	Se rompen las copas°	vasos para el vino
	de la madrugada.°	comienzo del día
5	Empieza el llanto	
	de la guitarra.	
	Es inútil callarla.°	imponerle el silencio
	Es imposible	
	callarla.	
10	Llora monótona	
	como llora el agua,	
	como llora el viento	
	sobre la nevada.°	caída de nieve
	Es imposible	
15	callarla.	
	Llora por cosas lejanas.°	que están lejos
	Arena del Sur caliente	
	que pide camelias blancas.	
	Llora flecha° sin blanco,°	*arrow / target*
20	la tarde sin mañana,	
	y el primer pájaro muerto	
	sobre la rama.°	*branch*
	¡Oh guitarra!	
	Corazón malherido°	*badly wounded*
25	por cinco espadas.°	*swords*

Preguntas

1. Según el poema, ¿por qué llora la guitarra?
2. Después de escuchar este poema, ¿piensa Ud. que se toca una canción flamenca con un sólo ritmo o con bruscos cambios de ritmo? Explique.
3. Según su opinión, ¿por qué dice el poeta que es «imposible callarla»?
4. Los dos últimos versos presentan una de las metáforas más conocidas de la poesía de Lorca. En español, se usa la palabra «corazón» (*heart*) para referirse al pequeño círculo abierto de la guitarra, pero ¿qué son las «cinco espadas»? ¿Por qué es muy exacta esta metáfora?

Discusión

1. Para Ud., ¿qué representa la guitarra gitana?
2. Tradicionalmente, para que un concierto flamenco sea bueno se necesita cierta reacción entre el guitarrista y su público. Los espectadores participan dando palmadas y poco a poco se crea una atmósfera en la cual la música flamenca «ocurre». Dicen que para tocar bien el flamenco, además del dominio técnico del instrumento, hay que tener «ángel» (una cualidad inexplicable que pertenece principalmente a los gitanos). ¿Cree Ud. que estas creencias son ciertas o que son simplemente supersticiones? ¿Qué otros tipos de música tienen tradiciones similares?

Romance sonámbulo

A Gloria Giner
y a Fernando de los Ríos

Federico García Lorca

ANTICIPACIÓN Buscar la historia en los fragmentos

En el siguiente poema, García Lorca combina la forma tradicional del romance (balada tradicional) con las técnicas modernas del cubismo y del surrealismo. Como los cubistas, Lorca nos presenta una historia en fragmentos, vistos desde diferentes ángulos o puntos de vista. Busque Ud. en el poema respuestas para las siguientes preguntas:

1. ¿Quiénes son los tres personajes y qué sabemos de ellos?
2. La primera estrofa nos indica que estos personajes trabajan en el contrabando, una ocupación peligrosa y tradicional de los gitanos. ¿Qué palabras indican esto?
3. En las dos primeras estrofas vemos que uno de los personajes está en el techo de su casa, pero no sabemos por qué hasta la quinta estrofa. ¿Por qué está allí?

   Los surrealistas usan imágenes raras y sorprendentes para sugerir emociones. Busque una de estas imágenes en la primera estrofa y escríbala. Para Ud., ¿qué emociones sugiere? Recuerde que una historia surrealista está generalmente sujeta a diferentes interpretaciones porque el escritor quiere que el lector participe activamente en la creación del cuento. Lea Ud. el poema otra vez y trate de inventar su propia interpretación.

Verde que te quiero verde.
Verde viento. Verdes ramas.°   *branches*
El barco sobre la mar
y el caballo en la montaña.
5 Con la sombra en la cintura,°   **la...** *her waist*
ella sueña en su baranda,°   *roof balcony*
verde carne,° pelo verde,   *flesh (skin)*
con ojos de fría plata.
Verde que te quiero verde.
10 Bajo la luna gitana,
las cosas la están mirando
y ella no puede mirarlas.

Verde que te quiero verde.
Grandes estrellas de escarcha°   *frost*
15 vienen con el pez de sombra

que abre el camino del alba.°   *dawn*
La higuera° frota° su viento   *fig tree / rubs*
con la lija° de sus ramas,   *sandpaper*
y el monte, gato garduño,°   **gato...** *(like) a wild **marten** (cat)*
20 eriza sus pitas agrias.°   **eriza...** *arches its sharp-spined back*
Pero, ¿quién vendrá? ¿Y por dónde... ?
Ella sigue en su baranda,
verde carne, pelo verde,
soñando en la mar amarga.°   *bitter*

25 —Compadre,° quiero cambiar
    mi caballo por su casa,
    mi montura° por su espejo,
    mi cuchillo por su manta.°
    Compadre, vengo sangrando,°
30 desde los puertos de Cabra.
    —Si yo pudiera, mocito,°
    este trato se cerraba.°
    Pero yo ya no soy yo,
    ni mi casa es ya mi casa.
35 —Compadre, quiero morir
    decentemente en mi cama
    de acero,° si puede ser,
    con las sábanas de holanda.°
    ¿No ves la herida° que tengo
40 desde el pecho a la garganta?
    —Trescientas rosas morenas°
    lleva tu pechera° blanca.
    Tu sangre rezuma y huele°
    alrededor de tu faja.°
45 Pero yo ya no soy yo,
    ni mi casa es ya mi casa.
    —Dejadme° subir al menos
    hasta las altas barandas;
    Barandales° de la luna
50 por donde retumba° el agua.

    Ya suben los dos compadres
    hacia las altas barandas.
    Dejando un rastro de sangre.
    Dejando un rastro de lágrimas.
55 Temblaban en los tejados°
    farolillos° de hojalata.°
    Mil panderos° de cristal
    herían la madrugada.°

    Verde que te quiero verde,
60 verde viento, verdes ramas.
    Los dos compadres subieron.
    El largo viento dejaba
    en la boca un raro gusto°
    de hiel,° de menta° y de albahaca.°
65 —¡Compadre! ¿Dónde está, dime,
    dónde está tu niña amarga?
    —¡Cuántas veces te esperó!
    ¡Cuántas veces te esperara,
    cara fresca, negro pelo,
70 en esta verde baranda!

Buen amigo

silla para montar a
caballo / *blanket*

perdiendo sangre

muchacho

este... *I would make this
exchange*

steel

sábanas... *sheets of fine
chambray / wound*

oscuras

parte de la camisa que
cubre el pecho /
rezuma... *seeps out and
gives off its scent / belt*

Let me

Balcony railings

resounds

Temblaban... *There were
tremblings on the roof-
tops / linternas peque-
ñas / tin
tambourines*
comienzo del día

sabor

bile (tristeza) / *mint / basil*

Sobre el rostro° del aljibe°   *surface* / cisterna de agua
se mecía° la gitana.   *was swaying back and forth*
Verde carne, pelo verde,
con ojos de fría plata.
75 Un carámbano° de luna   *icicle*
la sostiene sobre el agua.
La noche se puso íntima
como una pequeña plaza.
Guardias civiles borrachos
80 en la puerta golpeaban.°   *were knocking loudly*
Verde que te quiero verde.
Verde viento. Verdes ramas.
El barco sobre la mar.
Y el caballo en la montaña.

Preguntas

1. ¿Cómo describiría Ud. la atmósfera creada por el poeta en *Romance sonámbulo*?
2. ¿Cómo interpreta Ud. los dos últimos versos de la primera estrofa: «las cosas la están mirando y ella no puede mirarlas»?
3. ¿Qué ejemplos hay en la segunda estrofa de la técnica surrealista de *la animación del ambiente* (Véase la página 139, líneas 65 – 66, 70 – 74)?
4. ¿Qué le pide el hombre más jóven a su compadre? ¿Lo ayuda o no? ¿Por qué?
5. El último fragmento de la historia es el más vago y misterioso. Según su opinión, ¿qué pasa en la última estrofa?

Discusión

1. ¿Cómo interpreta Ud. el poema? ¿Cuál es la emoción dominante? Según su opinión, ¿qué representa el color verde en este poema?
2. Se ha dicho que la gran popularidad de la poesía gitana de García Lorca se debe al escapismo, el deseo que tiene mucha gente de escaparse del mundo real y sus problemas a un mundo de fantasía, peligro y grandes pasiones. ¿Qué otros libros o qué películas conoce Ud. que ofrezcan un escape a un mundo de fantasía? ¿Qué piensa Ud. del escapismo?

El disco

Jorge Luis Borges

ANTICIPACIÓN   Identificación del tiempo y del lugar

Jorge Luis Borges (1899 – 1986) fue un escritor argentino que ha tenido una enorme influencia sobre la literatura internacional de las últimas dos décadas. En la visión de Borges, lo histórico y lo fantástico coexisten en una misma dimensión, mientras que los actos y las identidades de las personas se repiten continuamente con pequeñas variaciones.

A veces un cuento es difícil de entender al principio porque el autor no nos dice directamente dónde ni cuándo ocurre. Lea el primer párrafo del siguiente cuento de Borges, y conteste estas preguntas:

1. ¿Quién es el narrador?
2. ¿Por qué nos parece un poco rara o extraña su vida?

Busque rápidamente en el resto del cuento algunos indicios (*clues*) que muestran dónde y en qué época ocurre, y conteste estas preguntas:

3. ¿Tiene lugar el cuento en Francia, Inglaterra o España? ¿Cómo lo sabemos?
4. ¿Cuándo tiene lugar el cuento—en el comienzo de los tiempos medievales, a fines del siglo diecinueve, o en el siglo veinte? ¿Cómo lo sabemos?

Ahora, lea el cuento con cuidado para decidir si lo que nos dice el narrador es fantasía o realidad.

Soy leñador.° El nombre no importa. La choza° en que nací *woodcutter* / casa rústica
y en la que pronto habré de morir queda al borde del bos-
que. El bosque dicen que se alarga° hasta el mar que rodea extiende
toda la tierra y por el que andan casas de madera° iguales a *wood*
5 la mía. No sé; nunca lo he visto. Tampoco he visto el otro
lado del bosque. Mi hermano mayor, cuando éramos
chicos, me hizo jurar° que entre los dos talaríamos° todo el prometer solemnemente / cortaríamos
bosque hasta que no quedara un solo árbol. Mi hermano ha
muerto y ahora es otra cosa la que busco y seguiré bus-
10 cando. Hacia el poniente° corre un riacho° en el que sé oeste / río pequeño
pescar con la mano. En el bosque hay lobos,° pero los lobos *wolves*
no me arredran° y mi hacha° nunca me fue infiel. No he dan miedo / *axe*
llevado la cuenta° de mis años. Sé que son muchos. Mis ojos **No...** *I haven't kept track*
ya no ven. En la aldea,° a la que ya no voy porque me pueblo pequeño
15 perdería, tengo fama° de avaro° pero ¿qué puede haber reputación / *miser*
juntado° un leñador del bosque? acumulado

    Cierro la puerta de mi casa con una piedra para que la
nieve no entre. Una tarde oí pasos° trabajosos° y luego un *footsteps* / laboriosos
golpe.° Abrí y entró un desconocido.° Era un hombre alto y *knock* / *stranger*
20 viejo, envuelto en una manta raída.° Le cruzaba la cara una **manta...** *threadbare blanket*
cicatriz.° Los años parecían haberle dado más autoridad *scar*
que flaqueza, pero noté que le costaba andar sin el apoyo° auxilio
del bastón.° Cambiamos unas palabras que no recuerdo. Al *walking stick*
fin dijo:

25   —No tengo hogar° y duermo donde puedo. He reco- casa
rrido° toda Sajonia.° viajado por / *Saxony*

    Esas palabras convenían° a su vejez. Mi padre siempre eran apropiadas
hablaba de Sajonia; ahora la gente dice Inglaterra.

    Yo tenía pan y pescado.° No hablamos durante la co- *fish*
30 mida. Empezó a llover. Con unos cueros° le armé una ya- pieles de animales
cija° en el suelo de tierra, donde murió mi hermano. Al lugar para dormir

llegar la noche dormimos.

Clareaba° el día cuando salimos de la casa. La lluvia
había cesado° y la tierra estaba cubierta de nieve nueva. Se
35 le cayó el bastón y me ordenó que lo levantara.°
—¿Por qué he de° obedecerte? —le dije.
—Porque soy un rey —contestó.
Lo creí loco. Recogí el bastón y se lo di.
Habló con una voz distinta.
40 —Soy rey de los Secgens. Muchas veces los llevé a la
victoria en la dura° batalla, pero en la hora del destino perdí
mi reino.° Mi nombre es Isern y soy de la estirpe° de Odín.
—Yo no venero° a Odín —le contesté—. Yo venero a
Cristo.
45 Como si no me oyera° continuó:
—Ando por los caminos del destierro° pero aún soy el
rey porque tengo el disco.° ¿Quieres verlo?
Abrió la palma de la mano que era huesuda.° No había
nada en la mano. Estaba vacía.° Fue sólo entonces que ad-
50 vertí° que siempre la había tenido cerrada.
Dijo, mirándome con fijeza:°
—Puedes tocarlo.
Ya con algún recelo° puse la punta° de los dedos sobre
la palma. Sentí una cosa fría y vi un brillo.° La mano se cerró
55 bruscamente. No dije nada. El otro continuó con paciencia
como si hablara con un niño:
—Es el disco de Odín. Tiene un solo lado.° En la tierra
no hay otra cosa que tenga un solo lado. Mientras esté en mi
mano seré el rey.
60 —¿Es de oro?° —le dije.
—No sé. Es el disco de Odín y tiene un solo lado.
Entonces yo sentí la codicia° de poseer el disco. Si
fuera mío, lo podría vender por una barra de oro y sería un
rey.
65 Le dije al vagabundo que aún odio:
—En la choza tengo escondido un cofre° de monedas.° Son de oro y brillan como el hacha. Si me das el disco
de Odín, yo te doy el cofre.
Dijo tercamente:
70 —No quiero.
—Entonces —dije— puedes proseguir° tu camino.
Me dio la espalda.° Un hachazo° en la nuca° bastó y
sobró para que vacilara y cayera, pero al caer° abrió la
mano y en el aire vi el brillo. Marqué bien el lugar con el
75 hacha y arrastré° el muerto hasta el arroyo° que estaba
muy crecido.° Ahí lo tiré.
Al volver a mi casa busqué el disco. No lo encontré.
Hace años que sigo buscando.

Daba luz

terminado

que... *that I should pick it up*
he... debo

dificil

kingdom / familia

adoro

Como... *As if he hadn't heard me*
exilio
disk

muy flaca

empty

noté

persistencia

desconfianza / *tip*

shine

solo... *single side*

gold

greedy desire

trunk

coins

continuar

Me... *He turned his back on me.* / golpe con el hacha / *back of the neck* / **al...** *as he was falling*
llevé / río
deep

Comprensión de la lectura

Opciones múltiples

1. El leñador que narra el cuento vive en una choza que está al borde de un (*a*) mar (*b*) bosque   (*c*) río
2. El hermano del leñador había tenido como el gran propósito de su vida (*a*) matar un lobo   (*b*) ver un barco   (*c*) talar el bosque
3. En la aldea el leñador tiene fama de (*a*) mentiroso   (*b*) violento   (*c*) avaro
4. El leñador le dio al desconocido (*a*) un bastón   (*b*) leña del bosque   (*c*) cama y comida

Preguntas

1. ¿Qué tipo de vida llevaba el leñador? ¿Cómo era?
2. ¿Quién era el desconocido? ¿Por qué cree Ud. que el leñador lo obedeció?
3. ¿Qué importancia tenía el disco de Odín para el desconocido? ¿Qué característica extraña tenía el disco?
4. ¿Qué le ofreció el leñador al desconocido a cambio del disco? ¿Cree Ud. que esa promesa era una mentira o no? ¿Por qué?
5. Según su opinión, ¿cuál es el motivo del asesinato que ocurre al final?

Discusión

1. Para Ud., ¿qué representa el disco de Odín? ¿Existe realmente o es una cosa imaginada o simbólica? ¿Por qué cree Ud. que el leñador no lo encontró después de su crimen y sigue buscándolo?
2. ¿Puede Ud. pensar en algunas cosas en la historia humana que, como el disco, tienen una existencia dudosa y por las cuales la gente mata o muere?

Composición

Describa Ud. algún objeto (o sitio o persona) que parezca tener características «mágicas» o misteriosas.

DON GREGORIO

Casa tomada

Julio Cortázar*

ANTICIPACIÓN   Visualización de un elemento importante

¿Qué importancia tiene una casa? En este cuento, es muy importante, como se ve en el título, y casi funciona como un personaje. Lea Ud. rápidamente las líneas 1 – 45 para formar una idea visual muy clara de esta casa. Conteste las preguntas:

1. ¿Cómo es la casa?
2. ¿Por qué viven en ella el narrador y su hermana Irene?
3. Según el narrador, ¿qué influencia sobre su vida parece haber tenido la casa?
4. ¿Cuáles son las dos partes de la casa? ¿Qué comunicación hay entre estas partes?

Ahora, lea el cuento con cuidado para ver los extraños incidentes que ocurren en esta casa de fantasía.

Nos gustaba la casa porque aparte° de espaciosa y antigua guardaba los recuerdos° de nuestros bisabuelos,° el abuelo paterno, nuestros padres y toda la infancia.

Nos habituamos Irene y yo a persistir° solos en ella, lo
5 que era una locura pues en esa casa podían vivir ocho personas sin estorbarse.° Hacíamos la limpieza° por la mañana, levantándonos a las siete, y a eso de las once yo le dejaba a Irene las últimas habitaciones por repasar° y me iba a la cocina. Almorzábamos a mediodía, siempre puntuales; ya
10 no quedaba nada por hacer fuera de unos pocos platos sucios. Nos resultaba grato° almorzar pensando en la casa profunda y silenciosa. A veces llegamos a creer que era ella° la que no nos dejó casarnos.° Irene rechazó dos pretendientes° sin mayor motivo, a mí se me murió María Esther
15 antes que llegáramos a comprometernos.° Entramos en los cuarenta años° con la inexpresada idea de que el nuestro, simple y silencioso matrimonio de hermanos, era necesaria clausura° de la genealogía asentada por los bisabuelos en nuestra casa.

además
memories / great-
 grandparents

continuar

getting in each other's
 way / housecleaning

terminar

agradable
it, i.e., the house
no... prevented us from
 getting married
suitors
to become engaged
los... la edad de 40 años

conclusión

---

* Julio Cortázar (1914 – 1984), cuentista y novelista argentino de fama internacional. Sus cuentos, escritos en un estilo natural, crean un mundo de misterio y fantasía al mismo tiempo que profundizan en los problemas psicológicos del individuo moderno en busca de su identidad. El cuento «Casa tomada» aparece aquí en forma levemente abreviada.

causar problemas

de la mañana

knitting

jerseys

socks / chaquetas para la
cama / *vests*
wool
utilizaba

libros nuevos

de importancia

dinero / *(rented) estates*

20   Irene era una chica nacida para no molestar° a nadie.
Aparte de su actividad matinal° se pasaba el resto del día
tejiendo° en el sofá de su dormitorio. No sé por qué tejía
tanto. Tejía cosas siempre necesarias, tricotas° para el invierno, medias° para mí, mañanitas° y chalecos° para ella.
25 Los sábados iba yo al centro a comprarle lana.° Yo aprove-
chaba° esas salidas para dar una vuelta por las librerías y
preguntar vanamente si había novedades° en literatura
francesa. Desde 1939 no llegaba nada valioso° a la Argentina.

30   Pero es de la casa que me interesa hablar, de la casa y
de Irene, porque yo no tengo importancia. Me pregunto qué
hubiera hecho Irene sin el tejido. No necesitábamos ganar-
nos la vida, todos los meses llegaba la plata° de los campos°
y el dinero aumentaba. Pero a Irene solamente la entretenía

habilidad

Cómo... Por supuesto me
acuerdo
French tapestries
lejos de la calle

hall / sólida / *oak*

ala... *front wing*

excepto

innecesarias

la... *the pot of mate tea*
medio cerrada
pasillo

35 el tejido, mostraba una destreza° maravillosa y a mí se me
iban las horas viéndole las manos. Era hermoso.
    Cómo no acordarme° de la distribución de la casa. El
comedor, una sala con gobelinos,° la biblioteca y tres dormitorios grandes quedaban en la parte más retirada.° Sola-
40 mente un pasillo° con su maciza° puerta de roble° aislaba
esa parte del ala delantera° donde había un baño, la cocina,
nuestros dormitorios y el living central, al cual comunica-
ban los dormitorios y el pasillo. Irene y yo vivíamos siempre
en esta parte de la casa, casi nunca íbamos más allá de la
45 puerta de roble, salvo° para hacer la limpieza.
    Lo recordaré siempre con claridad porque fue simple
y sin circunstancias inútiles.° Irene estaba tejiendo en su
dormitorio, eran las ocho de la noche y de repente se me
ocurrió poner al fuego la pavita del mate.° Fui por el pasillo
50 hasta enfrentar la entornada° puerta de roble, y daba la
vuelta al codo° que llevaba a la cocina cuando escuché algo

en el comedor o la biblioteca. El sonido venía impreciso y sordo,° como un volcarse° de silla sobre la alfombra o un ahogado susurro° de conversación. Me tiré contra la puerta
55 antes de que fuera demasiado tarde, la cerré de golpe apoyando el cuerpo, felizmente la llave° estaba puesta de nuestro lado y además corrí° el gran cerrojo° para más seguridad.

Fui a la cocina, calenté° la pavita, y cuando estuve de
60 vuelta con la bandeja° del mate le dije a Irene:

—Tuve que cerrar la puerta del pasillo. Han tomado la parte del fondo.°

Dejó caer el tejido y me miró con sus graves ojos cansados.
65 —¿Estás seguro?

Asentí.°

muffled / knocking down

un... *a choked whisper*

key

moví / *bolt*

I heated

tray

del... *in the back*

Dije que sí.

—Entonces—dijo recogiendo las agujas°—tendremos que vivir en este lado.

Los primeros días nos pareció penoso° porque
70 ambos° habíamos dejado en la parte tomada muchas cosas que queríamos. Mis libros de literatura francesa, por ejemplo, estaban todos en la biblioteca. Irene extrañaba° unas carpetas,° un par de pantuflas° que tanto la abrigaba° en invierno. Con frecuencia (pero esto solamente sucedió los
75 primeros días) cerrábamos algún cajón° de las cómodas° y nos mirábamos con tristeza.

—No está aquí.

Y era una cosa más de todo lo que habíamos perdido al otro lado de la casa.
80 Pero también tuvimos ventajas.° La limpieza se simplificó tanto que aun levantándose tardísimo, a las nueve y media por ejemplo, no daban las once y ya estábamos de brazos cruzados.°

knitting needles

muy difícil
nosotros dos

missed
folders / slippers /
 protegía

drawer / bureaus

beneficios

de... *with folded arms,*
 i.e., all finished

Irene estaba contenta porque le quedaba más tiempo
para tejer. Yo andaba un poco perdido a causa de los libros,
pero por no afligir° a mi hermana me puse a revisar la
colección de estampillas° de papá, y eso me sirvió para
matar el tiempo. Nos divertíamos mucho, cada uno en sus
cosas, casi siempre reunidos en el dormitorio de Irene que
era más cómodo. Estábamos bien, y poco a poco empezábamos a no pensar. Se puede vivir sin pensar.

(Cuando Irene soñaba en alta voz° yo me desvelaba°
en seguida. Nunca pude habituarme a esa voz de estatua o
papagayo,° voz que viene de los sueños y no de la garganta.° Aparte de eso todo estaba callado° en la casa. De día
eran los rumores° domésticos. En la cocina y el baño, que
quedaban tocando la parte tomada, nos poníamos a hablar
en voz más alta o Irene cantaba canciones de cuna.° Muy
pocas veces permitíamos allí el silencio, pero cuando torná-
bamos° a los dormitorios y al living, entonces la casa se
ponía callada. Yo creo que era por eso que de noche,
cuando Irene empezaba a soñar en voz alta, me desvelaba
en seguida.)

Es casi repetir lo mismo salvo las consecuencias. De
noche siento sed, y antes de acostarnos le dije a Irene que
iba hasta la cocina a servirme un vaso de agua. Desde la
puerta del dormitorio (ella tejía) oí ruido° en la cocina; tal
vez en la cocina o tal vez en el baño. A Irene le llamó la
atención mi brusca manera de detenerme,° y vino a mi lado
sin decir palabra. Nos quedamos escuchando los ruidos,
notando claramente que eran de este lado de la puerta de
roble, en la cocina y el baño, o en el pasillo mismo, casi al
lado nuestro.

No nos miramos siquiera. Apreté° el brazo de Irene y
la hice correr conmigo hasta la puerta cancel,° sin vol-
vernos hacia atrás.° Los ruidos se oían más fuerte pero
siempre sordos, a espaldas nuestras. Cerré de un golpe la
cancel y nos quedamos en el zaguán.° Ahora no se oía nada.

—Han tomado esta parte—dijo Irene.

—¿Tuviste tiempo de traer alguna cosa?—le pregunté
inútilmente.

—No, nada.

Estábamos con lo puesto.° Me acordé de los quince mil
pesos° en el armario de mi dormitorio. Ya era tarde ahora.

Como me quedaba el reloj pulsera,° vi que eran las
once de la noche. Rodeé° con mi brazo la cintura° de Irene
(yo creo que ella estaba llorando) y salimos así a la calle.
Antes de alejarnos° tuve lástima, cerré bien la puerta de
entrada y tiré la llave a la alcantarilla.° No fuese que° a algún

85

90

95

100

105

110

115

120

125

causar pena

stamps

soñaba... *talked in her
sleep* / **me...** tenía
insomnio
parrot

throat / silencioso

sonidos

canciones... *lullabies*

volvíamos

noise

pausing

I squeezed
puerta... *storm door*
sin... *without looking back*

vestíbulo

lo... *what we had on*
dólares

reloj... *wristwatch*
I encircled / *waist*

salir
sewer / *Let it not be that*

130 pobre diablo se le ocurriera robar y se metiera° en la casa, a   **se...** entrara
esa hora y con la casa tomada.

Comprensión de la lectura

Verdad (+) o mentira (0)

1. _____ El narrador y su hermana tenían muchos amigos y llevaban una vida social muy activa.
2. _____ Los hermanos vivían casi siempre en la parte delantera de la casa que consistía en un baño, una cocina, dos dormitorios, un living y un pasillo.
3. _____ Al oír sonidos en la parte retirada de la casa, el narrador entró de inmediato allí para investigar la situación.
4. _____ Irene y su hermano estaban tristes porque perdieron muchas cosas en la parte «tomada», pero estaban contentos de no tener que limpiar tanto.
5. _____ A veces por la noche Irene se desvelaba porque su hermano soñaba en alta voz.

Preguntas

1. ¿Por qué les gustaba la casa al narrador y a su hermana?
2. ¿Cómo pasaban el tiempo Irene y su hermano? ¿Qué piensa Ud. de su modo de vivir?
3. ¿Por qué el narrador cerró con llave la puerta que daba a la parte retirada de la casa? ¿Qué le parece a Ud. la reacción de los dos hermanos ante su nueva situación?
4. Después el narrador dice: «Estábamos bien, y poco a poco empezábamos a no pensar. Se puede vivir sin pensar». ¿Qué se puede inferir sobre su carácter de estas palabras?
5. ¿Dónde no permitían el silencio los dos hermanos? ¿Cómo explica Ud. esto?
6. ¿Qué pasa al final del cuento? ¿Por qué cree Ud. que Irene está llorando?

Discusión o composición

¿Qué pasa realmente en el cuento? ¿Qué o quiénes «toman» la casa y por qué? De las siguientes interpretaciones, escoja Ud. la que le guste más y explique por qué. O, si prefiere, invente una nueva interpretación.

1. *Interpretación psicológica:* Irene y su hermano son dos neuróticos que tienen miedo de la vida real y quieren permanecer en la infancia (simbolizada por la casa). Empiezan a sufrir alucinaciones y finalmente se vuelven locos.
2. *Interpretación política:* Irene y su hermano representan la clase media de Buenos Aires de los años 40 (la única fecha mencionada es 1939), quienes por su cobardía y pasividad permiten a otro grupo, los peronistas (o fascistas), que poco a poco tomen control del país (simbolizado por la casa).
3. *Interpretación sobrenatural:* Irene y su hermano viven en una casa habitada por los invisibles fantasmas de sus antepasados, a quienes no les gusta la vida frívola y perezosa que llevan sus descendientes. Por eso, los fantasmas gradualmente toman la casa y echan afuera a los hermanos.

Apocalipsis*

Marco Denevi†

ANTICIPACIÓN   La importancia del título

Antes de leer el siguiente «micro-cuento», piense un momento en el título. Juzgando de este título, ¿qué cree Ud. que va a pasar en el cuento?
Léalo para ver si Ud. tiene razón.

La extinción de la raza de los hombres se sitúa aproximadamente a fines del siglo XXXII. La cosa ocurrió así: las máquinas habían alcanzado° tal perfección que los hombres ya no necesitaban comer, ni dormir, ni hablar, ni leer, ni escribir, ni pensar, ni hacer nada. Les bastaba° apretar° un botón y las máquinas lo hacían todo por ellos. Gradualmente fueron desapareciendo las mesas, las sillas, las rosas, los discos con las nueve sinfonías de Beethoven, las tiendas de antigüedades, los vinos de Burdeos,° las golondrinas,° los tapices flamencos,° todo Verdi, el ajedrez,° los telescopios, las catedrales góticas, los estadios de fútbol, la Piedad de Miguel Ángel, los mapas, las ruinas del Foro Trajano,° los automóviles, el arroz,° las sequoias gigantes, el Partenón. Sólo había máquinas. Después los hombres empezaron a notar que ellos mismos iban desapareciendo paulatinamente° y que en cambio las máquinas se multiplicaban. Bastó poco tiempo para que el número de los hombres quedase reducido a la mitad y el de las máquinas se duplicase.° Las máquinas terminaron por ocupar todos los sitios disponibles.° No se podía dar un paso ni hacer un ademán° sin tropezarse con° una de ellas. Finalmente los hombres fueron eliminados. Como el último se olvidó de desconectar las máquinas, desde entonces seguimos° funcionando.

llegado a

Les... Era suficiente / push

Bordeaux / swallows
tapices... Flemish tapestries / chess
Foro... Trajan's Forum in Rome
rice

gradualmente

se... se multiplicase por dos
utilizables / movimiento pequeño
tropezarse... encontrar

continuamos

Preguntas

1. ¿Por qué se extinguió la raza humana en el siglo XXXII?
2. ¿Qué objetos desaparecieron gradualmente antes que los hombres? ¿Por qué?
3. Al final, ¿qué descubrimos de la identidad del «autor» del cuento?
4. ¿Qué peligro se muestra aquí con respecto al poder creador del hombre?

---

* El último libro del Nuevo Testamento. Muchas veces se usa el término para significar una revelación o «advertencia» (*warning*).

† Marco Denevi (*n.* 1922), novelista y cuentista argentino.

¿Qué es la vida? Un frenesí.
¿Qué es la vida? Una ilusión,
una sombra, una ficción,
y el mayor bien es pequeño;
que toda la vida es sueño,
y los sueños, sueños son.

de *La vida es sueño*
pieza dramática
del siglo XVII de
Pedro Calderón de la Barca

Dibujo de Rogelio Naranjo, dibujante mexicano

6

Los hispanos en los Estados Unidos

Vocabulario preliminar

Estudie el vocabulario antes de empezar este capítulo sobre los hispanos en los Estados Unidos. Luego, utilice Ud. este vocabulario como medio de consulta durante su estudio del capítulo.

1. **anglo (el)** el norteamericano blanco
2. **boricua (el, la)** el (la) puertorriqueño(a); nombre asociado con la tradición india de Puerto Rico
3. **chicano(a) (el, la)** el (la) méxico-americano(a); o el (la) méxico-americano(a) que afirma una determinada conciencia política y cultural
4. **cubano(a) exiliado(a) (el, la)** el (la) cubano(a) que salió de Cuba por razones políticas; el (la) refugiado(a)
5. **desarrollar(se)** *to develop* **desarrollo (el)** *the development;* Se han desarrollado programas de educación bilingüe en años recientes.
6. **EE.UU.** forma abreviada de Estados Unidos
7. **éxito (el)** *success* **tener éxito** Algunos inmigrantes han tenido éxito económico en los EE.UU.
8. **fracasar** *to fail* **fracaso (el)** *the failure;* El inmigrante fracasó en su trabajo porque no sabía hablar inglés.
9. **herencia (la)** los valores culturales, tradiciones e historia de una nación o grupo de personas
10. **patria (la)** tierra o lugar donde uno ha nacido
11. **orgullo (el)** *pride*
12. **vergüenza (la)** *shame* **sentir vergüenza;** El niño sintió vergüenza al no entender la pregunta de la maestra.
13. **la mayoría, la mayor parte** el número más grande, más del 50%

Los chicanos: La tradición méxico-americana

Pregunte Ud. al norteamericano medio,° «¿Cómo empezó su nación?», y probablemente contestará, «Pues, Colón descubrió América en 1492. Luego, vinieron los *Pilgrims* a Plymouth Rock. Y Jamestown, también—el primer
5 pueblo° de este país—fue fundado en 1607, ¿verdad? Sí...todo empezó más o menos durante ese período». Se sorprendería al saber que San Agustín, en la Florida, fue fundado cuarenta y dos años antes que Jamestown, y que mucho del oeste de esta nación fue explorado y poblado°
10 siglos antes de la presencia anglosajona. ¿Explorado y poblado por quién? Por los antepasados° de algunos de los 10.3 millones* de méxico-americanos que viven hoy día en todos los EE.UU.

En los cinco estados del suroeste (Arizona, California,
15 Colorado, Nuevo México y Tejas), los méxico-americanos componen casi el 20 por ciento de la población. Aunque recibe poca atención en los libros de historia, la tradición hispánica del suroeste data° de hace más de tres siglos. Esta larga herencia cultural dentro de los EE.UU. es una carac-
20 terística especial de los méxico-americanos, en contraste con los puertorriqueños y cubanos, quienes no inmigraron a esta nación en grandes números hasta el siglo XX. Sin embargo, después de tantos años aquí, la mayoría de los méxico-americanos se encuentran en una casta muy baja.
25 Por ejemplo, el número promedio° de años de educación para el anglo de más de 25 años de edad es de 12.6, para el negro, 12.2 y para el méxico-americano, 9.7. Por cada dólar que gana la familia no hispana, sólo gana 72 centavos la familia méxico-americana. Aunque son alarmantes estas es-
30 tadísticas, existen muchas excepciones que indican los avances que ha hecho esta gente a través de los años. Muchos han llegado a ser abogados, dueños° de tiendas, músicos—como «Los Lobos»—directores de cine, alcaldes° y gobernadores, entre ellos el alcalde de San An-
35 tonio, Tejas, Henry Cisneros, a quien se menciona con frecuencia como candidato a la vice-presidencia de los EE.UU. Repasemos la historia para entender mejor la presencia méxico-americana en este país.

average
town
colonizado
ancestors
dates
average
owners
mayors

---

* Las estadísticas de éste y el próximo párrafo son del *U.S. Bureau of the Census: Statistical Abstract of the United States, 1986*. Algunos creen que este número realmente llega a más de 20 millones, debido a los muchos méxico-americanos en centros urbanos o lugares rurales que son difíciles de localizar.

David Ochoa, director de producción de NBC, es uno de muchos méxico-americanos que ocupan puestos de importancia en los negocios, el gobierno y las artes.

El territorio mexicano

Hasta 1845 el suroeste fue territorio mexicano. En esta re-
40 gión se preservaban la cultura, lengua y religión de los
españoles. En 1845 EE.UU. «anexó» a Tejas, y un año más
tarde se declaró en guerra contra México, por una disputa
de fronteras. En parte, estas acciones reflejan la filosofía del
«Destino Manifiesto»,* prevaleciente en aquella época. Con
45 la victoria militar de los EE.UU. en 1848, México tuvo que
ceder° el territorio que ahora forma Utah, Nevada, Califor-   dar
nia, Arizona, Colorado y Nuevo México. EE.UU. garantizó a
los 75.000° habitantes mexicanos todos los derechos° como   75,000 / rights
ciudadanos° norteamericanos, incluso la preservación de   citizens
50 sus tierras, pero después, los miles de anglos que inva-
dieron la región no respetaron estas garantías. Les quitaron
a muchos mexicanos sus propiedades, y los trataron como a
pueblo conquistado. Desde el principio los anglos demos-
traron una convicción de superioridad racial. En las popu-
55 lares novelas «western», los anglosajones «fuertes, inteligentes y honestos» siempre triunfaban sobre los mexicanos
«sucios, torpes° y mentirosos».°   rudos / que no dicen la
                                                              verdad

---

* «Destino Manifiesto», creencia de que era la clara voluntad de Dios que EE.UU. extendiera su sistema democrático a todo el territorio entre los dos océanos.

La frontera

Además de esta discriminación racial—que todavía
persiste—un factor geográfico, particular al méxico-ameri-
60 cano, ha facilitado su explotación. La proximidad de la frontera mexicana proporciona° una fuente° ilimitada de traba-   *ofrece / source*
jadores pobres de México, los cuales están dispuestos a
trabajar por cualquier pago. En tiempos de gran necesidad
de mano de obra,° como durante las dos guerras mundiales,   **mano...** *labor*
65 permitieron entrar a gran número de mexicanos. Por otra
parte, durante la Gran Crisis° de 1929, el gobierno de los   **Gran...** *Depression*
EE.UU. «repatrió»° a miles de mexicanos a México, algunos   *repatriated*
de ellos ciudadanos norteamericanos cuyas familias lleva-
ban siglos de vivir en este país.
70   La proximidad de la frontera crea una situación especial en las ciudades fronterizas° de California, Arizona,   *border*
Nuevo México y Tejas. Debido al gran número de mexicanos
que llegan diariamente° a estos lugares, ha existido durante   *todos los días*
años una interdependencia económica y cultural entre los
75 pueblos situados en los dos lados de la frontera. Al mismo
tiempo entran fácilmente contrabandistas de drogas y miles
de inmigrantes sin documentación. En tiempos recientes la
crisis económica de México ha causado una verdadera
inundación° de estos indocumentados, la gran mayoría de   *flood*
80 los cuales trabajan por sueldos mínimos en los estados fron-
terizos.

Legislación controversial

En 1986 el Congreso autorizó legislación que 1) impone
multas° y períodos de encarcelamiento° a las empresas°   *fines / prisión /*
que contratan° a trabajadores ilegales y 2) ofrece *status* legal   *compañías*
                                                                 hire
85 a los inmigrantes sin documentación que viven continuamente en los EE.UU desde antes del año 1982. Los críticos de
la ley temen que las compañías norteamericanas ya no con-
traten a nadie con nombre hispano. También, les preocupa
el futuro de ciertas industrias, como la de confección°, que   *garment*
90 dependen de mano de obra barata para competir con compañías extranjeras°. Los defensores de la legislación, en   *foreign*
cambio, creen que por fin se empezará a controlar la inundación de indocumentados en los EE.UU. y que, como con-
secuencia, no habrá tanto desempleo° entre los ciudadanos   *falta de trabajo*
95 norteamericanos.
        Aunque muchos reconocen la presencia méxico-
americana hoy día pocos se dan cuenta de su gran contri-
bución al desarrollo del oeste. Llegando como braceros° o   *day laborers hired legally*
                                                                 for temporary con-
                                                                 tracts

«mojados»,° los mexicanos ayudaron a construir ferrocarri-
100 les, a trabajar las minas y a recoger° las frutas y legumbres
para esta nación. Vinieron huyendo° de la pobreza y la
inestabilidad de su país, y encontraron a veces más pobreza
y hostilidad.

"wetbacks" who entered illegally by swimming across the Río Grande / pick / fleeing

Los obreros migratorios

Aunque durante cien años los méxico-americanos han pro-
105 testado con manifestaciones y huelgas, fue sólo con los es-
fuerzos° de César Chávez en los años 60 y 70 que la atención

efforts

Una obrera hispana en una fábrica de confección (*garment*).

nacional reparó en su problema. El éxito de las huelgas de los obreros migratorios° contra los grandes cosecheros de uva y lechuga° y los boicoteos° nacionales de estos pro-
110 ductos probaron a los méxico-americanos que podían unirse como grupo y mejorar su *status*. Los triunfos de Chávez y la Unión de Campesinos° son numerosos: una ley° en California, por ejemplo, que requiere el voto de los trabajadores en su representación sindical° y mejores sueldos,
115 con muchos beneficios extras. Sin embargo, Chávez y la Unión continúan su lucha° hoy, para vigilar a los políticos que no respetan las leyes laborales y para protegerse de los contra-ataques de los cosecheros. Con todo, César Chávez se ha convertido en un líder nacional que defiende la causa
120 de todo trabajador oprimido.

obreros... *migrant workers /* **cosecheros...** *grape and lettuce growers / boycotts*

Unión... *United Farm Workers' Union / law*

union

combate

Los centros urbanos

Mientras que la imagen más común del méxico-americano es la del obrero migratorio, el 88% vive en centros urbanos, con casi un millón concentrados en Los Ángeles y otros miles en ciudades grandes como Chicago y Detroit. Tanto
125 en las ciudades como en otros lugares, se desarrolló en los años 60 un nuevo orgullo en La Raza° que sigue manifestándose hoy. Ahora muchos jóvenes se declaran chicanos o sencillamente «mexicanos», y afirman la belleza de su modo de hablar, el Pocho, como también la importancia de su
130 herencia india. Mantienen que su verdadera patria es Aztlán, el suroeste de los EE.UU. que, según se dice, era el territorio original de los antepasados de los aztecas.

race; in this context "our people"

Los líderes del movimiento chicano hoy día están concentrando sus esfuerzos en la política, con el fin de mejorar
135 sus circunstancias por medio de cambios políticos internos. Se están conduciendo campañas para inscribir a los votantes° y para reorganizar los distritos políticos en bloques de votantes que apoyen° a los candidatos chicanos. Tanto en los centros urbanos como en las áreas rurales se intenta
140 lograr° mayor representación y control político chicano. Además, hay un énfasis continuo en el entrenamiento,° a nivel° universitario y en las comunidades, de líderes para que participen en los negocios, la educación y la vida pública. El florecimiento de programas de estudios chicanos,
145 la alta calidad artística de El Teatro Campesino de San Juan Bautista, California, y la atención nacional que atraen políticos y escritores chicanos—como el dramaturgo Luis Valdéz—prueban que éste, el segundo grupo minoritario más grande del país, va haciendo notables progresos.

campañas... *voter registration drives will support*

achieve

training

level

Comprensión de la lectura

Opciones múltiples

1. El primer pueblo fundado en lo que hoy es los EE.UU. fue (*a*) Plymouth Rock   (*b*) San Agustín   (*c*) Jamestown
2. El suroeste pasó de ser territorio mexicano a formar parte de los EE.UU. porque (*a*) México anexó a Tejas en 1845   (*b*) los mexicanos del suroeste creían en el «Destino Manifiesto»   (*c*) EE.UU. le declaró la guerra a México y triunfó
3. Durante tiempos de poco empleo en los EE.UU., el gobierno (*a*) ha buscado trabajadores en México   (*b*) ha organizado huelgas entre los obreros migratorios   (*c*) ha repatriado a muchos méxico-americanos
4. Bajo César Chávez, los obreros migratorios (*a*) vieron que podían trabajar juntos para hacer cambios   (*b*) protestaron acerca de su situación por primera vez   (*c*) organizaron un boicoteo de uvas, que se limitó al suroeste
5. En realidad, el 88% de los méxico-americanos vive en (*a*) el campo   (*b*) las ciudades   (*c*) Los Ángeles

Preguntas

1. ¿Qué característica especial tienen los méxico-americanos, en contraste con otros grupos hispanoparlantes de los EE.UU.? ¿Qué incidentes históricos explican esto?
2. ¿Cómo es su situación con respecto al trabajo y a la educación? ¿Qué avances han hecho?
3. ¿Qué les pasó a los mexicanos del suroeste cuando llegaron los anglos? ¿Qué actitud tenían los anglos hacia los mexicanos?
4. ¿Qué situaciones especiales ha creado la proximidad de la frontera mexicana?
5. ¿Cómo han contribuido a nuestra nación los braceros y «mojados» mexicanos?
6. ¿Qué éxitos y problemas han tenido los obreros migratorios en décadas recientes?
7. Describa Ud. las creencias y actividades del movimiento chicano en los centros urbanos.

Discusión o debate

¿Qué argumentos se dan a favor de la legislación para resolver el problema de los trabajadores indocumentados en los EE.UU? ¿Y en contra? ¿Qué opina Ud. de esta situación?

CHISTE

Una tarde muy calurosa, un mexicano que llevaba sólo unos días en los EE.UU. decidió comprarse un refresco. Se acercó a una máquina que tenía toda clase de bebidas, metió 50 centavos y esperó.

Como el precio del refresco era 60 centavos, la máquina respondió iluminando un letrero en donde se leía «*DIME*».

El mexicano miró por todos lados y luego, en voz muy baja, dijo a la máquina:
—Dame una Coke.

GRAFFITI DEL BARRIO

«C/S»…«Rifa»…«PV»…«13»…símbolos secretos que comunican la experiencia del barrio chicano. Los **graffiti** forman un idioma especial entre los jóvenes y expresan una identidad aparte, libre de las convenciones de los adultos y de los anglos.

Tu abuela en tennis shoes	*a swift comeback, the ultimate putdown in one-upmanship*
Menudo pa los crudos	*"Tripe for the drunks"*; comida que se toma como remedio para la cruda (*hangover*)
El Nufo	apodo (*nickname*) masculino
✝	una señal que indica que uno es miembro del *«gang»*
Rose Hill	barrio chicano de Los Ángeles
13	la letra número trece del alfabeto: **m**; significa la marihuana
C/S— *CON SAFOS*	*"the same to you"*: la palabra final de una disputa
Rifa	*"the best"*; viene después del nombre de una persona o de su barrio
PV — *POR VIDA*	expresión de amor «eterno»

Ya no más*

José L. Varela-Ibarra†

(para los Rodríguez)

ya no más lechuga°   *lettuce*
ya no más la uva°   *grape*
y la mentira

ya no más la policía
5 ya no más el sol
chingao° del explotador°   *en este contexto puede*
                                                     significar cheating,
                                                     deceitful / exploiter (el
ya no más tacos de hambre   *anglo)*
sopas de llanto°   *tears*
ya no más sí señor, yes sir
10 ya no más prisión

ya no más cosechas ajenas°   **cosechas...** *other*
pidiendo re-volución   *people's crops*
ya no más esclavitud°   *slavery*
ya no más
15 ya no más

Preguntas

1. En su descripción de la vida del obrero migratorio, ¿qué cosas no quiere más el poeta?
2. ¿Le parece a Ud. que la palabra «esclavitud» sintetiza bien la vida del obrero? Explique.
3. Si Ud. viviera en circunstancias opresivas, ¿cómo protestaría? ¿Lucharía de manera violenta? ¿Participaría en manifestaciones públicas? ¿Escribiría cartas a sus representantes políticos? Explíquese.

NOMBRES GEOGRÁFICOS

Hay unos dos mil pueblos y ciudades (y también muchos ríos, montañas, etc.) en los EE.UU. que tienen nombres españoles. ¿Puede Ud. explicar el significado de los siguientes nombres geográficos?

Buena Vista (Illinois)   Perdido (Alabama)
Agua Caliente (Arizona)   Bonita (Kansas)
Mesa Verde (Colorado)   Alma (New York)
Punta Gorda (Florida)   Amarillo (Texas)

Otros sitios con nombres españoles: San Francisco, Los Ángeles, Las Vegas, Nevada, Santa Fe, Colorado, Toledo, Arizona, San Antonio, El Paso.

---

* *No more.*

† José L. Varela-Ibarra, poeta chicano contemporáneo.

EXPRESIONES DEL BARRIO CHICANO

¿Puede Ud. entender estas frases de conversación?

—¿**Quiúbole, carnal?** Oye, ¿por fin conseguiste **jale?**
—No, hombre. El **gabacho** me dijo que no había.
—Bueno, entonces **por ay te wacho.**

¿Quiúbole? ¡Hola! ¿Qué tal?	**gabacho** anglo
carnal *soul brother*	**por ay te wacho** hasta luego;
jale trabajo	«por ahí te veo»

Compañera de cantidad pequeña
Ernesto Padilla*

ANTICIPACIÓN   Descripción del personaje central

A veces cuando sentimos cierta atracción hacia una persona que no conocemos, le atribuimos cualidades que no corresponden al individuo real sino a una persona imaginaria. Es un juego inocente en que hemos participado todos, normalmente sin consecuencias negativas. Lo que sigue es la presentación de las fantasías que un hombre construye con respecto a su vecina. Lea Ud. rápidamente los dos primeros párrafos, concentrándose en la descripción de la mujer.

1. ¿Sabemos mucho o poco de ella físicamente, en la vida real? ¿Qué sabemos?
2. ¿Cuáles son algunos atributos de la mujer imaginados por el hombre?

Ahora, lea el cuento con más detalle para ver cómo se enfrentan la realidad y la fantasía.

El insomnio vigilaba con la noche fresca llena de grillos.° Él, — *crickets*
en su uniforme de pijama a rayas,° marchaba la ruta gas- — *a... striped*
tada:° de la puerta de su vecina gabacha° bajaba los esca- — *muy usada / anglo*
lones hacia el auto rojo de esa mujer misteriosa. Cada vez
5 que la encontraba de día la saludaba con entusiasmo,
sonriente, pero ella apenas se esforzaba en contestarle el
saludo. Era demasiado tímida, siempre desviaba° frente a él — *turned away*
sus ojos azules, esos ojos sin fondo.
     Eran vecinos desde hacía veinte meses. Por las tardes,
10 él se la pasaba° lavando trastes° a su ventana frente a la — *se... pasaba su tiempo / platos (mexicanismo)*

---

* Ernesto Padilla (*n.* 1944), poeta y cuentista chicano.

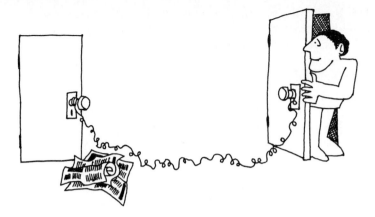

puerta muda. Ella entraba y salía sin saber que él la obser-
vaba. Le había estudiado el lunar° inmenso que tenía en el
cuello.° En sus fantasías durante el día—con las manos
metidas en el agua caliente, caliente—se le hacía° que el
15 lunar le hablaba. Le decía que ella estudiaba filosofía, que
había leído *To the Lighthouse°* y que nunca había probado el
guacamole. Definitivamente ella era embajadora de New
England° y él la iba a presentar a la *Tortuga°* de Anaya.
    Sí, él estaba determinado a escurrirle° algún entu-
20 siasmo, alguna sonrisa. Había estado pensando en una respuesta con mucho cuidado, pero no, nunca se llegó el día de
la sonrisa. En su lugar, muchas fantasías y muchos viajes
nocturnos de su puerta al auto rojo.
    A veces la oía discutiendo detrás de su pobre puerta.
25 Le interesaban más que su belleza física, más que su silenciosa terquedad° esos alegatos° apasionados que la mujer
llevaba consigo misma.° Porque era claro que era solamente
consigo misma que discutía jugosamente la mujer. Nadie
salía, nadie entraba. Vivía sola la «Hester». Él le había inven-
30 tado el nombre porque se le figuraba a° Hester Prynne° en
su aspecto humilde, en su fuerza de silencio misteriosa. Él
había decidido que era, seguramente, uno de esos seres
humanos de cantidad pequeña, de los cuales hay muchos
en esta ciudad metropolitana.
35   Una noche a las cuatro de la mañana oyó el golpe° del
Los Angeles Times en la puerta de la Hester. Inmediatamente saltó° a robárselo como de costumbre. Tenía que
saber si había ganado Fernando° el día anterior. Ésta era
otra parte de su ritual de amistad secreto con la Hester. Él se
40 robaba el periódico. Ella salía minutos después a buscarlo.
Ella sonaba° fuertemente la puerta con una maldición° porque el periódico no estaba y llamaba a las oficinas a quejarse. Él tomaba su café con pan dulce, apachaba° a Fer-

birthmark

neck

se... le parecía

To... una novela de Virginia Woolf

embajadora... represen-tante de la cultura anglo / una novela del escritor chicano Rudolfo Anaya
to wring from her

stubbornness / discusio-nes
consigo... *with herself*

se... *she reminded him of* / personaje central del *Scarlet Letter* por Nathaniel Hawthorne

thud

se levantó impulsiva-mente / Fernando Valen-zuela, beisbolista famoso, de origen mexicano, que juega para los *Dodgers* de Los Ángeles
cerraba ruidosamente / palabra fuerte

patted on the back

nando por su lanzamiento superbo u ofrecía disculpas° si   *excusas*
45 no había ganado, doblaba° el periódico a su estado original,   *folded*
a veces con manchas° de café, lo regresaba al tapete° que   *spots / doormat*
anunciaba «WELCOME» y se ponía a escuchar. Estaba se-
guro que ella también escuchaba al otro lado de esa puerta
de cartón.° A veces hasta llegó a amarrar un hilo° de la   *cardboard / **amarrar…***
50 «door knob» a su propia puerta, sólo para saber si ella había   *to tie a thread*
salido mientras él se retiraba a dormir.

En esta ocasión, Fernando buscaba su victoria número
veinte en el último juego del año. Al salir a recoger el periódico, pegó su oído a la puerta. La rubia abrió la puerta con
55 violencia, y con emoción anunció, «Fernando lost, you stu-
pid Mexican! Go back home!» Golpeó° la puerta con rabia.°   *She slammed / furia*

Preguntas

1. ¿Qué rutinas o rituales seguía el hombre de noche? ¿y de día?
2. ¿Cómo reaccionaba la vecina ante los saludos, etc. del narrador? ¿Cómo explica esto él?
3. ¿Qué clase de persona era la mujer, según el narrador? En sus sueños, ¿qué cree Ud. que revelaba él de su propia personalidad?
4. ¿Qué pasó una mañana con el *Los Angeles Times*?
5. ¿Fue una sorpresa el fin del cuento? Explique.
6. ¿Cómo interpreta Ud. el título?

Discusión

¿Qué comunica el autor sobre la experiencia de ser mexicano en este país?

Composición

Asuma Ud. la identidad de un(a) chicano(a) que trata de explicar su visión de los EE.UU.: sus sentimientos positivos y negativos y sus esperanzas.

MAFALDA

«Let's vamoose, hombre!»

Si Ud. leyera una novela en inglés sobre la vida del rancho en el oeste, posiblemente encontraría un pasaje como el siguiente:

> . . . Jim was proud of his *hacienda*. He wandered out past
> the *patio* to take a look at the new *palomino* and *pinto*, grazing next
5   to the old *burro* in the *corral*. "Yes, they're a real *bonanza*," he
> thought to himself. For a moment he envisioned the upcoming
> *rodeo*, with all the excitement of *bronco*-busting. But his mind
> soon turned to a more urgent matter — that *adobe* wall needed
> repairing, near the *arroyo*. He knew he had work to do before his
10   *siesta*. . .

Lo que sorprende de este pasaje es que todas las palabras en bastardilla
(*italics*) se han tomado directamente del español, sin cambio alguno. Estas palabras, y muchas otras, deben su presencia en inglés a los españoles y mexicanos del
oeste de hace varios siglos.

15   El «*cowboy*» norteamericano, en particular, debe mucho de su vocabulario y
conocimiento de la cría de ganado y ovejas (*cattle and sheep raising*) a los mexicanos. Puesto que el «*cowboy*» no tenía palabras para muchas de las cosas nuevas
que aprendía, imitaba las palabras de los vaqueros mexicanos. En muchos casos
cambió la pronunciación y la ortografía. *Lariat*, por ejemplo, viene de «la reata»;
20   *lasso*, de «lazo»; *chaps*, de «chaparejos»; y *stampede*, de «estampida». Aun la
palabra «vaquero» (*cowboy*) aparece en inglés como *buckaroo*.

A veces la musicalidad o el humor implícito en las palabras españolas atrajo
al «*cowboy*». *Calaboose*, de «calabozo» (*prison*), y *hoosegow*, de «juzgado» (*juzgar,
to judge*), eran más pintorescas que *jail*. También, *cockroach*, de «cucaracha»,
25   *savvy*, de «sabe»; *vamoose* y *mosey along*, ambos términos modificaciones de
«vamos».

En cuestiones de dinero, se ve
una vez más la influencia española.
Orgullosos de su descubrimiento de
30   las Américas, los españoles crearon
una moneda en el siglo XVIII, con las
Columnas de Hércules (*the symbolic
Straits of Gibraltar*), envueltas por
banderas que tenían las palabras
35   «PLUS ULTRA» (*more beyond*).

Así los españoles proclamaron
que un nuevo mundo español existía
«Plus Ultra», y la columna a la izquierda se convirtió en el símbolo ($)
40   del dólar y del peso que se usa hoy en
los EE.UU., México y otros países la-

tinoamericanos. Se usaban las antiguas monedas españolas en los EE.UU., donde las dividieron en partes pequeñas, lo cual dio origen a las expresiones en inglés de «*two bits*» (25 centavos), «*four bits*» (50 centavos), «*six bits*» (75 centavos).

45   Así que la próxima vez que Ud. piense en \$, o diga *patio*, ¡recuerde a los españoles y a los mexicanos!

Preguntas

1. ¿De dónde viene la palabra «vamoose»? ¿«cockroach»? ¿Qué le pasó a la palabra «vaquero»? ¿Y «estampida»?
2. ¿Es de origen norteamericano el símbolo del dólar? Explique.

Los puertorriqueños: Brincando el charco*

¿Quiénes son los puertorriqueños? Los vemos principalmente en los centros urbanos de Nueva York, Nueva Jersey, Illinois, Pennsylvania, Connecticut y Massachusetts, trabajando de lavaplatos° en los restaurantes, de costureras° en
5 las industrias de confección° y de textiles, y, en mayores números en años recientes, de directores de servicios sociales y médicos. Desde que empezó la gran emigración de Puerto Rico durante la Segunda Guerra Mundial, más de 2.5 millones de puertorriqueños han venido al norte en busca
10 de una vida mejor, pero a pesar de los muchos avances que se han hecho en cuatro décadas, siguen siendo el grupo minoritario hispano más pobre de los EE.UU. Y la más pobre de todos — anglos, negros, cubanos, méxico-americanos — es la mujer puertorriqueña.

personas que lavan platos / seamstresses garment

La isla de Puerto Rico

15   Los puertorriqueños comparten° con los cubanos y mexicanos una larga tradición hispánica, empezando con el descubrimiento de la isla por Colón, en 1493. Pero desde la guerra de 1898 entre los EE.UU. y España, ha sido un territorio norteamericano. Al principio, el gobierno° de los
20 EE.UU. trató de quitar a la isla su cultura hispánica, imponiendo el inglés como idioma oficial y nombrando° gobernadores norteamericanos. En 1917 los puertorriqueños recibieron la ciudadanía° norteamericana. Quizás como resultado de los gritos por el nacionalismo durante los años

tienen en común

government

appointing

citizenship

———————
* *Jumping the Puddle (i.e., the ocean separating Puerto Rico from the U.S. mainland)*

30 y 40, el Congreso de los EE.UU. aprobó° la elección del gobernador por voto popular, y en 1952 el *status* de la isla cambió de territorio a Estado Libre Asociado.° Así puede desarrollar su propio idioma y cultura, y administrar sus asuntos° domésticos. Pero el nombre «Estado Libre Aso-
30 ciado» da lugar a mucha controversia, puesto que Puerto Rico no es estado, ni es libre: su política exterior,° su sistema de correos° y de aduana° y su moneda° son oficialmente norteamericanos.

　　La asociación de Puerto Rico con los EE.UU. trae con-
35 sigo ventajas° y desventajas. Los puertorriqueños se benefi- cian de programas de educación y salud° pública que están entre los mejores de la América Latina, sin necesidad de pagar impuestos° federales. Además los negocios norte- americanos son una fuente° importante de dinero para la
40 isla, aunque hay que añadir que las compañías americanas sacan provecho° de la situación también, debido a la mano de obra° barata y al hecho de que, en muchísimos casos, no pagan impuestos al gobierno puertorriqueño. Otra ventaja es que, a diferencia de los cubanos y mexicanos, los puer-
45 torriqueños pueden entrar y salir de los EE.UU. sin visas especiales. No obstante, aunque son ciudadanos de los EE.UU, y como tales° se ven obligados a servir en el ejército° norteamericano, no pueden votar en las elecciones federa- les, ni tienen voto sus representantes en Washington.

Debates sobre el *status*

50 Por todas estas razones, hay un debate continuo entre los puertorriqueños sobre el *status* de su país, dividiendo la isla en tres grupos: los estadistas,° los que favorecen el *status quo* y los independentistas. Por muchos años el apoyo° público durante las elecciones se ha dividido más o menos
55 igualmente entre los estadistas y los defensores del *status quo*, con gobernadores de ambos partidos subiendo y luego bajando del poder. Por estos mismos años el porcentaje° de los que favorecen a los independentistas ha sido pequeño.

　　Aunque hay diferencias de opinión sobre su condi-
60 ción política, todos los puertorriqueños comparten un re- sentimiento por el trato° que reciben sus compatriotas en los EE.UU. ¿Por qué vienen los puertorriqueños al conti- nente?° Porque la isla es uno de los lugares más super- poblados° del mundo, y porque los sueldos son bajos,
65 la inflación es alta y no hay suficiente trabajo allí. Los puertorriqueños que inmigran en mayores números a Nueva York, Filadelfia, Chicago, etc., han sido durante varias décadas los jíbaros° pobres sin educación ni entrena-

autorizó

Estado... *Commonwealth*

affairs

política... *foreign policy*
postal service / customs bureau / dinero

puntos positivos
health

dinero pagado al gobierno
source

sacan... *profit*
mano... *labor*

como... *as such* / fuerzas armadas

los que quieren que Puerto Rico se convierta en un estado de los EE.UU. / *support*

percentage

treatment

mainland
overpopulated

campesinos puertorrique- ños

La vegetación abundante de los densos bosques tropicales de Puerto Rico

miento° especializado. A diferencia de los cubanos, que no *training*
70 pueden volver a su patria, muchos de estos puertorriqueños llegan con la idea de regresar a su isla en cuanto
ganen un poco de dinero. Pero una vez en los EE.UU., algunos se ven atrapados° en un círculo vicioso de pobreza *trapped*
—trabajos serviles—falta de educación—pobreza. En los
75 años 40 y 50 los trabajadores puertorriqueños fueron absor-
bidos rápidamente por el sector industrial-agrícola. Hoy
día, en cambio, la economía no es tan fuerte y florece otra
clase de industrias, las de información, de servicios y de la
alta tecnología, que requieren preparación que no poseen
80 algunos de los inmigrantes: un conocimiento del inglés, y
aun más importante, estudios avanzados y tecnológicos. Sin
esta preparación, muchos se pierden en el *ghetto*.

Cambios en la inmigración

El patrón° tradicional de inmigración empezó a cambiar a fines de los años 70. Ahora, en la década del 80, la clase
85 profesional—abogados, enfermeros, profesores, hombres de negocios, científicos, etc.—se está trasplantando a los EE.UU., aunque siguen entrando los jíbaros. El énfasis en la educación en Puerto Rico ha producido un grupo numeroso de personas instruidas que no encuentran empleo en
90 la isla, pero que se establecen con bastante éxito aquí, debido al número creciente de instituciones en este país que necesitan urgentemente gente entrenada que hable inglés y español.

Sin embargo, sólo el 13% de los puertorriqueños ocu-
95 pan puestos ejecutivos o profesionales. Las perspectivas para los demás son muy limitadas. Como muchos de los puertorriqueños representan la mezcla° de dos o tres de los grupos que históricamente han formado su cultura—los indios, los españoles y los negros—se ven discriminados
100 aquí por su color y, en muchos casos, por su falta de inglés. El ingreso anual promedio° de la familia puertorriqueña es siete mil dólares menos que el de la familia méxico-americana y catorce mil menos que el del promedio nacional por familia. En Nueva York, donde hay más puertorriqueños
105 que en San Juan,° un porcentaje impresionante de las familias son encabezadas por mujeres que reciben asistencia pública. Aunque más y más jóvenes—y la población puertorriqueña es muy joven—están completando su educación, el 58% de los de más de 25 años de edad no se han
110 graduado de la escuela secundaria. El efecto psicológico de estas condiciones es trágico: un nivel asombroso° de suicidas y de adictos a las drogas.*

No es sorprendente, pues, que la comunidad puertorriqueña haya tratado de efectuar cambios, creando orga-
115 nizaciones, como el *National Puerto Rican Coalition* y el *National Institute for Puerto Rican Policy*, y programas educativos que tienen el fin de mejorar los *ghettos* y producir líderes. Muchos grupos dan énfasis al orgullo que sienten de su herencia de tres culturas: la taina (india), la afri-
120 cana y la española. Esta conciencia se ha manifestado en el florecimiento actual de las artes boricuas, sobre todo en el teatro, la música y la poesía. Por detrás de estos movimientos se revela una esperanza, la esperanza de que los

pattern

combinación

ingreso... *average yearly income*

la capital de Puerto Rico

nivel... *astonishing rate*

---

* Las estadísticas de este párrafo son del *U.S. Bureau of the Census, Statistical Abstract of the United States: 1986, Persons of Spanish Origin in the United States: 1982* y *The National Institute for Puerto Rican Policy, 1985.*

puertorriqueños, después de brincar el charco entre San
125 Juan y Nueva York, encuentren un camino que los lleve a
mejores oportunidades.

Comprensión de la lectura

Verdad (+) o mentira (0)

1. _____ La gran inmigración de los puertorriqueños a las ciudades industriales norteamericanas empezó hace un siglo.

2. _____ España perdió a Puerto Rico en la guerra de 1898 con los EE.UU.

3. _____ Hoy día, la gran mayoría de los puertorriqueños están de acuerdo sobre el *status* político de su isla.

4. _____ Muchos puertorriqueños vienen a los EE.UU. con la intención de volver a Puerto Rico algún día.

5. _____ Dos grupos principales, los negros y los españoles, formaron la cultura puertorriqueña.

Preguntas

1. ¿Qué hizo EE.UU. al principio de su gobierno en Puerto Rico? ¿Qué acciones indicaron, después, una actitud más liberal?
2. Describa Ud. los beneficios que recibe Puerto Rico bajo el *status* de Estado Libre Asociado. ¿Cuáles son las restricciones? ¿Qué opina Ud. de esta situación?
3. ¿Qué clase de puertorriqueños inmigran a los EE.UU., y por qué vienen? ¿Cómo se comparan sus oportunidades para el empleo hoy día con las de generaciones anteriores?
4. ¿Qué problemas y éxitos han tenido aquí? ¿Por qué son discriminados?
5. ¿Cómo se está manifestando hoy día un espíritu de cambio y de orgullo en la comunidad puertorriqueña?

EXPRESIONES DEL BARRIO PUERTORRIQUEÑO

¿Puede Ud. entender estas frases de conversación?

—Oye, mi **pana.** ¿Quieres ir al juego de baloncesto?
—No sé, porque no tengo **chavos.**
—No te preocupes. Yo te lo pago.
—¡**Chévere,** porque el juego va a **estar por la maceta!**

pana amigo   **chévere** magnífico, estupendo
chavos dinero   **estar por la maceta** ser fabuloso

Pasaje de ida y vuelta*

Jacobo Morales†

Ésta es la historia, señores,
de un jíbaro borincano°
que se fue pa' los *niuyores*°
con líos de sinsabores°
5 y una cajita° en la mano.

Acá dejaba a Mercedes,
a Confesor, a Dolores;°
y a sus queridos hermanos.
Eran ocho: flacos, «jinchos», barrigones.°

10 Fue en nave° de dos motores
que alzó su vuelo Ramón.°
¡Y que verse en un avión,
más alto que un guaraguao!°
Él, que nunca había trepao°
15 más allá del tamarindo.°
El cielo le pareció lindo
y trató de ver a Dios,
pero un ruido de motor
lo sacó de sus ensueños°
20 y abajo en la tierra vio
algo como un cementerio: Nueva York.

Un mal entendido° hubo
porque nadie lo esperó.°
De momento se sintió
25 como un becerro perdío.°
—¡Ay Dios mío!, ¿y ahora qué me hago yo?—
dijo Ramón.

Se acercó a un guardia pecoso°
al que preguntó asustao:°
30 —¿Usted ha visto a Sinforoso?
Es uno que es primo mío,
es bajito y «percudío»,°
medio «enjiyío»° y calmoso.

El guardia le contestó: —*What do you say?*
35 Ramón se sentó en la caja
y dijo pa' sus adentros:°
«Esto no es ningún mamey».°

jíbaro... campesino
   puertorriqueño
pa'... a Nueva York
líos... *bundles of problems*

little box

Mercedes... nombres de
   mujeres

flacos... *thin, pale,
   stomachs swelled by
   malnutrition*
avión
alzó... *Ramón took flight*

pájaro que vuela muy
   alto / (**trepado**) *climbed*
árbol frutal bastante bajo

daydreams

mal... *misunderstanding*
was waiting for

becerro perdío
   (**perdido**) *lost calf*

freckled
(**asustado**) con miedo

dark-skinned
medio... *half-stooped*

pa'... a sí mismo
ningún... cosa fácil

---

* *The Round Trip*

† Jacobo Morales, actor puertorriqueño contemporáneo que se interesa en las artes.

Pero al° mes ya decía *okey*.   después del

El resto es historia vieja:
40 El trabajo, un reloj, horas extra,
el *subway*,
«*No portoricans*», «*No dogs*»,
y en un cuarto dormir seis.
Y un pensamiento a las siete,
45 y un pensamiento a las diez:
«Volver a la tierra amada;
hacer «chavos»° y volver.   dinero
¿Cuándo? Mañana...Mañana».

Mientras tanto los inviernos,
50 los muchachos en la calle,
la droga, la marihuana.

«Volver...mañana;
los nenes° hablan inglés,   niños
a la doña° le da asma,   la esposa
55   hay que «trabajar corrido»°   sin períodos de descanso
y todita la semana;
pero volver...
pa'° nacer otra vez en la tierra,   (para)

pa' nacer otra vez en la calma,
60   pa' sembrar° de flores la *yarda*,   to plant
digo, el batey;° ay virgen. Volver...   Puerto Rican word for yard
pa' respirar madrugada,°   dawn
pa' tomarme mi café
antes de ordeñar° la vaca».   to milk

65   Fue en siete cuarentisiete°   **siete...** 747, tipo de avión
que alzó su vuelo Ramón.
A su lao° su mujer, sus hijos,   (lado)
y en el resto del avión:
mulatos, soldados,
70   tomateros,° «tecatos»,°   tomato pickers / adictos a
un abogado, un doctor,   las drogas
y quién sabe en qué lugar
también se encontraba Dios.
De pronto, el pelo se le erizó;°   stood on end
75   —Nos han secuestrao°— gritó,   **(secuestrado)** *hijacked*
—aquello no es Puerto Rico,
no se ve más que concreto,
ni siquiera un arbolito.

Llegó.

80   A un guardia le preguntó:
—*Where I am?* Digo, ¿dónde estoy yo?
—En San Juan—le contestó.
— Gracias.
—*Okey.*
85   Y en un taxi se montó.°   **se...** entró

El resto es historia vieja:
El trabajo, un reloj, horas extra,
humo,° fábricas,° chimeneas,   smoke / factories
extranjeros° y camas,   foreigners
90   niños en las calles,
desahucios° y marihuana.   evictions

«Y pensar que ya es mañana
y yo no quepo° en el hoy.   fit
¿En dónde están mis caminos?
95   ¿Hacia adónde voy»?

Preguntas

1. ¿Quién se fue para Nueva York? ¿Qué le pareció el vuelo en avión?
2. ¿Cuál fue su primera impresión de Nueva York? ¿Cómo se sintió Ramón en el aeropuerto? ¿Por qué?
3. Describa Ud. la «historia vieja» del puertorriqueño y su familia en Nueva York.
4. En sus sueños de volver a Puerto Rico, ¿qué esperaba encontrar?
5. Al regresar a Puerto Rico, ¿qué cambios ve Ramón en la isla? ¿Cómo se siente el jíbaro al final del poema? ¿Por qué?

Discusión

¿Por qué es irónico este poema?

CHISTE

S–O–C–K–S

Una señora puertorriqueña, recién llegada a Nueva York, quería comprar unos calcetines para sus hijos. Hablaba muy poco inglés, y no sabía la palabra para «calcetines». Entró en una tienda grande, y trató de explicar a la dependienta lo que quería, pero la dependienta no entendió. Por fin, la dependienta decidió llevar a la señora a los varios mostradores, esperando encontrar directamente el artículo deseado.

—*Is it this?*—preguntó la dependienta.

—No, no es eso—respondió la señora.

—*This?*

—No, tampoco es eso.

—*How about this?*

—No, eso no es.

Por fin llegaron al mostrador de los calcetines y la señora exclamó felizmente:

—¡Eso sí que es!

—*Well,*—dijo la dependienta, un poco perpleja,—*if you can spell it, why can't you say it?*

La protesta

Luis Quero-Chiesa*

ANTICIPACIÓN   Identificación del conflicto central

Miles de inmigrantes a Estados Unidos han tratado de olvidarse de sus orígenes y convertirse en «norteamericanos típicos». Generalmente la adaptación es falsa y crea un conflicto interior porque el pasado forma una parte esencial de nuestra identidad. Un conflicto de este tipo forma el tema central del siguiente cuento escrito por el conocido pintor y autor puertorriqueño, Luis Quero-Chiesa. Busque el párrafo hacia el comienzo donde se menciona por primera vez el conflicto interior del protagonista, y conteste estas preguntas:

1. En general, ¿qué pensaba el Dr. Max Medina de las manifestaciones y los piquetes? ¿Por qué?
2. ¿Por qué ha venido a Harlem ese día?
3. ¿Qué contradicciones ve Ud. en las emociones o pensamientos de este hombre?

Lea el cuento para ver si el Dr. Medina soluciona su conflicto.

Cuando el Dr. Max Medina llegó al edificio, ya los policías ocupaban sus puestos° ante la entrada principal. Al verlos —fuertes, sólidos, impasibles bajo la llovizna gruesa° de octubre—sintió una agradable sensación de seguridad.
5 Después de todo, había que andar con cuidado con aquella gentuza° de Harlem.

Pasó junto a ellos con una sonrisita de aprobación, como para indicarles que él estaba de su parte. Cruzó la calle y entró en un pequeño restaurante. Ordenó una taza
10 de café y fue a sentarse cerca de la ventana, desde donde podía observar discretamente la escena.

Afuera, empezó a caer el aguacero.° Era una de esas calles estrechas° y melancólicas del antiguo Nueva York en la parte baja de la ciudad. Como algo incongruente en
15 aquella vecindad prosaica° y rota, se levanta el moderno edificio de uno de los diarios° más importantes de la ciudad.

¿Por qué había venido? A él le repugnaba todo aquello. Hombre de libros y de paz, odiaba las manifestaciones° populares. Para él, los más complicados problemas se resol-

posiciones
llovizna... *steady drizzle*

riff-raff, scum

lluvia fuerte de poca duración
narrow

vecindad... barrio ordinario
periódicos

demostraciones

---

* Luis Quero-Chiesa (*n.* 1911), cuentista y pintor puertorriqueño que, como el personaje principal de «La protesta», nació en Puerto Rico y vivió muchos años en Nueva York. Es uno de los pocos autores que escribe sobre el éxito que ha logrado la clase profesional puertorriqueña en este país. Otros autores escogen con más frecuencia el tema de la miseria de la clase humilde.

20 vían entre las cuatro paredes de su estudio. El «piquete»° demostración pública
era, a su entender, una forma de protesta violenta, vulgar:
instrumento predilecto° de organizaciones subversivas. favorito
Por eso, cuando recibió la circular anunciando el que se iba
a tender° alrededor del edificio del periódico, lo arrojó al el... la demostración que
iba a extenderse / lo...
25 canasto° con desprecio. Con fino olfato,° había reconocido he threw it in the
entre los auspiciadores° varios *trouble-makers*. No; él no iba wastebasket / scent /
a inmiscuirse° en aquel asunto.° Sin embargo, a medida supporters
que° se acercaba la fecha había ido creciendo° en él una a... as / había... there had
honda° preocupación, un extraño° deseo de presenciar° la been growing / profunda / strange / ver
30 protesta, de verla fracasar,° como habían fracasado tantas fail
otras cosas en el barrio.

     Aquella mañana había llegado temprano a la Universi-
dad. Había dictado° su primera cátedra° automáticamente, dado / lecture
con el pensamiento fijo° en el maldito° piquete que se lle- fixed / damned
35 varía a cabo° a las once. Ya a las diez no pudo más. Recogió° se... would be carried
sus libros y papeles, se declaró indispuesto° y tomó el tren out / He gathered
hacia la parte baja de la ciudad. up / enfermo

     En los portales de algunos edificios se refugiaban de la
lluvia hasta media docena de puertorriqueños. Él los cono-

40 cía a leguas.° —Con esta lluvia y la falta de puntualidad de
los puertorriqueños— dijo para sus adentros°—aquí no va
a pasar nada.

Sacó del bolsillo una copia del periódico en que apare-
cía el último de los artículos sobre la emigración puertorri-
45 queña. Terminó de leerlo. No había duda: aquellos artículos
estaban un poco fuertes. Sobre todo, las fotografías. Eso era
lo que a él más le molestaba: aquellas fotografías de jíbaros°
a caballo, de chozas derruidas.° ¡Con tantos automóviles
que había en Puerto Rico! ¡Y aquellas hermosas residencias
50 de Santurce!...°¡My Lord! Si esta gentuza que estaba llegando de Puerto Rico era...¡era tremenda! A él le daba hasta
vergüenza° decir que era puertorriqueño. Más de una vez
se hizo pasar por argentino; y como no era trigueño y rebe-
jío...°Todo pudo remediarse° con una carta al Director del
55 periódico. Una cartita redactada° en buen inglés, cortés,
firme, si se quiere. Pero esta gente había echado las cosas a
perder°, con su dichoso° piquete.

A través de la calle, bajo sus impermeables, los policías
se paseaban a lo largo de la acera.° Del edificio del periódico
60 cruzó corriendo uno de los trabajadores y entregó al mozo
una vasija° para que se la llenase de café caliente:
—Mal tiempo, ¿eh Joe?
—Yeah: ¿qué pasa, por qué tantos policías?
—Esperamos piquete. Los spicks...°

65 La palabra hiriente° fue como un latigazo.° El Dr. Medina se volvió iracundo.° Pero no hizo nada. La culpa° no
era de aquella gente ignorante. Los verdaderos culpables
eran los puertorriqueños, que por su conducta deplorable
se hacían tan odiosos. A él nunca le llamaron spick. Jamás
70 fue víctima del prejuicio° o la injusticia social en los Estados
Unidos. Esta nación había sido buena con él. En ella encontraron generosa recompensa° sus esfuerzos;° a su sombra
se había labrado un puesto° de prestigio y holganza° económica. Los insultos, las injusticias los había sufrido en
75 Puerto Rico.

Nació pobre. Creció° entre símbolos de fracaso.
Recordaba su humilde pueblo, agonizante° entre los cafe-
tales.° Su hogar:° caserón derruido que alojó en lujo y hol-
gura° a sus abuelos; su pobre padre, defendiendo a dente-
80 lladas° su miserable empleo. Y cogido° en tanta miseria, él,
joven, ambicioso, heredero° del amor a la vida aristocrática
de sus antepasados.°

¡Cuántas humillaciones encerraba° su niñez! Los domingos...A través de tantos años le dolían aún aquellos do-
85 mingos de su juventud. A la una de la tarde ya estaba en la

a... desde muy lejos
para... to himself

campesinos

chozas... casas rústicas
en ruinas

una ciudad en Puerto Rico

shame

trigueño... dark and
small / resolverse
escrita

había... había arruinado
las cosas / blasted

sidewalk

container

término despreciativo e
insultante usado por
algunos anglos para re-
ferirse a los puertorri-
queños
wounding / whiplash
se... se puso furioso / fault

discriminación racial

reward / efforts
a... in her (the nation's)
protective shade he had
fashioned for himself a
position / ease

He grew up
muriendo
coffee plantations / casa
alojó... housed in luxury
and comfort / a... con
los dientes / atrapado
heir

ancestors

contenía

plaza, esperando a sus amigos ricos. Llegaban, vestidos de nuevo, listos para la fiesta del casino. Él se pegaba° a ellos, obsequioso, lleno de chistes, con la vaga esperanza de que alguien lo invitase a la bachata.° Pero nunca sucedió.° Lle-
90 gadas las tres, se oían los primeros acordes° de la música; alguien decía: —Vamos para arriba— y como si él no existiese desaparecían por el amplio zaguán° del casino.

      Una gran desesperación se apoderaba° entonces de su alma.° La triste plazuela le parecía más triste, más deso-
95 lada...

      La sirena de un carro de la policía sonó calle arriba.° El automóvil se detuvo frente al edificio y el sargento se acercó y saludó al oficial. Allí no iba a pasar nada. Unas vez más, los puertorriqueños habían demostrado su irresponsabilidad.
100 Seguramente, a última hora se habían peleado° los unos con los otros. ¡Qué falta de disciplina! ¿Por qué no aprenderían con los americanos? Había perdido miserablemente la mañana. Se arrebujó° en su abrigo, y salió a la calle. Echó° a caminar hacia el subway.

105   De pronto, llegó a sus oídos un ruido sordo de vocerío.° Entonces, vio una apretada muchedumbre que, desbordándose por todo lo ancho° de la calle, avanzaba hacia el edificio del periódico. De un brinco,° se refugió en el hueco° de un portal.

110   En unos instantes pasaron junto a él. Una compacta masa humana: hombres, mujeres y niños. Los había de todas las clases, de todos los tipos. En sus semblantes,° había una gran firmeza de propósito, una grave dignidad que sobrecogió° al Dr. Medina.

115   Los policías entraron en acción rápidamente. Un grupo se plantó a la entrada del edificio, agarrando° nerviosamente las macanas.°

      La línea de protesta se organizó con prontitud. Surgieron° directores que distribuyeron el gentío° en pe-
120 queñas patrullas;° se repartieron° los cartelones.° La marcha comenzó pausada y firme, bajo la lluvia. Alguien lanzó° con voz vibrante el primer grito de protesta: «¡Las mujeres puertorriqueñas no son prostitutas!» Los grupos lo recogieron° y lo ampliaron en una nota poderosa de indigna-
125 ción.

      Frente a aquella multitud vociferante, entre policía y fotógrafos de prensa° corriendo de un lado para otro, el Dr. Medina sentía un susto° indominable. Las manos y las rodillas le temblaban. Sin embargo, avanzó hacia la línea de
130 protesta. Al borde° de la acera, se detuvo a observar de cerca el piquete.

      Le sorprendió ver entre los que marchaban a varias

se... *he stuck*

merrymaking / *ocurrió*

chords

vestíbulo

se... *took possession*

soul

sonó... *sounded up the street*

combatido

Se... *He wrapped himself up* / *Empezó*

ruido... *muffled noise of shouting* / **apretada...** *tightly-packed crowd which, overflowing along the entire width* / *jump* / *opening*

caras

sorprendió

clutching

police sticks

Aparecieron / *multitud*

grupos / *distribuyeron* / *placards*

launched

lo... *picked up on it*

periódicos y revistas

miedo

curb

figuras destacadas° de la colonia,° damas de distinguida
presencia, miembros de sectas religiosas. Pero la gran
135 mayoría eran simples paisanos,° eminentemente puertorriqueños en sus gestos y fisonomías. Su calmada actitud, sus
rostros° serenos y graves difundían un gran respeto. No;
aquella gente no era la horda inculta y violenta que él se
había imaginado. Eran simples seres humanos—buenos y
140 malos—que en aquellos momentos olvidaban sus discor-
dias y se unían para protestar. ¡Protestar!...Él nunca pro-
testó. Él lloró de rabia,° él aduló; pero nunca tuvo valor°
para protestar.

Escudriñando° rostros, llegó a reconocer algunos de
145 ellos. Eran gentes de pueblo que no había visto en tantos
años. Los vio pasar en apretado grupo y tuvo deseos de
llamarlos; pero no pudo recordar un solo nombre. Se paró°
frente a ellos. Pasaron sin reconocerlo. Sintió de nuevo la
vieja y desesperada soledad de los domingos de su juven-
150 tud.

Vio entonces caminando hacia él a una niñita de rostro
triste, que indiferente al viento frío, mojada° por la lluvia,
apretaba° amorosamente contra su pecho una banderita°
puertorriqueña enmarcada bajo vidrio.° Él no conocía
155 aquella chiquilla de su tierra; pero en aquellos momentos le
pareció un símbolo.

Cuando la niña pasó junto a él, Maximino Medina se
llevó la mano al sombrero y se descubrió.° Luego, recogió
un cartelón que alguien había abandonado y lo izó° sobre
160 su cabeza. Siguió andando hacia la patria.°

distinguidas / barrio

campesinos

caras

furia / courage

Examinando

He stood

soaked

*was pressing / little flag / **enmarcada...** encased in glass*

***se...** se quitó el sombrero*

he raised

país de nacimiento

Comprensión de la lectura

Resumen de la acción

Llene cada espacio en blanco con una palabra o frase apropiada para completar el resumen del cuento. En algunos casos hay varias maneras correctas de llenar el espacio.

Cuando el Dr. Medina llegó al barrio puertorriqueño, los policías ya estaban en frente del edificio moderno de uno de los _____ más importantes de Nueva York. El profesor había venido a observar una _____ popular, una forma de protesta que odiaba porque él era un hombre de _____. Al Dr. Medina le daba _____ admitir que era puertorriqueño. Aquellos jíbaros que participaban en los piquetes eran los verdaderos _____ del término «spick»; él, en cambio, había logrado un puesto de _____ en los Estados Unidos.

Su niñez en Puerto Rico había sido triste. Sus abuelos llevaron una vida aristocrática, pero él _____ entre símbolos de fracaso y pobreza. Sufrió muchas humillaciones, especialmente el día de _____, porque sus amigos nunca lo invitaron a entrar en el _____.

Cuando por fin empezó el piquete, el profesor Medina observó una multitud de personas con una gran dignidad en sus caras. De repente pasó una _____ mojada por la lluvia que llevaba una _____ puertorriqueña. En un gesto de respeto Maximino Medina se quitó el _____, luego formó parte de la procesión, caminando con los otros hacia la patria.

Expansión de vocabulario

Identifique la palabra que no pertenece (*belong*) al grupo, luego explique por qué.

1. llovizna   impermeable   sol   aguacero
2. vergüenza   dignidad   respeto   valor
3. vida aristocrática   miseria   lujo   prestigio
4. piquete   manifestación   protesta pública   carta
5. doctor   paisano   campesino   jíbaro

¿Cómo lo sabemos?

«La protesta» presenta una serie de transformaciones en la vida y las actitudes del Dr. Max Medina. Busque las secciones del cuento que indican cómo cambian los siguientes aspectos del doctor. En palabras sencillas, describa Ud. cada uno de estos cambios.

su nombre
la distancia física entre él y los manifestantes
su percepción de las masas

Preguntas

1. ¿Por qué protestaban los puertorriqueños?
2. ¿Por qué le molestaban al Dr. Medina las fotografías de los periódicos?
3. ¿Cómo reaccionó al oír la palabra «spick»? ¿Qué haría Ud. si alguien lo insultara con un término racial, religioso, sexual, etc.? ¿Por qué?
4. ¿Qué contrastes hay entre la vida del niño Maximino en Puerto Rico y la del adulto en Nueva York?
5. ¿Cuántas veces había participado él en una protesta? ¿Por qué?
6. ¿Qué motivó al Dr. Medina a unirse a esta manifestación?
7. ¿Cómo interpretaría Ud. la última frase del cuento, «Siguió andando hacia la patria»? ¿Qué piensa Ud. de Max Medina?

Discusión

Muchos psicólogos sostienen que la niñez es la época más importante de la vida porque es entonces cuando uno adopta actitudes que pueden persistir por décadas. Imagínese que Ud. es psicólogo/a. ¿Qué incidentes o factores en la vida del joven Maximino Medina cree Ud. que influyeron en la formación del adulto? ¿Hay alguien en su familia—un abuelo, una tía, un hermano, Ud. mismo(a)—en quien ha influido fuertemente una experiencia de su niñez?

Composición

¿Cómo demuestra «La protesta» los problemas y los éxitos de los puertorriqueños en Nueva York?

Los cubanoamericanos: En la «Pequeña Habana»

Colegio de Belén...Restaurante Camagüey...Asociación de Pescadores° Libres...pero, ¿dónde estamos? ¿Es posible que ésta sea una ciudad de los Estados Unidos? No debemos sorprendernos que este país de inmigrantes haya recibido
5 un grupo más, pero la sección cubana de Miami («*Little Havana*») ha crecido tan rápidamente y con una prosperidad tan obvia que no deja de asombrar° a cualquiera. A partir del año 1959, vinieron gran número de cubanos, situándose no sólo en Miami, sino en todos los EE.UU. Hoy en
10 día, con el nacimiento de una nueva generación, la población cubana de este país ha llegado a un millón de personas.* En general, se han incorporado fácilmente a la clase

Fishermen

no... *does not fail to surprise*

---

* Las estadísticas en éste y otros párrafos del ensayo son del *U.S. Bureau of the Census, Persons of Spanish Origin: 1982* (*and previous years*) y de varios artículos del *Boston Globe*, 1985 y 1986.

Caminando por la calle Ocho en la «Pequeña Habana» de Miami

media norteamericana y gozan de un éxito extraordinario. ¿Por qué vinieron los cubanos? ¿Cómo lograron° tanto en *did they accomplish*
15 tan pocos años? Para contestar estas preguntas, vamos a repasar las razones históricas que han causado el «fenómeno cubano».

Cuba fue descubierta por Colón en 1492. La población indígena° desapareció pronto principalmente a causa de las *de indios nativos*
20 nuevas enfermedades traídas por los colonizadores. Después, cuando empezaron las plantaciones de azúcar,° *sugar* los españoles trajeron un gran número de negros para trabajar en los campos. Por eso, en contraste con los mexicanos, cuya cultura se caracteriza por la combinación de lo
25 español y lo indio, la cultura cubana muchas veces refleja la mezcla° del elemento español con el africano, especial- *combinación* mente en la literatura y la música.

La intervención norteamericana

Cuba no se liberó definitivamente de España hasta 1898, después de la intervención norteamericana en la guerra de
30 independencia cubana. Usando como pretexto la explosión de uno de sus barcos, el *Maine*, en el puerto de la Habana, EE.UU. le declaró la guerra a España y la venció° fácilmente. *defeated*

Así Cuba — junto con Puerto Rico y las Filipinas — pasó a ser una posesión norteamericana.

35   EE.UU. retiró su ejército° en 1902, pero obligó a los cubanos a aceptar la Enmienda° Platt que autorizaba su intervención en los asuntos° internos de la nueva república. Aunque durante la ocupación de los EE.UU. Cuba recibió beneficios técnicos y educativos, las compañías norteameri-
40   canas se apropiaron de la mayor parte de la industria del azúcar, y los gobiernos° cubanos se vieron muy limitados por la continua intervención. Sin embargo, después se re-vocó la Enmienda Platt, y Cuba disfrutó° de un régimen bastante democrático hasta 1952, cuando Fulgencio Batista
45   derribó° el gobierno constitucional y estableció una dicta-dura° militar, provocando así un levantamiento° que ter-minó finalmente en 1959 con el triunfo de Fidel Castro.

fuerzas armadas
Amendment
affairs

governments

enjoyed

hizo caer
dictatorship / uprising

La Cuba de Fidel

Al principio muchos creían que Fidel iba a restablecer la constitución e instalar un gobierno democrático, pero muy
50   pronto Castro buscó el apoyo° de la Unión Soviética y otras naciones comunistas que actualmente ayudan a Cuba téc-nica y económicamente. Así se creó° el primer país comu-nista de Hispanoamérica. Por una parte, el analfabetismo° ha sido eliminado en gran parte en Cuba, y muchos hijos de
55   campesinos son hoy técnicos y funcionarios° del gobierno. Por otra parte, hay escasez° de comestibles° y medicinas, y no existe la libertad de expresión ni de prensa.°

support

estableció
illiteracy

oficiales
shortage / comida
press

Los primeros refugiados

Así que por razones políticas y económicas, miles y miles de cubanos han abandonado la isla. La primera gran ola de
60   refugiados llegó a los EE.UU. durante los años 60, algunos de ellos escapándose en pequeños barcos o balsas° y muchos otros en vuelos° organizados por el gobierno norteameri-cano. Por tratarse de un grupo de refugiados del comu-nismo, la actitud de los norteamericanos en general fue
65   acogedora°. A diferencia de los mexicanos, puertorri-queños y varios otros inmigrantes, muchos de estos cu-banos ya sabían inglés y tenían una profesión.* Y eran pre-dominantemente blancos, lo cual es desgraciadamente una ventaja° en nuestra sociedad. Al principio la mayoría de los

rafts
viajes en avión

de mucha hospitalidad

factor favorable

---

* Aproximadamente el 30 por ciento había terminado la secundaria, y el 12.5 por ciento había asistido cuatro años o más a la universidad, según Arnulfo D. Trejo, en el *Wilson Library Bulletin*, marzo de 1972.

70 refugiados pensaban que su exilio iba a durar poco, pero después del desastre de la Bahía de Cochinos,* su esperanza de liberar a Cuba disminuyó.°

se redujo

El éxito económico

El éxito económico de los cubanos es más visible en Miami, la primera ciudad en los EE.UU. en tener una mayoría
75 hispana, ahora el 58% de la población. En menos de dos décadas Miami se transformó de una meca turística norteamericana en un centro mercantil y financiero internacional—la «capital» de la América Latina, según el chiste corriente. A esta ciudad ya de un innegable sabor°
80 latino acuden° miles de latinoamericanos adinerados° con millones de dólares para invertir° en bancos, terrenos,° condominios, coches y otras mercancías. Si en Miami la conversación no es siempre en español, la vida de la ciudad sí lo es. Hay periódicos, ballet, hospitales, escuelas, com-
85 pañías de seguros,° barberos y arquitectos cubanos. Se dice que allí se puede ir del nacimiento a la muerte completamente en español.

flavor
flock / con mucho dinero
to invest / land

insurance

Sin embargo, esta misma «cubanización» de la ciudad ha provocado resentimientos por parte de algunos anglos
90 que ven la presencia cubana en sus antiguos barrios y el predominio del español casi como una ocupación extranjera.° Además, dentro de la población negra hay los que ahora se sienten ciudadanos° de tercera categoría, olvidados por los anglos y los cubanos. Estos sentimientos anti-
95 cubanos llegaron al colmo° con la llegada de un enorme grupo nuevo de inmigrantes, los «Marielitos».

foreign

citizens

punto máximo

Los «Marielitos»

En 1980, 125.000° refugiados salieron en barco del puerto cubano del Mariel, entre ellos gente de clase humilde y algunos criminales profesionales. Su llegada descoloró por
100 algún tiempo el cuadro básicamente positivo de los cubanos en los EE.UU. La aparente armonía étnica de Miami fue destruida por el contragolpe° anglo ante los «Marielitos». Poco después de su llegada a Miami, los votantes° del Condado° de Dade designaron el inglés como lengua oficial
105 dentro de los servicios gubernamentales del distrito. Hoy

125,000

backlash
personas que votan
County

---

* En 1961 un grupo de cubanos exiliados, apoyados por la *Central Intelligence Agency* de los EE.UU., invadió la Bahía de Cochinos en la costa sur de Cuba. El plan—según los invasores— fracasó porque EE.UU. no los protegió con la aviación y con el poderío naval que se les había prometido.

día la mayor parte de los «Marielitos» se han integrado a la comunidad cubana, trabajando en fábricas o como dueños de tiendas y restaurantes y compartiendo con los demás la ambición por superarse.° Pero persisten las tensiones ét- *to get ahead*
110 nicas en la ciudad, quizás, según algunos observadores, debido a la fuerte base política y comercial que van construyendo los cubanos.

El poder político

El 70% de los votantes inscritos° en Miami son hispanos, la *registered*
mayoría de ellos cubanos, seguidos por un grupo pequeño
115 de puertorriqueños y centroamericanos. Eligieron al primer alcalde° cubano-americano de Miami, Xavier *mayor*
Suárez, y los cubanos también forman una mayoría de los
comisionados° de la ciudad. *commissioners*

Xavier Suárez, el primer alcalde cubano-americano de Miami, y su esposa Rita

Aun con las tensiones de años recientes, se puede
120 decir que entre todos los inmigrantes a nuestro país, los cubanos son los que han subido más rápidamente. Durante años su salario anual y nivel de educación han sido casi tan altos como los del anglo. La presencia cubana es ya una contribución permanente tanto a Miami como al diverso
125 carácter étnico de los EE.UU.

Comprensión de la lectura

Opciones múltiples

1. Frecuentemente la literatura y la música de Cuba reflejan la mezcla de elementos (*a*) indios y españoles   (*b*) españoles y africanos   (*c*) indios, españoles y africanos
2. ¿Cómo pasó Cuba de ser un territorio de España a ser una posesión norteamericana? (*a*) Los cubanos votaron por entrar en los EE.UU.   (*b*) España vendió a Cuba por 30 millones de dólares.   (*c*) EE.UU. intervino en la guerra entre Cuba y España.
3. ¿Qué acción de Batista en 1952 provocó un levantamiento? (*a*) Suspendió la constitución y se hizo dictador.   (*b*) Revocó la Enmienda Platt.   (*c*) Se apropió de la industria del azúcar.
4. ¿Qué hizo Fidel Castro después de vencer a Batista en 1959? (*a*) Prohibió totalmente la salida de la isla a los cubanos desconformes.   (*b*) Estableció un gobierno democrático.   (*c*) Inició el primer gobierno comunista de Hispanoamérica.

Preguntas

1. ¿Por qué llaman a Miami «*Little Havana*»?
2. ¿Qué ventajas y desventajas tuvo para Cuba la ocupación norteamericana?
3. ¿Cómo y por qué vino el primer grupo de cubanos a los EE.UU.?
4. ¿Qué factores ayudaron a estos cubanos especialmente?
5. ¿Cuál ha sido el impacto económico, político y cultural de los cubanos en Miami? ¿Qué tensiones ha causado su presencia?
6. ¿Quiénes son los «Marielitos»? Describa su adaptación a los EE.UU.
7. En general, ¿cómo se comparan los cubanos con otros grupos que han inmigrado a los EE.UU?

EXPRESIONES DEL BARRIO CUBANO

¿Puede Ud. entender estas frases de conversación?

—¿Qué pasa, **chico?** ¿Cómo andas?
—Aquí, la situación **está de bala.** Hace un mes que no encuentro una buena **pega.** Ya no tengo ni pa' la **chaúcha.**

chico amigo (*buddy, friend*)   **pega** trabajo
está de bala está muy mala   **chaúcha** comida

Los niños aprenden lo que viven

Anónimo

Si un niño vive criticado
    aprende a condenar
Si un niño vive con hostilidad
    aprende a pelear
Si un niño vive avergonzado
    aprende a sentirse culpable
Si un niño vive con tolerancia
    aprende a ser tolerante
Si un niño vive con estímulo
    aprende a confiar
Si un niño vive apreciado
    aprende a apreciar
Si un niño vive con equidad
    aprende a ser justo
Si un niño vive con seguridad
    aprende a tener fe
Si un niño vive con aprobación
    aprende a quererse
Si un niño vive con aceptación y amistad
    aprende a hallar amor en el mundo

Vocabulario

A few items that will help you use this vocabulary:

1. Words beginning with **ch, ll,** and **ñ** are found under separate headings, following the letters **c, l,** and **n,** respectively. Similarly, words containing **ch, ll,** and **ñ** are placed alphabetically after words containing **c, l,** and **n,** respectively. For example, **achacar** comes after **acostumbrar, allá** after **almacén,** and **año** after **anual.**
2. If a verb has a stem (radical) change (such as **dormir — duerme, durmió**), this change is indicated in parentheses next to the infinitive: (**ue, u**).
3. Idioms are generally listed under the more important or unusual word. **De regreso,** for example, is under **regreso.** In doubtful cases we have cross-referenced the expression.

   The following types of words have been omitted: (1) cognates we judge to be easily recognizable, including regular verbs that with removal of the infinitive or conjugated ending very closely approximate English verbs in form and meaning (such as **abandonar, ofender, decidir**), and most words ending in **−ario** (−*ary*), **−ivo** (−*ive*), **−ico** (−*ic*), **−ancia** (−*ance*), **−encia** (−*ence*), **−ente** (−*ent*), **−ción** (−*tion*), **−izar** (−*ize*); (2) low-frequency words that are explained in the marginal notes; (3) verb forms other than the infinitive (except for irregular past participles and a few uncommon present participles and preterite forms); (4) articles and personal, demonstrative, and possessive adjectives and pronouns (except in cases of special use or meaning); (5) adverbs that end in **−mente** when the corresponding adjective appears; (6) most ordinal and cardinal numbers; (7) common diminutives (**−ito, −ita**) and superlatives (**−ísimo, −ísima**). When we have not been certain that a word would be easily understood, we have included it. Finally, we have only given meanings that correspond to the text use.

Abbreviations

adj.	adjective	*inf.*	infinitive	*p.p.*	past participle
adv.	adverb	*lit.*	literature	*pres. p.*	present participle
colloq.	colloquial	*m.*	masculine (noun)	*prep.*	preposition
dial.	dialect	*Meχ.*	Mexico	*pret.*	preterite
dim.	diminutive	*n.*	noun	*pron.*	pronoun
f.	feminine (noun)	*pl.*	plural		

a at; by; to; on; for; in; from; of; into
abajo down; below, underneath; downstairs; **hacia — ** downwards; **¡Abajo...!** Down with . . . !
abandono *m.* abandonment
abdicar to abdicate
abierto, –a *p.p. of* **abrir** & *adj.* open; frank; opened
abismo *m.* abyss; trough (of a wave)
abnegado, –a self-sacrificing
abnormalidad *f.* abnormality
abogado, –a *m.* & *f.* lawyer
abortar to abort
aborto *m.* abortion
abrasar to burn
abrazar(se) to embrace; to cling to
abreviado, –a abbreviated
abrigo *m.* coat
abrir to open
absoluto, –a absolute; **en — ** at all
absorpción *f.* absorption
abstraer to abstract
abuelo, –a *m.* & *f.* grandfather; grandmother; **—s** grandparents
abultado, –a bulky
abundar to abound
aburrido, –a bored; boring
aburrir to bore; **—se** to be or become bored
abusar (de) to take advantage of; to misuse; to abuse
abuso *m.* abuse; misuse
a.C. B.C. (before Christ)
acá here
acabar to finish, end; **— de** + *inf.* to have just . . .
acaso perhaps
acatar to observe; to respect
acceso *m.* access
acelerar to accelerate
acento *m.* accent
acentuar to emphasize, accentuate
aceptación *f.* acceptance
aceptar to accept
acera *f.* sidewalk

acerca: — de about, with regard to
acercar(se) (a) to draw close; to approach; to come (go) up to
ácido, –a acid; sour
aclarar to clarify
acogedor, –a friendly; hospitable; cozy
acomodado, –a well-off
acomodar to accommodate; to arrange
acompañar to accompany
acomplejado, –a with complexes
aconsejar to advise
acontecimiento *m.* event
acordarse (ue) (de) to remember
acortar to shorten
acostar (ue) to put to bed; **—se** to go to bed; to lie down
acostumbrar(se) to be accustomed; to get used to
actitud *f.* attitude
actividad *f.* activity
actriz (*pl.* **actrices)** *f.* actress
actual present, present-day
actualidad *f.* present time
actuar to act
acudir to come (to aid); to go (in response to a call)
acuerdo *m.* agreement; **estar de — ** to be in agreement; **de — con** in accordance with
acumular to accumulate
acusar to accuse; to prosecute
Adán Adam
adaptabilidad *f.* adaptability
adecuado, –a adequate
adelantar(se) to get ahead; to move toward
adelante ahead; **más — ** later on
ademán *m.* gesture
además moreover, besides; **— de** besides, in addition to
adepto, –a *m.* & *f.* follower
adicto *m.* & *adj.* addict; addicted
adinerado, –a wealthy
adiós *m.* goodbye, farewell
adivinar to guess

adjetivo *m.* adjective
administrar to administer
admirador, –a admiring
adobe *m.* dried brick
adorar to worship
adormecer to lull to sleep
adornar to decorate; to adorn
adorno *m.* decoration
adquirir to acquire
aduana *f.* customs (border inspection)
advenimiento *m.* coming
advertir (ie, i) to warn; to notice
aeropuerto *m.* airport
afectar to affect, have an effect on
afecto *m.* affection
afición *f.* hobby; fondness
afirmar to assert, affirm
afortunado, –a fortunate
afuera outside
afueras *f. pl.* suburbs; outskirts
agarrar to grab
agencia *f.* agency
agobiante oppressive; heavy
agonía *f.* agony
agonizante *m.* & *f.* & *adj.* dying person; dying
agradable pleasant
agradar to please
agradecer to thank for; to be grateful for
agravarse to get worse
agregar to add
agresividad *f.* aggressiveness
agresor, –a *m.* & *f.* aggressor, assailant
agrícola agricultural
agua *f.* water
aguacate *m.* avocado
aguacero *m.* rainstorm
aguafuerte *m.* etching
aguantar to put up with, endure
aguardar to await; to wait
águila *f.* eagle
aguja *f.* needle; knitting needle
ahí there
ahora now, at present; **— bien** now then
aire *m.* air

airecillo *m.* little breeze
aislar to isolate; to separate
ajo *m.* garlic
ajustar to adjust
al: — + *inf.* upon, on
Ála *m.* Allah
alargarse to extend
alarmante alarming
alberca *f.* swimming pool
albergar to shelter, lodge
alboroto *m.* uproar
alcalde *m.* mayor
alcanzar to attain, reach
alcoba *f.* bedroom
aldea *f.* village
alegar to allege; to argue
alegato *m.* argument
alegrar to gladden, please;
— **se** to be glad, rejoice
alegre happy
alegría *f.* joy, gaiety,
merriment
alejarse (de) to go away
from, leave; to go far away
alemán, alemana *m.* & *f.* &
adj. German
Alemania Germany
alérgico, –a allergic
aletargado, –a drowsy,
lethargic
alfombra *f.* rug
algo *pron.* & *adv.* something; somewhat
algodón *m.* cotton
alguien someone, somebody
algún, alguno, –a some;
any; — **s** some; various
aliado, –a *m.* & *f.* ally
alianza *f.* alliance
aliento *m.* breath
alimentación *f.* nourish-
ment
alimentar to feed, nourish
alimento *m.* food, nourish-
ment
aliviar to relieve, alleviate
aljibe *m.* water reservoir
alma *f.* soul; person
almacén *m.* storehouse;
department store, store
almeja *f.* clam
almohada *f.* pillow
alojamiento *m.* lodging
alquilar to rent
alquiler *m.* rent
alrededor (de) around

alrededores *m. pl.* sur-
roundings
alto, –a tall; high; noble; **a**
— **as horas** in the late
hours
altura *f.* height
aludir to allude
alumbrar to light, give light
alumno, –a *m.* & *f.* student
alzar to raise; — **se** to get up
allá there; (applied to time)
far-off times, in times of
old; **más** — **de** beyond
allí there, in that place
ama: — **de casa** *f.* housewife
amado, –a *m.* & *f.* & *adj.*
loved one; beloved
amanecer *m.* dawn; to rise
at daybreak
amante *m.* & *f.* lover
amar to love
amargo, –a bitter
amarillo, –a yellow
ambicioso, –a ambitious
ambiente *m.* environment;
atmosphere
ámbito *m.* area
ambos, –as both
amenaza *f.* threat
amenazante threatening
amenazar to threaten,
endanger
amigo, –a *m.* & *f.* friend
aminoración *f.* lessening
amistad *f.* friendship
amnistía *f.* amnesty
amo, –a *m.* & *f.* master;
mistress
amontonadero *m.* accumu-
lation
amor *m.* love; — **es** love
affairs
amoroso, –a loving,
amorous
ampare: Que Dios los — **a**
los dos May God protect
them both
ampliación *f.* enlargement;
amplification
ampliar to amplify
amplio, –a broad, extensive
amplitud *f.* breadth, extent
amuleto *m.* charm
analfabeto, –a illiterate
análisis *m.* analysis
anarquista *m.* & *f.* anarchist

ancianidad *f.* old age
anciano, –a *m.* & *f.* & *adj.*
old person; old
ancho, –a wide, broad
Andalucía Andalusia (province in southern Spain)
andaluz, –a (*m. pl.* **anda-
luces**) *m.* & *f.* & *adj.*
Andalusian
andar to walk; to go about;
andando los tiempos
with the passage of time;
¡Anda! Go ahead!; **¿Cómo
andas?** How are you?
How are things going?
anduve *pret. of* **andar** I
walked
anexar to annex, attach
anglo *m.* & *adj.* white
American
angloparlante English-
speaking
anglosajón, anglosajona
m. & *f.* & *adj.* Anglo-Saxon
ángulo *m.* angle
angustia *f.* anguish
angustiado, –a anguished;
anxious
angustioso, –a anguishing,
full of anguish
anhelar to desire anxiously,
long or yearn for
anhelo *m.* longing, yearning
animado, –a animated
anímico: estado — *m.* mood
ánimo *m.* courage; energy
animoso, –a spirited
anónimo, –a anonymous
ansia *f.* anguish; yearning
ansiedad *f.* anxiety, uneasiness
Antártida Antarctic
ante before; in the presence
of; — **todo** above all
antepasado *m.* ancestor
anterior previous; earlier
antes (de) before
anticastrista *m.* & *f.* person
against Fidel Castro
anticipación: con — in
advance
anticipar to anticipate; to
advance
anticonceptivo *m.* contra-
ceptive
antiguo, –a ancient, old; of
long standing

antónimo *m.* antonym, opposite word

anunciar to announce

anuncio *m.* advertisement

añadir to add

año *m.* year

apagar to put out; to turn off (the light); **—se** to die out; to go out

aparato *m.* apparatus; (TV) set

aparecer to appear

aparición *f.* appearance; apparition

apariencia *f.* appearance

apartar(se) to separate; to remove; to move away

aparte apart, aside; **— de** besides

apasionado, –a passionate

apatía *f.* apathy

apelar to appeal

apellido *m.* surname

apenas scarcely; hardly

apetitoso, –a appetizing

aplicar to apply; to lay on

Apocalipsis Apocalypse

apoderarse (de) to seize; to take over

apodado, –a nicknamed

aportar to bring

apoyar to support

apoyo *m.* support

apreciar to appreciate

aprender to learn

apretado, –a compact

aprisionar to imprison

aprobación *f.* approval; approbation

aprobar (ue) to approve; to pass

apropiado, –a appropriate; correct

apropiarse to take possession; to confiscate

aprovechar(se) (de) to take advantage of

aproximadamente approximately

aproximarse to approach, move near

apto, –a apt, fit

apuración *f.* anguish

apurado, –a in a hurry

apuro *m.* need; difficulty

aquel, aquella that; **aquél,** *etc.* that one; **aquello** that (thing)

aquí here

aquietar to quiet down

árbol *m.* tree

arcaico, –a archaic

archivo *m.* archives

ardiente ardent; passionate

arena *f.* sand

árido, –a arid, dry; barren

arma *f.* armor; weapon

armado, –a armed

armadura *f.* armor

armar to put together; to arm

armario *m.* cabinet, closet

armonía *f.* harmony

arquitectónico, –a architectural

arraigado, –a rooted

arraigo: tener — to have influence

arrastrar to drag along

arrebato *f.* range; rapture; fit

arredrar to frighten, scare

arreglar to fix; to adjust

arrepentirse (ie, i) to repent, be sorry

arriba up, above; high; **calle —** up the street

arrimado, –a pressed close to

arroyo *m.* small stream, arroyo

arroz *m.* rice

arruinar to ruin; to destroy

artesano, –a *m.* & *f.* artisan, craftsperson

artículo *m.* article

arzobispo *m.* archbishop

asalariado, –a salaried

asamblea *f.* assembly, group

asar to roast

ascendencia *f.* ancestry

ascender (ie) to ascend, climb; to promote

ascensor *m.* elevator

asegurar to assure

asentado, –a fixed; well-established

asesinar to murder; assassinate

asesinato *m.* murder

asesino, –a *m.* & *f.* murderer, assassin

asfalto *m.* asphalt

así thus; like that; in this way; so; **— que** and so

asiento *m.* seat

asignar to assign

asilo *m.* asylum

asimilación *f.* assimilation

asimilar(se) to assimilate

asimismo likewise, also

asir to seize, grasp

asistencia *f.* aid, assistance; **— pública** welfare

asistir (a) to attend (school)

asociar to associate

asomar to begin to appear or show; **—se** to look out (window)

asombrar to startle, astonish

asombro *m.* astonishment, amazement

asombroso, –a startling, astonishing

aspecto *m.* aspect; look, appearance

aspirar (a) to aspire (to)

astro *m.* star

astucia *f.* cunning, slyness

asturiano, –a *m.* & *f.* Asturian (person from Asturias, Spain)

asumir to assume

asunto *m.* topic; business matter; affair

asustador, –a frightening

asustar to frighten, scare; **—se** to become frightened

atacar to attack

atado, –a tied together

atañer to concern

ataque *m.* attack; **contra —** counterattack

atarantado, –a restless

atardecer *m.* late afternoon

atender (ie) to take care of; to attend, pay attention

atenerse (a) to abide by

atentar (contra) to endanger; to commit an outrage against

atento, –a attentive

ateo, –a *m.* & *f.* atheist

aterrorizar to frighten, terrify

atleta *m.* & *f.* athlete

atmósfera *f.* atmosphere

atónito, –a astonished, amazed

atormentar to worry; to torment
atraer to attract
atrajo *pret. of* **atraer** attracted
atrapar to trap
atrás back; behind
atravesar (ie) to pass through
atreverse to dare
atribución *f.* power
atribuir to attribute
atrofiar(se) to atrophy
aturdido, –a stunned, bewildered
aula *f.* classroom
aumentar to increase
aumento *m.* increase
aun even; **aún** still, yet
aunque although
ausencia *f.* absence
ausentarse (de) to leave; to absent oneself
ausente absent; *m. & f.* absent person
auténtico, –a authentic
autoafirmación *f.* self-affirmation
autoafirmarse to affirm oneself
autoaprendizaje *m.* self-instruction
autobús *m.* bus
autodestrucción *f.* self-destruction
autogobierno *m.* self-government
automóvil *m.* car, automobile
automovilístico, –a pertaining to automobiles
autonomía *f.* self-government; autonomy
autónomo, –a autonomous
autor, –a *m. & f.* author
autoridad *f.* authority
autoritario, –a authoritarian
autorizar to authorize
auxiliado, –a helped, aided
auxiliar auxiliary, helping
auxilio *m.* aid, help
avaluar to appraise
avance *m.* advance
avanzar to advance, move forward

avaro, –a *m. & f. & adj.* stingy, miserly; miser
ave *f.* bird; **¡Ave María!** (from Latin for *Hail Mary*) Good heavens!
avecinarse to approach, to be coming
aventura *f.* adventure; affair
aventurar(se) to venture
avergonzarse (üe) to be ashamed
averiguar to find out; to investigate
aviación *f.* air force; aviation
avión *m.* airplane
avizorar to spy
ayuda *f.* help, aid
ayudante *m.* assistant
ayudar to help, aid
azúcar *m.* sugar
azul blue
azulado, –a bluish

B

bailar to dance
baile *m.* dance
baja *f.* decrease
bajar to bring down; to come down; to go down; **—se de** to get off, out of (a vehicle)
bajeza *f.* baseness; lowliness
bajo, –a low; short; *prep.* under, underneath; **— mundo** underworld
balada *f.* ballad
baloncesto *m.* basketball
bancario, –a banking
banco *m.* bank
bandera *f.* flag
bando *m.* faction
banquero, –a *m. & f.* banker
bañar to bathe
baño: cuarto de — bathroom
baranda *f.* roof balcony
barato, –a inexpensive, cheap
barba *f.* beard
barbaridad *f.* atrocity, barbarity; **¡Qué —!** How awful!, That's terrible!
barco *m.* boat, ship
barra *f.* bar (of gold, iron, etc.)

barranca *f.* ravine; cliff
barrendero, –a *m. & f.* street sweeper
barrer to sweep clean
barriga *f.* belly
barrio *m.* neighborhood; section; **— bajo** slum
barro *m.* clay
barroco, –a baroque
basar to base; **—se** to be based
base *f.* basis, base, foundation; **a — de** on the basis of
bastante enough, sufficient; quite, rather
bastar to be enough
bastardilla: en — in italics
bastón *m.* cane, walking stick
basura *f.* garbage
basurero, –a *m. & f.* garbage collector
batalla *f.* battle
bautismo *m.* baptism
bebé *m.* baby
beber to drink
bebida *f.* drink, beverage
becerro *m.* calf
béisbol *m.* baseball
Belén Bethlehem
belleza *f.* beauty
bello, –a beautiful
bendición *f.* blessing; benediction
bendito, –a blessed
beneficiar(se) to benefit, do good
beneficio *m.* benefit
beneficioso, –a beneficial
beso *m.* kiss
bestia *f.* beast
bestialidad *f.* brutality; bestiality
biblia *f.* bible
biblioteca *f.* library
bibliotecario, –a *m. & f.* librarian
bicicleta *f.* bicycle; **montar en —** to ride a bicycle
bien *adv.* well, perfectly; *m.* good; **—es** goods; possessions; resources; **— está** that's all right; **si —** although; **— buena** very good
bienestar *m.* well-being

bilingüe bilingual
biología *f.* biology
biológico, –a biological
biólogo, –a *m.* & *f.* biologist
bisabuelo, –a *m.* & *f.* great grandfather, great grandmother
blanco, –a white; **espacio en —** blank space
blando, –a soft; bland
bloque *m.* block
blusa *f.* blouse
boca *f.* mouth
bodega *f.* cheap bar or wine store; grocery store; warehouse
boicoteo *m.* boycott
bola *f.* ball
bolsa *f.* bag; pocket; stock market
bolsillo *m.* pocket
bolso: — de mano *m.* handbag
bombardear to bomb
bombardeo *m.* bombing
bombero *m.* firefighter
bondad *f.* goodness; kindness
bonito, –a pretty
borde *m.* border; edge; **al — de, de —** on the brink of
boricua *m.* & *f.* & *adj.* Puerto Rican
borracho, –a drunk
borrar to rub out, wipe out; to erase
bosque *m.* woods, forest
bote *m.* small boat; can
botella *f.* bottle
bracero *m.* day laborer hired for temporary contract
bravo, –a harsh, ill-tempered; brave; angry
brazo *m.* arm
Bretaña: Gran — Great Britain
breve brief
Brigadas: — Internacionales brigades of volunteers from many nations, including 3500 Americans in the Lincoln Brigade, who fought in defense of the Republic during the Spanish Civil War

brillante brilliant
brillar to shine
brillo *m.* brightness
brincar to jump
brindar to offer
broma *f.* jest, joke
bronce *m.* bronze
brotar to spring forth
brutalidad *f.* brutality
bueno, –a *adj.* good; *adv.* well then, well now, all right
bufete *m.* office
bufo, –a comic
bulto *m.* bulk; body
bulla *f.* uproar
bullicio *m.* noise
Buñuel, Luis contemporary Spanish film director, noted for surrealist techniques, themes of the subconscious and the grotesque, and for biting, often humorous, attacks on the established order
buque *m.* boat
burgués, burguesa *m.* & *f.* & *adj.* bourgeois, person of the middle class
burguesía *f.* bourgeoisie, middle class
burla *f.* mockery; jest; deception
burlarse to deceive; to fool around
burocracia *f.* bureaucracy
burro *m.* jackass, donkey
busca: en — de in search of, looking for
buscar to look for, seek
búsqueda *f.* search
butaca *f.* armchair

C

caballero *m.* gentleman; knight
caballo *m.* horse
cabaña *f.* hut, cabin
cabello *m.* hair
caber to fit; **no cabe duda** there is no doubt
cabeza *f.* head; **tener — para** to have the brains for
cabida *f.* room

cabo: al — de after (a period of time)
cabra *f.* goat
cacahuate *m.* peanut
cacto *m.* cactus
cada each; **— vez más** more and more; **— cual** every one
cadena *f.* chain
caer to fall; **dejar —** to drop
café *m.* coffee; coffee house, café
caída *f.* fall
caído *p.p. of* **caer** & *adj.* fallen
caja *f.* case, box
calabaza *f.* pumpkin; squash
calabozo *m.* jail, calaboose
calcetín *m.* sock
calcinado, –a burned, charred
calcular to calculate
cálculo *m.* calculation; estimate
calendario *m.* calendar
calentar (ie) to warm, heat
calidad *f.* quality
caliente hot
calificación *f.* qualification
calificado, –a qualified
calmado, –a calm
calmoso, –a calm; slow; phlegmatic
calor *m.* heat
caluroso, –a hot
callado, –a quiet
callar to silence, make quiet; **—se** to become quiet; **¡Cállate!** Shut up!
calle *f.* street
cama *f.* bed
Camagüey a province in Cuba
camarero, –a *m.* & *f.* waiter; waitress
camarón *m.* shrimp
camastro *m.* rickety cot
cambiante changing
cambiar to change
cambio *m.* change; rate of exchange (money); **en —** on the other hand; **a — de** in exchange for
caminar to walk
caminata: hacer —s to take walks or excursions

camino *m.* road, way, path

camioneta *f.* station wagon; van

camisa *f.* shirt

camote *m.* sweet potato

campana *f.* bell

campaña *f.* campaign

campesino, –a *m. & f.* farmer; peasant

campo *m.* field; country, countryside; camp

canal *m.* channel (on T.V.)

canas *f.* white or gray hairs

canción *f.* song; — **de cuna** lullaby

cándido, –a naive; guileless

candil *m.* oil lamp

cano, –a gray, white

canoa *f.* canoe

cansarse to be or become tired

cantante *m. & f.* singer

cantar to sing

cantidad *f.* quantity, amount

canto *m.* song

caña: — **brava** tall bamboo plant

caos, *m.* chaos

caótico, –a chaotic

capa *f.* layer, stratum

capacidad *f.* capacity; capability, ability, talent

capacitación *f.* preparation, training

capaz (*pl.* **capaces**) capable, able

capital *m.* capital, funds

capitán *m.* captain

capítulo *m.* chapter

capricho *m.* caprice, whim

captar to captivate; to grasp

cara *f.* face

carácter *m.* character; nature

característica *f.* characteristic

caracterizar to characterize

¡caramba! confound it!, darn it!

carbón *m.* coal; charcoal

cárcel *f.* jail

carecer (de) to lack

cargar to impose; to carry; — **con** to assume (responsibility); —**se de** to load or fill oneself up with

cargo: alto — high office, position

caridad *f.* charity

cariño *m.* affection; dear

cariñoso, –a affectionate

carísimo, –a very dear; dearest

carne *f.* meat; flesh; — **de vaca, res** beef

carnet *m.* identity card

caro, –a expensive; dear; *adv.* at a high price

carpintería *f.* carpentry

carpintero, –a *m. & f.* carpenter

carrera *f.* career; profession; race

carretera *f.* road

carro *m.* car; cart

carta *f.* letter

cartelón *m.* placard

casa *f.* house, home

casado, –a married

casarse (con) to get married (to)

caserón *m.* large (ramshackle) house

casi almost

caso *m.* case; **hacer** — to pay attention

casta *f.* caste; distinct class

castellano *m.* Spanish

castigar to punish, castigate

castigo *m.* punishment

castillo *m.* castle

castrista *m. & f.* person in favor of Fidel Castro

casualidad *f.* coincidence; **por** — by chance, accident

catalán, catalana *m. & f. &* *adj.* Catalan (person from Cataluña); *m.* language spoken in Cataluña

Cataluña Catalonia (province in northern Spain)

categoría; de — high quality; prominent

caudillo *m.* chief, leader

causa *f.* cause; **a** — **de** because of

causar to cause

cautividad *f.* captivity

caza *f.* hunting

cazar to hunt

cebada *f.* barley

cebolla *f.* onion

ceder to cede, transfer; to yield, surrender

celebrar to celebrate

célebre famous

celeste celestial

celos *m. pl.* jealousy; **tener** — to be jealous

celoso, –a jealous

cementerio *m.* cemetery

cenar to eat supper

censura *f.* censorship

censurar to censor

centavo *m.* cent

centro *m.* center; middle; downtown; —**s noc-turnos** night clubs

cerca nearby; — **de** near

cercano, –a near

cerdo *m.* pig

cerebro *m.* brain

ceremonia *f.* ceremony

cerquita *dim. of* **cerca** really close

cerradura *f.* lock

cerrar (ie) to close

cerveza *f.* beer

cesar to cease

César Caesar (Roman emperor symbolic of power)

ciclo *m.* cycle

ciego, –a blind

cielo *m.* sky; heaven

ciencia *f.* science

científico, –a *m. & f. & adj.* scientist; scientific

ciento *m.* hundred; **por** — percentage

cierto, –a certain

cifra *f.* figure, number

cigarrillo *m.* cigarette

cine *m.* movie(s); movie house

circular to circulate

círculo *m.* circle

circundar to surround

circunstancia *f.* circumstance

cirujía *f.* surgery

cita *f.* appointment, engagement; quotation

ciudad *f.* city

ciudadano, –a *m. & f.* citizen

civil *m.* civilian; *adj.* civil

clamar to shout, clamor

clandestino, –a underhanded; clandestine

claridad *f.* clarity

claro, -a *adj.* clear, light; *adv.* clearly; **— que** naturally; **— está** of course; **¡ — que sí!** sure!, of course!

clase *f.* class, kind, type; classroom; **— baja** lower class; **— media** middle class

clásico, -a classic(al)

clavado, -a nailed

clave *f.* key

clérigo *m.* clergyman

clero *m.* clergy

cliente *m.* & *f.* customer

clima *m.* climate

cobertor *m.* quilt, bedspread

cobrar to collect; to charge

cocina *f.* kitchen

coctel *m.* cocktail party

coche *m.* car

codicia *f.* greed, covetousness

código *m.* code

codo *m.* elbow; bend (in hallway)

coger to catch; to take

cognado *m.* cognate

colapso *m.* collapse, breakdown

colchón *m.* mattress

coleccionar to collect

colega *m.* & *f.* fellow worker, colleague

colegio *m.* school, academy

colgar (ue) to hang

colina *f.* hill

colocación *f.* placement, arrangement

colocar to place

Colón (Christopher) Columbus

colonizador, -a *m.* & *f.* colonizer

colorado, -a red, reddish; colored

colosal colossal

columna *f.* column; **— vertebral** spine, backbone

comadre *f.* friend

combatir to fight, combat

comedor *m.* dining room

comentarista *m.* & *f.* commentator

comenzar (ie) to begin

comer to eat

comercio *m.* commerce, trade; business

comestibles *m. pl.* food

cometer to commit

cómico, -a humorous, funny

comida *f.* food; meal

comienzo *m.* beginning

comité *m.* committee

como as; like; inasmuch as; as long as; **¿cómo?** how?; **¡cómo no!** of course!

comodidad *f.* convenience; comfort

cómodo, -a comfortable

compadecer (de) to have pity on

compadre *m.* friend

compañero, -a *m.* & *f.* companion, comrade

compañía *f.* company; firm

comparación *f.* comparison

compartir to share

compás: llevar el — to keep time, rhythm

compatriota *m.* & *f.* fellow countryman

compelido, -a compelled

competencia *f.* competition

competir (i) to compete

complacer to please

complejidad *f.* complexity

complejo -a complex

completo: por — completely; **tiempo —** full-time

complicar to complicate; **—se** to become complicated

componer to compose, make up

comportamiento *m.* behavior, conduct

comportar to bear

compra *f.* purchase

comprar to buy

comprender to understand

comprensión *f.* understanding; comprehension

comprensivo, -a understanding

comprimido, -a crushed

comprobar (ue) to verify

comprometerse to commit oneself, to become engaged

compromiso *m.* obligation

compuesto *p.p. of* **componer** composed

computadora *f.* computer

común common

comuna *f.* commune

comunal common (belonging to the community)

comunicar to communicate

comunidad *f.* community

con with; **— todo** however, nevertheless

concebir (i) to imagine; to conceive

conceder to concede; to admit

concentrarse to concentrate

conciencia *f.* conscience; consciousness, awareness

concierto *m.* concert

concluir to conclude; to finish

concha *f.* shell; shellfish

conde *m.* count

condena *f.* sentence, punishment

condenación *f.* condemnation

condenar to condemn

condición *f.* condition; status; **a — de** on the condition that, provided that; **estar en —es de** to be in a position to

condicionamiento *m.* conditioning

condimento *m.* seasoning

condominio *m.* condominium

conducir to lead, conduct; to behave; to drive

conducta *f.* behavior, conduct

conductor -a *m.* & *f.* driver

condujo *pret. of* **conducir** (it) lead

conejo *m.* rabbit

confianza *f.* confidence, trust; **tener — en** to trust

confiar to confide; to entrust, trust

confín *m.* boundary, limit

conformarse to conform

confrontar to face; to confront

confundir to confuse; to bewilder

confuso, –a indistinct; confused

congelado, –a frozen

congénere *m. & f.* kindred person

Congreso *m.* Congress

conjeturar to surmise, conjecture

conjunción *f.* union; conjunction

conjunto *m.* ensemble

conmoción *f.* commotion

conmovedor, –a moving; stirring

conmovido, –a moved, stirred

conocer to know, be familiar with; to meet

conocimiento *m.* knowledge

conquista *f.* conquest

conquistador, –a *m. & f.* conqueror

conquistar to conquer

consagrar to consecrate; to sanction; to establish

consciente conscious, aware

conscripción *f.* conscription, military draft

consecuencia *f.* consequence; result; **como —** as a result

consecuentemente consequently; logically

conseguir (i) to obtain, get; to manage to; to get (somebody) to

consejero, –a *m. & f.* adviser

consejo *m.* council; advice; **— de guerra** court martial

conservador, –a conservative

conservar to keep, preserve

consigo with himself (herself, themselves, etc.)

consolar (ue) to console, comfort

conspiración *f.* conspiracy

constancia *f.* evidence, proof

constante *f. & adj.* unchanging quality; constant

constatar to show; to verify

consternación *f.* dismay; panic; consternation

constituir(se) to form, constitute

construir to build, construct

consuelo *m.* comfort, consolation

consumar to consummate, complete

consumidor, –a *m. & f.* consumer

consumir to consume; to use up

consumo *m.* consumption

contagiarse de to become or be infected with

contagio *m.* contagion

contaminador, –a contaminating

contaminar to contaminate, pollute

contar (ue) to count; to recount, tell; **— con** to count on; to have

contemplar to watch, gaze at, contemplate

contemporáneo, –a contemporary

contener to contain; to hold in, restrain

contenido *m.* content

contentamiento *m.* contentment

contestar to answer

continuación: a — as follows; below

continuar to continue, go on

continuidad *f.* continuity

continuo, –a continuous; constant

contorno *m.* contour

contra against; **estar en — de** to be against; **— ataque** counterattack

contrabandista *m. & f.* smuggler, contrabandist

contrabando *m.* smuggling

contradecir to contradict

contraer to contract, get (a disease)

contrapartida *f.* counterpart

**contraposición: estar en — to be at odds, in opposition

contrariado, –a thwarted

contrario *m.* opposite, contrary; **al —, por el —** on the contrary

contratar to hire

contrato *m.* contract

contribuir to contribute

contuvo *pret. of* **contener** contained

convencer to convince

convenir to be necessary; to be agreeable; to suit; to be a good idea

convertir (ie, i) to convert, change; **—se en** to change into, to become

convivencia *f.* living together

conyugal conjugal

copa *f.* goblet, cup, glass; drink

copiar to copy; to imitate

coraje: le dio — it made him angry

Corán *m.* Koran (sacred book of Moslems)

coraza *f.* armor plate

corazón *m.* heart

corbata *f.* tie

cordillera *f.* high mountain range

cordón *m.* string, cord

coro *m.* chorus

corolario *m.* corollary

corona *f.* crown

correcto, –a proper, correct

corredor *m.* corridor

corregir (i) to correct; to discipline (children)

correo *m.* mail; postal service

correr to run; to hasten; to throw out

corresponder to pertain, belong; to correspond

corrida: — de toros *f.* bull fight

corriente *f.* current; *adj.* regular, usual; current

corromper to corrupt

cortar to cut

corte *f.* court

cortés courteous

cortesía *f.* courtesy

cortina *f.* curtain

cosa *f.* thing, matter; **no ser gran —** not to be much; not to amount to much

cosecha *f.* harvest, crop

cosechero, –a *m. & f.* grower

costa *f.* coast; **a toda —** at all costs; **a mi —** at my expense

costar (ue) to cost

costo *m.* cost

costoso, –a costly; expensive

costumbre *f.* custom; **como de —, según —** as usual, as is customary

cotidianamente daily

cráneo *m.* skull

creador, –a *m. & f.* creator; *adj.* creative

crear to create

crecer to grow (up)

creciente growing, increasing; *f.* river flood

crecimiento *m.* growth

credo *m.* creed

creencia *f.* belief

creer to believe

crepúsculo *m.* dusk

creyente *m. & f.* believer

cría *f.* breeding

criado, –a *m. & f.* servant, maid

crianza *f.* raising, upbringing

criar to raise

crimen *m.* crime

cristal *m.* crystal; glass

cristiano, –a Christian

Cristo Christ

criterio *m.* standard, criterion

crítica *f.* criticism

criticar to criticize

crítico, –a *m. & f. adj.* critic; critical

crucigrama *m.* crossword puzzle

crueldad *f.* cruelty

crujido *m.* creaking; crunching

cruzar to cross; **—se** to pass one another

cuadro *m.* painting, picture

cual who, which; **¿cuál?** which? what?

cualidad *f.* quality; characteristic

cualificado, –a qualified

cualquier, –a any; anyone,

anybody; **de — modo** in any case

cuando when; **de vez en —** from time to time; **¿cuándo?** when?

cuanto, –a as much as, as many as; all that; **— más...más** the more . . . the more; **en —** as soon as; **en — a** as for, with regard to; **¿cuánto, –a?** how much?; **¿cuántos, –as?** how many?; **¡cuánto!** how much!, how!

cuarto *m.* room; quarter (of an hour)

cubano, –a *m. & f. & adj.* Cuban

cubierto, –a *p.p. of* **cubrir** & *adj.* covered

cubrir to cover

cuchillo *m.* knife

cuello *m.* neck

cuenca *f.* basin

cuenta *f.* count; calculation; account; bill; **darse —(de)** to realize; **dar —** to answer for

cuentista *m. & f.* short story writer

cuento *m.* short story; story, tale

cuerdo, –a sane

cuero *m.* hide, skin, leather; **en —s** stark naked

cuerpo *m.* body

cuestión *f.* issue; question

cuestionar to question

cueva *f.* cave

cuidado *m.* care, attention; **tener —** to be careful

cuidar (de) to take care of

culpa *f.* guilt; blame; **tener la —** to be to blame, to be guilty; **echar la —** to blame

culpable guilty; blameworthy

cultivar to cultivate

cultivo *m.* cultivation; crop

culto, –a educated, cultured

cultura *f.* culture

cumpleaños *m.* birthday

cumplir (con) to perform one's duty; to fulfill; to

comply; to carry out; **— años** to be (so many) years old

cura *m.* priest

curación *f.* cure

curar to cure

curiosear to observe with curiosity

curiosidad *f.* curiosity

curioso, –a curious; strange, unusual

cursi cheap, vulgar, flashy

curso *m.* course

custodia *f.* custody; escort

cuyo, –a whose

CH

chaqueta *f.* jacket, coat

charco: brincar el — to cross the pond or the ocean

charlar to chat

chavo *m.* cent; **—s** money

chicano, –a *m. & f. & adj.* Mexican-American

chico, –a *m. & f.* child; friend, old buddy; *adj.* small

chile *m.* chili, red pepper

chileno, –a Chilean

chino, –a Chinese

chiquillo, –a *m. & f.* little boy; little girl

chiquito, –a *m. & f.* little boy; little girl

chiste *m.* joke

chofer *m.* driver

choque *m.* collision; clash; shock

chorro *m.* jet; spout; gush

choza *f.* hut, cabin

D

dado: — que given that

dama *f.* lady; noble or distinguished woman

dañar to harm, damage

daño *m.* harm, damage

dar to give; **— un paseo** to take a walk; **— una vuelta** to take a walk; **— vueltas** to walk in circles; **— muerte a** to kill;

— por bueno y completo to consider good and complete; **— a entender** to hint, imply; **— a luz** to give birth; **— con uno en tierra** to throw one to the ground; **— le a uno por** to take to; **— le a uno coraje** to make one angry; **— se cuenta** to realize

datar to date; take origin; **— de** to date from

dato *m.* datum, fact; **—s** data

d.C. A.D. (after Christ)

de of; from; about; concerning; **—...en** from . . . to

deán *m.* dean (church official)

debajo under, beneath; **— de, por — de** underneath

debatir to debate

deber to owe; to have to (must, should, ought); **se debe a** is due to; *m.* duty; homework

debidamente properly; appropriately

debido: — a due to

débil *adj. & n.* weak; weak person

debilidad *f.* weakness

debilitación *f.* weakening

década *f.* decade

decaído *p.p. of* **decaer** & *adj.* decayed; declining

decente respectable; decent

decepcionado, –a disillusioned

decir to say, tell; **es —** that is to say

decisivo, –a decisive, conclusive

decorar to decorate

decretar to decree

decreto *m.* decree

dedicar to dedicate; **—se (a)** to devote oneself (to)

defender (ie) to defend

defensor, –a *m. & f.* defender

deficiencia *f.* deficiency

definir to define

definitivo, –a definitive, conclusive, final

defraudar to defraud

dejar to leave; to allow, let; to quit; **— caer** to drop; **— de** to stop, cease; **— en paz** to let alone; **— se matar** to let oneself die or be killed

delante before, in front; **— de** ahead of, in front of

deliberado, –a deliberate, intentional

delicadeza *f.* tenderness; delicateness; **con —** delicately

delicado, –a delicate

delicioso, –a delightful, delicious

delirio *m.* delirium, temporary madness

delito *m.* crime

demás: los, las — the others; *adj.* other; **por lo — as** to the rest, moreover

demasiado too; too much

demográfico, –a demographic (pertaining to the population)

demostración *f.* proof, demonstration

demostrar (ue) to show, demonstrate

dentro within, inside; **— de** within, inside of, in; **por — on** the inside

denunciar to denounce

depender (de) to depend (on)

dependiente, –a *m. & f.* waiter; waitress; clerk

deporte *m.* sport

deprimente depressing

depuesto (*p.p. of* **deponer**) deposed

derecha *f.* right (side or direction); right wing (in politics)

derechista *m. & f.* right-winger

derecho right; **tener — a** to have the right to; **en —** by law

derivar to derive

derribar to overthrow; to tear down, demolish

derrocamiento *m.* overthrow

derrota *f.* defeat

derruido, –a in ruins

desacostumbrado, –a unusual

desagradable disagreeable, unpleasant

desagradecido, –a *n. & adj.* ungrateful (person)

desamparado, –a abandoned

desaparecer to disappear

desarrollar to develop

desarrollo *m.* development; **en —** developing

desastre *m.* disaster

desastroso, –a disastrous

desayunar to have breakfast

desayuno *m.* breakfast

desazón *f.* annoyance; discomfort

descalzo, –a barefoot

descansar to rest

descanso *m.* rest

descaro *m.* brazenness

descender (ie) to descend, go down; to get off (a bus)

descenso *m.* descent

descifrar to decipher

descolorar to discolor

descollar (ue) to stand out; to be prominent

descomponer to ruin; to put out of order

desconcertante disconcerting, disturbing

desconectar to disconnect

desconforme *n. & adj.* nonconformist; not in agreement

desconocido, –a unknown

descontento, –a unhappy

descontrolado, –a uncontrolled

descortesía *f.* discourtesy; uncouthness

describir to describe

descrito *p.p. of* **describir** described

descubierto, –a *p.p. of* **descubrir** & *adj.* uncovered; bareheaded; discovered

descubrimiento *m.* discovery

descubrir to discover; **—se** to take off one's hat

descuidar: descuida don't worry

desde from; since

desdén *m.* disdain

desdicha *f.* misfortune

desdichado, –a *m. & f.* wretch, unfortunate person

deseable desirable

desear to desire, wish, want

desechar to reject; to discard

desembarcar to disembark

desembocar to lead or flow into

desempleado, –a unemployed

desempleo *m.* unemployment

desengaño *m.* disillusionment

desenvuelto *p.p. of* **desenvolver** developed; evolved

deseo *m.* desire, wish

deseoso, –a eager, desirous

desequilibrio *m.* imbalance

desesperación *f.* despair

desesperado, –a desperate; despairing

desfavorable unfavorable

desgracia *f.* misfortune

desgraciado, –a unfortunate, hapless

deshacerse (de) to get rid of

deshonrar to dishonor, disgrace

deshumanizar to dehumanize

desierto *m.* desert

designar to designate, appoint

desigualdad *f.* inequality

desilusión *f.* disillusionment; disappointment

desilusionarse to become disillusioned

deslumbrado, –a dazed

desmantelamiento *m.* dismantlement

desnudar to undress

desnudo, –a naked, unclothed

desocupar to empty, vacate

desoír to turn a deaf ear to; to refuse

desolado, –a desolate

desorbitado, –a with bulging eyes; out of proportion

desorden *m.* disorder

desorientar to disorient, confuse; **—se** to get or become lost

despedida *f.* farewell

despedir (i, i) to give off; **—se (de)** to say or bid goodbye (to)

desperdicios *m. pl.* garbage, waste

despertador *m.* alarm clock

despertar(se) (ie) to awaken, wake up

despierto, –a awake

despoblado, –a unpopulated

despreciar to look down upon, despise, scorn

desprecio *m.* scorn, contempt

desproporcionado, –a disproportionate

después afterwards; later; then; **— de** after

destacar to make stand out; **—se** to stand out

destape *m.* opening up; uncovering

desterrado, –a banished, exiled

destinado, –a destined, fated

destino *m.* destiny

destreza *f.* skill, ability

destruir to destroy

desuso *m.* disuse; obsolescence

desvalido, –a helpless; destitute

desvarío *m.* whim; nonsense

desvelarse to remain awake

desventaja *f.* disadvantage

detalle *m.* detail

detener(se) to stop

deteriorado, –a deteriorated

deteriorarse to deteriorate; to become damaged

deterioro *m.* deterioration

determinado, –a certain, particular

determinante decisive

determinar to determine

detonación *f.* explosion

detrás (de) behind; **por —** from behind

detuvo *pret. of* **detener** stopped

deuda *f.* debt

devolver (ue) to return

devorar to devour

devuelto *p.p. of* **devolver** & *adj.* returned

día *m.* day; **de —** by day; **hoy —** nowadays; **al — siguiente** (on) the following day

diablo *m.* devil

diabólico, –a diabolical, devilish

diagnosticar to diagnose

dialogar to take part in a dialogue

diamante *m.* diamond

diariamente daily

diario, –a daily; *m.* (daily) newspaper; diary

dibujar to draw; to sketch

dibujo *m.* sketch; drawing

diccionario *m.* dictionary

dictado, –a dictated, given, *e.g.* **dictado en inglés** given in English

dictador, –a *m. & f.* dictator

dictadura *f.* dictatorship

dicha *f.* happiness; good luck, fortune

dicho *p.p. of* **decir** said; aforementioned; **mejor —** rather

diente *m.* tooth

diestro, –a skillful

diferencia *f.* difference; **a — de** in contrast to; unlike

diferenciar to differ; to differentiate; **—se** to distinguish oneself; to differ

difícil difficult; hard; improbable

dificultad *f.* difficulty

dificultar to make difficult

difundir to spread

difunto, –a *m. & f.* deceased, dead

difuso, –a diffuse; diffused

dignidad *f.* dignity

digno, –a worthy; dignified

dinero *m.* money

dios *m.* god; **Dios** God; **¡Vaya por —!** God's will be done!

diputado, –a *m. & f.* representative; deputy

dirigir to lead, direct; **—se a** to address (a person); to go to or toward

discernido *p.p. of* **discernir** discerned; appointed

disco *m.* record; disk

discrepante dissenting; discrepant

discreto, –a discreet; clever

discriminar to discriminate (against)

disculpable excusable

disculparse to excuse oneself; to apologize

discurso *m.* speech

discutir to discuss, argue

diseño *m.* design

disfrutar (de) to enjoy

disgregarse to scatter, be disintegrated

disminuir to diminish, decrease

disolver (ue) to dissolve

disperso, –a dispersed, scattered

disponer to order; to dispose; **— de** to have the use of; to have at one's disposal

disposición: a — de at the service or disposal of

dispuesto, –a *p.p. of* **disponer** & *adj.* disposed; ready; fit; smart; clever

disputa *f.* dispute, fight

disputar to fight, dispute

distinguir to distinguish

distinto, –a distinct, different

distorsionar to distort

distraer to distract; **—se** to amuse oneself

distraído, –a distracted; absent-minded

distribuir to distribute

distrito *m.* district

divergencia *f.* divergency; divergence

divertirse (ie, i) to have a good time, amuse oneself

dividido, –a separated; spread out

divisar to perceive at a distance

divorcio *m.* divorce

divulgar to divulge, reveal

doble: — jornada double work day

docena *f.* dozen

dócilmente docilely

doctorado *m.* doctorate

dólar *m.* dollar

doler (ue) to hurt, ache

dolor *m.* pain; grief

dolorido, –a grieving

doloroso, –a painful

domado, –a tamed; conquered

dominante dominant; prevailing

dominar to dominate; to master

domingo *m.* Sunday

dominio *m.* mastery; dominion; domain

don Don (title of respect used before male names)

donde where; **¿dónde?, ¿a —?** where?

dondequiera anywhere, wherever

doña Doña (title of respect used before female names)

dorado, –a golden

dormido, –a sleeping, asleep

dormir (ue, u) to sleep; **—se** to fall asleep

dormitorio *m.* bedroom

dotado, –a endowed

dote *f.* dowry; natural gift, talent

dramaturgo, –a *m. & f.* playwright

droga *f.* drug

dualidad *f.* duality

duda *f.* doubt; **no cabe —** there is no doubt

dueño, –a *m. & f.* owner; master

dulce sweet

duplicar(se) to double, duplicate

durante during; for

durar to last

duro, –a hard; severe

e (= **y** before words beginning with **i** or **hi**) and

eco *m.* echo

ecología *f.* ecology

ecológico, –a ecological

ecólogo, –a *m. & f.* ecologist

economía *f.* economy

echado, –a lying down

echar to throw, toss; to throw out; **— a andar** to set, place in motion; **— la culpa** to blame; **—se a reír** to burst out laughing; **—se a perder** to be or become ruined

ecuestre equestrian

edad *f.* age; **de — mediana** middle aged; **— oscura** Dark (Middle) Ages

edénico, –a paradisiacal

edificio *m.* building

educador, –a *m. & f.* educator

educar to educate

educativo, –a educational

EE.UU. abbreviation for **Estados Unidos** (United States)

efecto *m.* effect; **en —** in fact

efectuar to effect, bring about

eficaz (*pl.* **eficaces**) efficient

efusión *f.* effusion, unrestrained expression of feeling

efusivo, –a effusive

egoísta selfish

ejecución *f.* carrying out; execution

ejecutar to execute

ejecutivo, –a executive

ejemplo *m.* example; **por — for** example

ejercer to exert; to perform

ejercicio *m.* exercise

ejército *m.* army

electorado *m.* electorate

electricidad *f.* electricity

elegir (i) to choose, elect

elemental elementary

elevar to elevate, raise

eliminar to eliminate

ello *pron.* it

embajador, –a *m. & f.* ambassador

embarazada pregnant

embarazo *m.* pregnancy

embarcado, –a engaged (in)

embargo: sin — nevertheless, however

emborracharse to get drunk

embrutecer to render brutish; to dull the mind

emigrar to emigrate; to migrate

emisión *f.* broadcast

emitir to emit

emocionado, –a moved, touched, affected

emocionante exciting

emotivo, –a emotional

empaquetar to package; to put in a package

empeoramiento *m.* worsening

empeorar to worsen

emperador, –a *m. & f.* emperor; empress

empero however, nevertheless

empezar (ie) to begin

empleado, –a *m. & f.* employee

emplear to use; to employ, hire

empleo *m.* employment, job; use

empobrecerse to become impoverished

emprender to undertake; to begin

empresa *f.* enterprise; company, business

empresario, –a *m. & f.* businessman; businesswoman

empujar to push, shove

en in; on; at; during; to; **de... — from . . . to**

enajenar to alienate

enamorado, –a in love, enamored

enamorarse (de) to fall in love (with)

encabezado, –a headed

encaminarse to start out on a road

encantado, –a delighted; satisfied

encantador, –a *m. & f.* sorcerer; sorceress

encanto *m.* enchantment, spell

encargado, –a *m. & f.* person in charge or entrusted

encargar to entrust; **—se (de)** to take charge (of)

encendedor *m.* lighter

encender (ie) to light

encerrar (ie) to enclose; to encircle; to shut in, confine; to contain; **—se** to lock oneself up, go into seclusion

encima (de) on; upon; on top of

encontrar (ue) to find; to encounter; **—se** to be; to be found; **—se con** to come across, meet up with

encrucijada *f.* crossroads, intersection

encuentro *m.* encounter; **ir al — de** to go to meet

encuesta *f.* poll

enemigo, –a *m. & f.* enemy

energía *f.* energy

enérgico, –a energetic

enfadar to displease, anger; **—se** to become angry

énfasis *m.* emphasis; **hacer — en** to emphasize

enfático, –a emphatic

enfermarse to become sick

enfermedad *f.* sickness, disease

enfermero, –a *m. & f.* nurse

enfermizo, –a sickly

enfermo, –a sick; *m. & f.* sick person

enfocar to focus

enfrentarse (con) to face, confront

enfrente (de) opposite, in front

enganchista *m.* labor contractor (who hires with false promises)

engañar to deceive; to cheat

engaño *m.* deceit, fraud

enmienda *f.* amendment

enojar to make angry

enojo *m.* anger

enorme enormous

enrigidecer to make rigid

enriquecer to enrich

enrollado, –a wrapped around, coiled around

ensalada *f.* salad

ensangrentarse (ie) to become covered with blood

ensayista *m. & f.* essayist

ensayo *m.* essay

enseñanza *f.* teaching; education; training

enseñar to teach; to show

ensordecer to deafen

ensuciarse to get dirty

entender (ie) to understand

entero, –a entire, whole, complete

entibiar to take the chill off

entidad *f.* entity

entonces then

entornado, –a half-closed (eyes)

entrada *f.* entry

entrante: el año — (the) next year

entrañar to contain; to carry within

entrar to enter

entre between, among

entrega *f.* surrender

entregar to hand over; **—se** to devote oneself wholly

entrenamiento *m.* training

entrenar to train

entretanto meanwhile

entretener to amuse; to entertain

entrevista *f.* interview

entristecerse to become sad

entusiasmado, –a enthused

entusiasmo *m.* enthusiasm

entusiasta enthusiastic

envalentonado, –a emboldened

envenenamiento *m.* poisoning

envenenar to poison

enviar to send

envidia *f.* envy

envuelto, –a wrapped up; enveloped

época *f.* epoch; age; time; season

equidad *f.* fairness, equity

equilibrio *m.* equilibrium, balance

equipado, –a equipped

equipo *m.* team

equivocarse to be mistaken; to make a mistake

erradicar to erradicate

erróneo, –a incorrect, erroneous

erudito, –a erudite, learned

esbozo *m.* outline

escala *f.* scale; **a — menor** on a smaller scale

escalera *f.* staircase

escalón *m.* step

escandalizar to shock, scandalize

escándalo *m.* tumult, noise

escandaloso, –a scandalous

escaparate *m.* display window

escapar(se) to escape; to flee; to slip away

escasear to be scarce

escasez (*pl.* **escaseces**) *f.* shortage

escaso, –a scarce; scant; in small quantity

escena *f.* scene

escenario *m.* scenery; backdrop

esclavitud *f.* slavery

esclavo, –a *m.* & *f.* slave

escoger to choose, select

escolar academic, scholastic

escolástico, –a scholastic

esconder(se) to hide

escribir to write

escrito, –a *p.p. of* **escribir** & *adj.* written; **— se** *m. pl.* writings

escritor, –a *m.* & *f.* writer

escritura *f.* writing

escrúpulo *m.* scruple

escuchar to listen (to)

escuela *f.* school

escudo *m.* shield

esencia *f.* essence

esencial essential

esfera *f.* sphere

esforzarse (**ue**) to make an effort

esfuerzo *m.* effort

esmero *m.* great care

eso that; that thing; that fact; **por —** therefore, for that reason

espacial: nave — spaceship

espacio *m.* space

espacioso, –a spacious

espada *f.* sword

espalda *f.* back; **a mis —s** behind my back

espanto *m.* fright, horror

espantoso, –a frightful, terrifying

España Spain

español, –a *m.* & *f.* & *adj.* Spaniard; Spanish

especializado, –a specialized

especie *f.* kind, type; species; idea

espectáculo *m.* spectacle; show

espectador, –a *m.* & *f.* spectator; viewer

espejo *m.* mirror

espera *f.* wait, waiting; **en — de** in the expectation of

esperanza *f.* hope

esperar to hope for; to wait for; to expect

espesante *m.* thickening agent

espesura *f.* thicket, dense wood

espiar to spy, watch

espíritu *m.* spirit

esplendor *m.* splendor; radiance

espontáneo, –a spontaneous

esposo, –a *m.* & *f.* husband; wife; spouse

esquemático, –a schematic, summarized

esquina *f.* corner

estabilidad *f.* stability

establecer to establish

establecimiento *m.* establishment

estación *f.* season; station

estadio *m.* stadium

estadística *f.* statistic

estado *m.* state; condition; **Estados Unidos** United States

estallar to explode, burst

estampa *f.* picture; image; print

estar to be, to be present; **— de acuerdo (con)** to agree (with)

estatal (pertaining to the) state

estático, –a static, stationary

estatua *f.* statue

estatuto *m.* statute; by-law

este *m.* east

estereotipado, –a stereotyped

estereotipo *m.* stereotype

estéril sterile

esterilización *f.* sterilization

estigma *m.* stigma, mark of disgrace

estilo *m.* style

estimación *f.* esteem

estimar to esteem, respect; to estimate

estimulante stimulating

estimular to stimulate

estímulo *m.* stimulus; stimulation

estirpe *f.* race; breed; stock

esto this; this thing; this matter

estoicismo *m.* stoicism

estómago *m.* stomach

estornudar to sneeze

estrago *m.* havoc, ruin

estrangular to strangle

estrategia *f.* strategy

estrechéz *f.* austerity

estrecho, –a narrow; close

estrella *f.* star

estribillo *m.* refrain

estrictamente strictly

estridencia *f.* stridence, flashiness

estrofa *f.* stanza

estructura *f.* structure

estruendo *m.* great noise

estudiante *m.* & *f.* student

estudiar to study

estudio *m.* study

estupidez *f.* stupidity

etapa *f.* stage; period

eterno, –a eternal

ético, –a ethical; *f.* ethics

etiqueta *f.* formality; etiquette

étnico, –a ethnic

europeo, –a *m.* & *f.* & *adj.* European

eutanasia *f.* euthanasia, mercy killing

Eva Eve

evadir to evade

evaluar to evaluate

evitar to avoid

evocar to evoke

exabrupto *m.* impolite outburst

exactitud *f.* exactness

exacto, –a exact; *adj.* exactly

exagerar to exaggerate

examinar to examine; to inspect

excedencia *f.* leave of absence

excentricidad *f.* eccentricity

exceso *m.* excess

excitación *f.* stimulus; excitation

exclamar to exclaim

excluir to exclude

excoronel *m.* ex-colonel

exhausto, –a exhausted

exhibir to show, display, exhibit

exigencia *f.* demand; requirement

exigir to demand, require

exiliado, –a *m. & f. & adj.* exile; exiled

exilio *m.* exile

éxito success; **tener —** to be a success, be successful

éxodo *m.* exodus, mass migration

experimentar to experience, feel, undergo

explicar to explain

explotación *f.* exploitation; development

explotar to exploit; to explode; to develop

exponer to expound; to expose

expositor, –a *m. & f.* commentator

expulsar to expel

extender(se) (ie) to extend; to spread out; **— la mirada** to cast a glance

extenso, –a extensive, vast, spacious

externo, –a external

extinguir to extinguish; **—se** to go out, die

extranjerizar to introduce foreign ways in

extranjero, –a foreign

extrañar to miss; to seem strange

extraño, –a strange, foreign; *m. & f.* stranger

F

fábrica *f.* factory

fabricación *f.* manufacture

fabricar to manufacture

fácil easy

facilidad *f.* ease, facility; **con —** easily

facilitar to facilitate, make easy

Falange (la) the Fascist Party in Spain

falsedad *f.* falsehood, lie

falsificar to falsify

falta *f.* lack; absence; **hacer — to** be necessary; **sin —** without fail; **por — de** for want of

faltar to be lacking; **— le a uno algo** to be lacking something; **— al trabajo** to be absent from work; **no faltaba más** that was the last straw

falto lacking, deficient

fama *f.* fame, reputation

famélico, –a hungry, famished

familiar (pertaining to the) family; familiar

famoso, –a famous, well-known

fantasía *f.* fantasy

fantasma *m.* apparition; phantom

farolillo *m.* small lantern

fascinar to fascinate, charm

fase *f.* phase

fastidiosamente in an annoying or a bothersome way

fatalidad *f.* fatality

fatiga *f.* fatigue

favor: estar a — de to be in favor of; **por —** please

favorecer to favor

fe *f.* faith

febril feverish

fecundación *f.* fertilization, fecundation

fecha *f.* date

felicidad *f.* happiness

feliz (*pl.* **felices**) happy

feminidad *f.* femininity

fenómeno *m.* phenomenon

feo, –a ugly

feroz (*pl.* **feroces**) fierce

ferrocarril *m.* railroad

fervor *m.* fervor, zeal

fervorosa(mente) fervent(ly), ardent(ly)

feto *m.* fetus

fiar (en) to trust (in)

ficción: — científica science fiction

ficticio, –a fictitious

fidelidad *f.* faithfulness, fidelity

fiel faithful

fiesta *f.* party

figurarse to imagine

fijar to fix; **—se en** to notice

fijeza *f.* firmness; **mirar con —** to stare

fijo, –a fixed, firm, secure

fila *f.* row

Filipinas the Philippines

filólogo, –a *m. & f.* philologist; expert in the study of words and their origin; linguist

filosofía *f.* philosophy

filosófico, –a philosophical

filósofo, –a *m. & f.* philosopher

filtrar to filter

fin *m.* end; purpose; **a — de** in order to; **al —** at last, at the end; **al — de cuentas** after all; **— de semana** weekend; **a —es de, de —es de** toward the end of; **en —** in short

final *m.* end; **al —** at the end

finalidad *f.* purpose; goal

finalizar to end

financiero, –a financial

finanza *f.* finance

finca *f.* farm

fino, –a delicate

firmamento *m.* sky, firmament

firmar to sign

firme firm, solid; stable
firmeza *f.* firmness
físico, –a physical
fisionomía *f.* facial expression
flamenco *m.* flamingo (bird)
flaqueza *f.* weakness; frailty
flor *f.* flower
florecer to flourish; to bloom
florecimiento *m.* flourishing, flowering
flotante floating
fomentar to encourage
fondo *m.* bottom, depth; back; **—s** funds
forjar to form
forma *f.* form, shape; **de esta —** in this way
formalidad *f.* formality
formar to form; to constitute, make up
fortuito, –a accidental
forzar (ue) to force
forzoso, –a obligatory, compulsory
fotografía *f.* photograph
fracasar to fail
fracaso *m.* failure
fragante fragrant
fragilidad *f.* fragility
francés, francesa *m. & f. & adj.* French person; French
Francia France
franqueo *m.* postage
franquista *m. & f.* supporter of Spanish dictator Francisco Franco; *adj.* pertaining to Franco
frase *f.* phrase; sentence
frecuencia *f.* frequency
frecuente frequent
frenar to put on the brakes; to slow down
frenesí *m.* frenzy, madness
frente *m.* front; **al — de** in front of; **— a** facing, in front of; *f.* forehead
fresco, –a fresh
frescura *f.* freshness, coolness; ease
frialdad *f.* coldness
frío, –a cold
frívolo, –a frivolous
frontera border; boundary
fronterizo, –a border
frustrar to frustrate; **—se** to be or become frustrated

fruta *f.* fruit
frutero, –a fruit, of fruit
fruto *m.* result; fruit (any organic product of the earth)
fuego *m.* fire
fuente *f.* fountain; source
fuera outside; away; **—de** outside of, beyond
fuerte strong; harsh
fuerza *f.* force, strength; **a — de** by dint of; **deshaciendo —s** correcting injustices; **de por —** by force; **por su propia —** without help, by itself
fumar to smoke
funcionar to function; to work, run (said of machines)
funcionario, –a *m. & f.* public official, civil servant
fundamentado, –a based
fundamento *m.* foundation
fundar to found, establish; to base
funerario, –a funeral
furia *f.* rage, fury
furioso, –a furious; frenzied
furor *m.* fury, anger, rage
fusil *m.* gun, rifle
fútbol *m.* football; football game; soccer

G

gabacho, –a (*Mex.-Amer.*) *m. & f. & adj.* white American
galán *m. & adj.* suitor; loverboy; gallant
galería *f.* corridor; gallery
Galicia Galicia (province in northern Spain)
gallego *m.* language spoken in Galicia
gana *f.* desire, will; **darle la —** to feel like; to choose to; **tener —s** to feel like
ganadería *f.* livestock
ganado *m.* cattle; herd; livestock
ganancia *f.* profit; gain
ganar to gain; to win; to earn; **— el pan, —se la vida** to earn a living

garantía *f.* guarantee
garantizar to guarantee; to vouch for
garganta *f.* throat
gastar to spend; to wear down
gasto *m.* expense
gato, –a *m. & f.* cat; *m.* jack
gaucho *m.* Argentinian and Uruguayan cowboy
general: por lo — generally
generar to generate
género *m.* kind; type; gender; genre, literary form
generoso, –a generous
genética *f.* genetics
genial jovial, pleasant
genio *m.* genius, spirit
gente *f.* people
gentuza *f.* riffraff, scum
gerente *m.* manager
germen *m.* origin, source
gestionar to take steps to arrange
gesto *m.* expression; grimace; gesture
gigantesco, –a gigantic
gitano, –a *m. & f. & adj.* gypsy
Glaciar: Período — Ice Age
globo *m.* globe; world
glorificar to glorify
gobernador, –a *m. & f.* governor
gobernante *m. & f.* ruler
gobernar (ie) to govern, rule
gobierno *m.* government
golpeado, –a bruised; beaten up
golpe *m.* hit, blow; **dar —s** to strike, hit; **— de mano** surprise attack
golosina *f.* sweet morsel
gordo, –a fat
gorro *m.* cap
gozar (de) to enjoy
gozo *m.* joy
grabadora *f.* tape recorder
gracia *f.* grace, charm; **—s** thank you
gracioso, –a charming; comical
grado *m.* grade; degree
graduar(se) to graduate
gran, —de large, big; great; grand

grandeza f. greatness

grandiosamente magnificently, grandiosely

granizo m. hail; hailstorm

grano m. grain (of cereals)

grasa f. grease

gratificación f. tip; additional fee

gratificar to gratify

gratis free of charge, gratis

gratuito, –a gratuitous; without justification; uncalled for

grave serious, grave

gravedad f. seriousness; gravity

gravitar to press on; to gravitate

griego, –a m. & f. & adj. Greek

gris gray

gritar to shout

grito m. shout, cry; **dar —s** to cry, shout

grosero, –a crude; **palabras —s** dirty words

grupo m. group

guajiro, –a m. & f. Cuban peasant

guanábana f. custard-apple fruit

guante m. glove

guarda m. & f. guard, keeper

guardar to guard, watch over; to keep, save; to take care of

guardería f. daycare center

guardia m. guard, guardsman; **— de noche** night watchman

guardián m. guardian, watchman

guarida f. den, lair (of wild animals)

gubernamental governmental

güero, –a (Mex.) blondie

guerra f. war; **Guerra Mundial** World War

guerrilla f. band of guerrilla fighters

guiar to guide

guisa f. manner; way

guitarra f. guitar

gula f. gluttony

gustar to like; to please

gusto m. pleasure; taste; **estar a —** to be comfortable; **dar —** to please

H

ha form of **haber** (see **haber**)

Habana Havana

haber to have; **— de +** inf. to be to; to be obliged to; to be going to, e.g. **si he de morirme** if I am to die

habilidad f. ability, skill; talent

habitación f. room; apartment

habitado, –a inhabited

habitante m. & f. inhabitant

habitar to live in, inhabit

habituarse to become accustomed, to get used to

habla: de — española Spanish-speaking

hablador, –a m. & f. talker

hablar to talk, speak; **el — español** speaking Spanish, the speaking of Spanish

hacer to make; to do; **— buen (mal) tiempo** to be good (bad) weather; **— calor (frío, sol)** to be warm (cold, sunny); **—se** to become, to change into; **—se tarde** to be getting late; **— +** time expression ago, e.g. **hace un siglo** one century ago; **— un papel** to play a role or part; **— saber** to make known

hacia toward, to

hacha f. axe

hachazo m. blow with an axe

hallar to find

hambre f. hunger

hambriento, –a hungry

harto, –a: estar — de to be fed up with, sick and tired of

hasta even; until; to; up to

hastiado, –a (de) weary (of)

hay form of **haber** there is, there are: **— que +** inf. one must . . .

he aquí here is, here you have

hecho p.p. of **hacer** made, done; m. fact; act

helado m. ice cream

hembra f. female

hembrismo m. exaggeratedly feminine actions and attitudes

hembrista f. & adj. female who believes in or practices **hembrismo**

hemofilia f. hemophilia

heredar to inherit

heredero, –a m. & f. heir, successor

herencia f. inheritance; heritage; heredity

herida f. injury

herir (ie, i) to hurt; to wound

hermano, –a m. & f. brother; sister

hermoso, –a beautiful

hermosura f. beauty

héroe m. hero

heroicidad f. heroism

herramienta f. set of tools

hielo m. ice

hierro m. iron

hijo, –a m. & f. child; son; daughter; **— de la puta** bastard; son of a bitch; **—s** children; sons; daughters

hilo m. thread; string; thin wire

hinchado, –a swollen

hipocresía f. hypocrisy

hipócrita m. & f. hypocrite

hispánico, –a Hispanic

hispano, –a m. & f. Hispanic person, Spaniard or Spanish-American; adj. Hispanic

Hispanoamérica Latin America

hispanoparlante Spanish-speaking

historia f. history; story

historiador, –a m. & f. historian

histórico, –a historical

historieta f. story; comic strip

hogar m. home

hogareño, –a domestic

hoja f. leaf; page

holgazán, holgazana m. & f. loafer, bum

hombre m. man; mankind; **¡hombre!** indeed!, you don't say!; **ser muy —** to be a real man

hombro m. shoulder

homenaje m. homage; tribute

homicidio m. murder, homicide

hondo, –a deep, profound

honestidad f. decency; decorum

honra f. honor

honradez f. honor

honrado, –a honorable; honest

honrar to honor, glorify

hora f. hour; time

horario m. timetable

horda f. horde

horizonte m. horizon

hormiga f. ant

hormona m. hormone

horrorroso, –a horrid; hideous

hospedar to lodge

hospitalidad f. hospitality

hostilidad f. hostility

hostilmente with hostility

hoy today; nowadays; **— día** nowadays

huelga f. strike (of workers); rest, merriment; **hacer —** to strike; **— de hambre** hunger strike

huesudo, –a bony

huevo m. egg

huir to flee, escape

humanidad f. humanity

humeante smoky

humilde humble

humillación f. humiliation

humillado, –a humiliated

humo m. smoke; fume

humorístico, –a humorous

huyendo pres. p. of **huir** fleeing

I

ibérico, –a Iberian (from Iberian Peninsula: Spain and Portugal)

idealizado, –a idealized

idéntico, –a identical

identidad f. identity

identificar(se) to identify

ideología f. ideology

idioma m. language

ídolo m. idol

iglesia f. church

ignorar not to know, to be ignorant of

igual equal; the same; similar; **por —** equally; **— que** the same as, similarly

igualdad f. equality

igualitario, –a equalitarian

ilimitado, –a unlimited

iluminar to iluminate, light up

ilusión f. hopeful anticipation; illusion

ilustrar to illustrate

imagen f. image

imaginar to imagine; **—se** to imagine, picture to oneself

imitar to imitate

impaciencia f. impatience

imparcial impartial

impasibilidad f. insensitivity; impassivity

impasible impassive

impedir (i) to prevent, impede

imperdonable unpardonable, unforgivable

imperio m. empire

impermeable m. raincoat

imperar to prevail

ímpetu m. impetus

implicar to imply; to involve

implorar to beg, implore

imponente imposing

imponer to impose

importar to be important; to matter

importe m. amount (of bill)

impresionante impressive

impresionar to impress

impuesto m. tax; **cobrar —s** to collect taxes; p.p. of **imponer** imposed

impulso m. impulse; impetus, momentum

impureza f. impurity

inalienablemente inalienably

inca m. & f. Inca (Indian of the Incan culture)

incaico, –a Incan (of or pertaining to the Incas)

incapacidad f. incapacity

incapaz (pl. incapaces) incapable

incendiar to set on fire

incendio m. fire

incertidumbre f. uncertainty

incinerado, –a burned, incinerated

inclinarse to bend over; to bow

incluir to include

incluso including; even

incómodo, –a uncomfortable

incomprensivo, –a ignorant; not understanding

inconcebible inconceivable

inconformidad f. disconformity

inconsciente unconscious; unaware

incontenible uncontrollable

incontrolado, –a uncontrolled

inconveniente m. objection; drawback; adj. inconvenient

incorporarse to sit up

incorpóreo, –a insubstantial; incorporeal

incredulidad f. disbelief, incredulity

increíble unbelievable, incredible

inculto, –a uneducated, uncultured

indefenso, –a defenseless

independista (independentista) m. & f. supporter of independence

indicado, –a appropriate; proper

indicar to indicate, point out

índice m. index

indígena m. & f. & adj. native inhabitant; Indian

indignidad f. indignity

indio, –a m. & f. & adj. Indian

indiscreto, –a indiscreet; imprudent

individuo *m.* individual, person

indominable uncontrollable

indudablemente undoubtedly

indulto *m.* pardon

industrioso, –a industrious

inescrupuloso –a unscrupulous

inestabilidad *f.* instability

inestable unstable

inexistente nonexistent

inexpresivo, –a expressionless, without expression

infame infamous

infancia *f.* infancy, childhood

infelicidad *f.* unhappiness

infeliz (*pl.* **infelices**) unhappy

inferioridad *f.* inferiority

inferir (ie, i) to suggest; to infer

infiel unfaithful

infierno *m.* hell

infinidad *f.* infinity

influir to influence

influjo *m.* influence; influx

informe shapeless

infortunado, –a *m. & f. & adj.* unfortunate (person)

infortunio *m.* misfortune

infracción *f.* violation

infundir to infuse, inspire, imbue with

ingeniería *f.* engineering

ingeniero, –a *m. & f.* engineer

ingenio *m.* creative or inventive talent

ingerir (ie, i) to ingest, take in

Inglaterra *f.* England

inglés, inglesa *m. & f. & adj.* English person; English

ingresar to enter

ingreso *m.* entrance; income

inhabilidad *f.* inability

iniciador, –a *m. & f.* initiator

iniciar to begin, initiate

ininteligible unintelligible, not understandable

ininterrumpido, –a uninterrupted

injusticia *f.* injustice

injustificable unjustifiable

injusto unfair, unjust

inmediato, –a immediate; adjoining; **de —** immediately

inmensidad *f.* vastness; immensity

inmenso, –a immense; limitless

inmigrante *m. & f. & adj.* immigrant

inmigrar to immigrate

inminente imminent

inmortalidad *f.* immortality

inmóvil immobile

inmunidad *f.* immunity

innegable undeniable

inolvidablemente unforgettably

inoperante inoperative

inquieto, –a restless; worried

inquietud *f.* restlessness; anxiety; uneasiness

inquilino, –a *m. & f.* tenant

insaciable insatiable, incapable of being satisfied

inscribir to register

inseguridad *f.* insecurity

inseguro, –a uncertain; unsafe

insensible insensitive

insinuación *f.* innuendo; insinuation

insinuar to insinuate, suggest

insoluble insolvable; insoluble

insomnio *m.* insomnia, sleeplessness

insoportable unbearable, intolerable

instalado, –a settled

instalar to install, set up

instantáneo, –a instantaneous

instante *m.* instant, moment; **al —** at once

instaurar to establish

instintivamente instinctively

instinto *m.* instinct

instrucción *f.* education; instruction

instruido, –a educated

insuficiencia *f.* deficiency; insufficiency

insultante insulting

integrar to form, make up; to integrate

integridad *f.* integrity

intensidad *f.* intensity

intentar to try

intensificar to intensify

intercambiar to exchange; to interchange

interés *m.* interest

interesante interesting

interesar to interest

interferir (ie, i) to interfere

interior inner; inside, interior

intermediario, –a *m. & f.* middleman

intermedio, –a intermediate

interno, –a internal

interrumpir to interrupt

intervenir to intervene

intimidar to intimidate, scare

íntimo, –a intimate; close

intranquilo, –a restless; uneasy; worried

intrincado, –a intricate

introductor, –a *m. & f.* introducer

intruso, –a *m. & f.* intruder

inundar to flood, inundate

inútil useless

inutilidad *f.* uselessness

invadir to invade

invasor, –a *m. & f.* invader

invencibilidad *f.* invincibility

invento *m.* invention

investigación *f.* research; investigation

investigador, –a *m. & f.* researcher; investigator

investigar to investigate

invierno *m.* winter

inyectar to inject

ir to go; to be; **— de mal en peor** to go from bad to worse; **se va familiarizando** he begins to become familiar; **—se** to go out, to leave; to go away

ira *f.* anger, ire

irlandés, irlandesa *m. & f. & adj.* Irish

irreal unreal

irremisiblemente without pardon; irremissibly

irrespirable unbreathable

irresponsabilidad *f.* irresponsibility

irritar to irritate, annoy
irrumpir to interrupt; to enter abruptly
isla *f.* island
Italia Italy
itinerario *m.* timetable; schedule; itinerary
izquierdista *m. & f.* leftist
izquierdo, –a *f.* left (side or direction); left wing (in politics)

J

¡ja! ha!
jamás never, not ever
jamón *m.* ham
jardín *m.* garden; yard; — **zoológico** zoological gardens (zoo)
Japón *m.* Japan
jaula *f.* cage
jefe *m.* (**jefa** *f.*) chief, leader; boss
Jesucristo Jesus Christ
jíbaro, –a *m. & f.* Puerto Rican peasant
jinete *m.* horseman, rider
jornada *f.* working day; **doble** — double work day
José Joseph
joven *m. & f.* young person, youth
jubilarse to retire; to be pensioned; to rejoice
judío, –a *m. & f.* Jew; *adj.* Jewish
juego *m.* game
juez (*pl.* **jueces**) *m. & f.* judge, justice
jugar (ue) to play; — **a** + *sport* to play, *e.g.,* — **al fútbol** to play football
jugoso, –a juicy; meaty
juguete *m.* toy
jungla *f.* jungle
juntar to assemble; to bring together
junto, –a joined, united; — **a** near to, close to; — **con** along with; —**s** together; **de** — nearby, next to
juramento: — de Hipócrates Hippocratic oath
jurar to swear, vow

jurídico, –a legal
jurista *m. & f.* lawyer; jurist
justicia *f.* justice
justificable justifiable
justificar to justify
justo, –a just, fair
juventud *f.* youth
juzgar to judge; to try (in court)

L

laberinto *m.* labyrinth
labio *m.* lip
laboral (pertaining to) labor
laboriosamente laboriously
labrador, –a *m. & f.* peasant, farmer
lado *m.* side; **al** — nearby; **por otro** — on the other hand
ladrón, ladrona *m. & f.* thief
lago *m.* lake
lágrima *f.* tear
laguna *f.* gap
lamentar to regret, lament
lámpara *f.* lamp
lana *f.* wool
langosta *f.* lobster
lanzamiento *m.* pitching
lanzarse to hurl oneself
lápiz (*pl.* **lápices**) *m.* pencil
largo, –a long; **a lo** — **de** along; throughout
lástima *f.* pity
lastimarse (de) to feel pity (for)
lastimero, –a sorrowful; mournful
lata *f.* tin can
latino, –a Latin-American
latitud *f.* latitude (climate, region)
lavaplatos *m. & f.* dishwasher
lavar to wash
Lázaro: San — Saint Lazarus
lazo *m.* knot; lasso; tie
leal loyal
lealtad *f.* loyalty; **Lealtad** the name of a street in Havana, Cuba
lectura *f.* reading
leche *f.* milk
lecho *m.* bed

leer to read
legalizar to legalize
legumbre *f.* vegetable
lejano, –a distant, far away
lejos far; **a lo** — far away
lema *m.* motto
lengua *f.* language; tongue
lenguaje *m.* language
lenteja *f.* lentil
lentes *m. pl.* eyeglasses
lento, –a slow
leñador, –a *m. & f.* woodcutter
letra *f.* letter (of alphabet)
letrero *m.* sign
levantamiento *m.* uprising
levantar to raise, lift; —**se** to get up, arise; to rebel
leve light; slight
ley *f.* law
leyenda *f.* legend
liado, –a entangled; complicated
liberar to liberate, set free; —**se** to become free, escape
libertad *f.* liberty
libertador, –a *m. & f.* liberator
librar to free, set free; —**se** to save oneself, escape
libre free
libreta *f.* notebook
libro *m.* book
licor *m.* liquor
líder *m.* leader
lienzo *m.* canvas
ligeramente slightly; lightly
limitar to limit; to restrict
limón *m.* lemon
limonada *f.* lemonade
limpiabotas *m. & f.* shoe shiner
limpiar to clean
límpido, –a clear, limpid
limpieza *f.* cleanliness; cleaning
limpio, –a clean
linaje *m.* lineage
lindo, –a pretty; delightful
línea *f.* line
linterna *f.* lantern
lío *m.* bundle; mess, confusion
liquidar to liquidate

lírico, –a lyrical
lisiado, –a *m. & f.* cripple
lista *f.* list
listo, –a ready; clever
litigioso, –a litigious (fond of litigation)
lívido, –a livid, purplish
living (*colloq.*) *m.* living room
lo + *adj.* the; that which is; the . . . thing, part or aspect; **— bueno** the good thing (about it); **— contrario** the opposite; **— indígena** the indigenous (native Indian) part; **— peor** the worst part; **— único** the only thing; **— suficiente** that which (what) is enough; **— que** that which, what
lobo *m.* wolf
lóbrego, –a dark; gloomy
localizar to localize, locate
loco, –a crazy; *m. & f.* lunatic, crazy person; fool
locura *f.* madness
lógica *f.* logic; reasoning; *adj.* logical
lograr to achieve, accomplish; to obtain; **— +** *inf.* to succeed in
logro *m.* achievement; gain
loza *f.* porcelain; crockery
lozano, –a luxuriant
lúbrico, –a wanton, lascivious, lubricous
lucir to seem, appear
lucha *f.* fight, struggle
luchar to fight, struggle
luego then; later; **— que** as soon as; **hasta —** goodbye, so long
lugar *m.* place; **en primer —** in the first place; **tener —** to take place; **en — de** instead of; **dar — a** to give rise to
lujoso, –a costly; luxurious
luna *f.* moon; **— de miel** honeymoon
lunar *m.* birthmark; *adj.* of the moon
lunes Monday
luz (*pl.* **luces**) *f.* light; lamp; **dar a —** to give birth

LL

llama *f.* flame
llamada *f.* call
llamar to call; **—se** to be named, called; **— a la puerta** to knock at the door
llanta *f.* tire
llanto *m.* crying, weeping
llave *f.* key
llegada *f.* arrival
llegar to arrive; to come; to reach; to amount; **— a ser** to become
llenar to fill; **—se** to fill up; **—se de** to get or become filled
lleno, –a full
llevar to carry, bear, transport; to lead; to wear; to carry on; **— al poder** to bring to power; **—se** to take or carry away; **— siglos de vivir** to have lived centuries
llorar to cry
lloroso, –a tearful, weeping
llover (ue) to rain
llovizna *f.* drizzle
lluvia *f.* rain

M

macizo, –a massive; solid
machete *m.* large heavy knife, machete
machismo *m.* exaggeratedly masculine actions and attitudes
machista *m. & adj.* male who believes in or practices **machismo**
macho *m. & adj.* male, manly
madera *f.* wood
madre *f.* mother
maduro, –a mature
maestría *f.* mastery
maestro, –a *m. & f.* teacher; master, mistress
magia *f.* magic
magnífico, –a magnificent, great
mago, –a *m. & f.* magician, wizard
maíz *m.* corn

majestuoso –a majestic
mal *adv.* bad, badly; ill; *m.* evil; *adj.* bad; **ir de — en peor** to go from bad to worse
maldad *f.* evil
maldecir to curse; to damn
maldición *f.* curse
malestar *m.* discomfort, ill-being
maligno, –a evil, malignant
maltratar to mistreat, abuse
maltrato *m.* abuse, mistreatment
mamá *f.* mother, mamma
manar to spring, flow
mancillar to stain, blemish
mancha *f.* spot; stain
manchado, –a soiled, stained
mandar to send; to rule; to order
mandato *m.* mandate, command
mando *m.* power; control
manejar to drive (car, etc.); to operate, run (elevator)
manera *f.* manner; way
manía *f.* whim; mania
manifestación *f.* demonstration
manifestante *m. & f.* demonstrator
manifestar (ie) to reveal, show, manifest
manipular to manipulate
mano *f.* hand; **— de obra** labor; **poner — a** to lay hands on; to grab
manso, –a gentle, soft
mantener to maintain; to keep; to support
mantequilla *f.* butter
manuscrito *m.* manuscript
manzana *f.* apple
mañana *f.* morning; **por la —** in the morning; *m.* tomorrow
mañanita *f.* bed shawl
mapa *m.* map
máquina *f.* machine
mar *m. & f.* sea
maravilla *f.* wonder
maravilloso, –a marvelous; fantastic (of the fantasy or imagination)

marcar to mark

marcha *f.* march; operation; **poner en —** to start up

marchar to travel; to march; **—se** to leave, go out; to march

marido *m.* husband

«Marielitos» Cuban refugees named for port town (Mariel) from which they departed in small boats in 1980

marisco *m.* shellfish

marzo *m.* March

mas but

más more; most **— bien** rather; **— o menos** more or less

masa *f.* mass; **en —** in a body; **las —s** the masses

máscara *f.* mask

masculinidad *f.* masculinity

matar to kill

matemáticas *f. pl.* mathematics

materia *f.* subject; matter; material

materna: lengua — mother tongue (one's native language)

maternidad *f.* maternity

matricular to register

matrimonio *m.* marriage; married couple

máximo, –a top; highest; maximum

maya *m. & f. & adj.* Mayan Indian; Mayan

mayor greater; larger; older; greatest; largest; oldest

mayoría *f.* majority

meca *f.* mecca

mecánico, –a mechanical

mecanizado, –a mechanized

mediana: de edad — middle aged

medias: a — half; by halves

medicamento *m.* medicine, drug

médico, –a *m. & f.* doctor; *adj.* medical

medida *f.* measure

medio, –a half; middle; average; *m.* means; middle; medium; way;

—s de comunicación the media; **en —** de in the middle of, among; **— de consulta** means of reference; **por — de** by means of; **— este** Middle East; **— oeste** Middle West

mediodía *m.* midday, noon

medir (i) to measure

meditar to meditate

mejor better; best

mejorar to improve, better

melancólico, –a melancholy

memoria *f.* memory

mencionar to mention

menor smaller

menos less; **a — que** unless; **al —, por lo —** at least

mensaje *m.* message

mensajero, –a *m. & f.* messenger

mentalidad *f.* mentality

mente *f.* mind

mentir (ie, i) to lie

mentira *f.* falsehood, lie

mentiroso, –a lying, deceptive, false

menudo *m.* entrails, giblets of chicken often served in soup; small coins, change; **a —** often

mercancía *f.* merchandise; goods

mercantil commercial; mercantile

merecer to deserve

meritorio, –a worthy, deserving, meritorious

mero, –a mere

mes *m.* month

mesa *f.* table; **— redonda** round table (discussion)

mesero, –a *m. & f.* waiter; waitress

mestizo, –a *m. & f.* person of mixed Spanish and Indian ancestry

meta *f.* goal; objective

metafísico *m.* metaphysician

metáfora *f.* metaphor

meter to put in; **—se en** to get into

meticulosamente meticulously

metido, –a involved

método *m.* method

metro *m.* meter

méxico-americano, –a *m. & f.* Mexican-American

mezcla *f.* mixture

mide *present of* **medir** (to measure)

miedo *m.* fear

miel: luna de — honeymoon

miembro *m.* member

mientras (que) while; whereas; **— tanto** meanwhile

miércoles *m.* Wednesday

mil (*pl.* **miles**) thousand

milagro *m.* miracle

milagroso, –a miraculous

militar military; *m.* military man, soldier

milla *f.* mile

millón million

mimado, –a spoiled

mina *f.* mine

minifalda *f.* miniskirt

ministerio *m.* department; ministry

mínimo, –a minimum, minimal

ministro *m.* minister

minoría *f.* minority

minoritario, –a minority

minucia *f.* small detail

minuto *m.* minute; **a los pocos —s** a few minutes later

mirada *f.* look, glance, gaze

mirar to look at

misa *f.* mass

miseria *f.* misery; poverty

misericordia *f.* mercy

misionero, –a *m. & f.* missionary

mismo, –a same; self; very; **a sí —** to oneself; **lo —** the same (thing); **por lo —** for the same reason

misterioso, –a mysterious

mitad *f.* half

mito *m.* myth

mitología *f.* mythology

mitológico, –a mythological

mixto, –a mixed

moda: estar de — to be in style, fashionable

modelo *m. & adj.* model; example

moderado, –a moderate; *m. & f.* moderate person
modificar to modify
modo *m.* way; manner; — **de vivir** way of life; **de cualquier —** by any means, in any manner; **de — que** so that; **de ese —** like that
mofarse de to make fun of; to sneer at
mojado *m.* "wetback" (Mexican who arrives in the U.S.A. illegally, presumably by swimming the Rio Grande)
molestar to bother
molestia *f.* bother
molesto, –a upset, offended
molido, –a worn out; exhausted
momentáneo, –a momentary
monarca *m.* monarch
monarquía *f.* monarchy
monárquico, –a *m. & f.* monarchist
moneda *f.* coin
monolingüe monolingual
monólogo *m.* monologue
monótono, –a monotonous
monstruo *m.* monster
monstruoso, –a monstrous
montaña *f.* mountain
montar to assemble, set up; to mount; **— en bicicleta** to ride a bicycle
monte *m.* mountain; hill; forest; foothill
montón *m.* pile, heap
montura *f.* saddle
moraleja *f.* moral
moralidad *f.* morality
morder (ue) to bite
moreno, –a dark; dark-skinned; brunette
moribundo, –a dying
morir (ue, u) to die
mortal fatal, terminal (disease); mortal
mortificación (*Mex.*) *f.* worry; embarrassment
mosca *f.* fly
mostrador *m.* store counter
mostrar (ue) to show
motín *m.* riot

motivar to motivate
motivo *m.* motif, theme; motive, reason
motocicleta *f.* motorcycle
mover(se) (ue) to move
movilizar to mobilize
movimiento *m.* movement
mozo, –a *m. & f.* young man, woman; waiter, waitress
muchacho, –a *m. & f.* boy; girl; child
mucho, –a much, a lot of; **—s** many; *adv.* much, a great deal, a lot
mudarse to move, change residence
mudo, –a silent
muebles *m. pl.* furniture
muerte *f.* death; **dar — a** to kill
muerto, –a *p.p. of* **morir** & *adj.* dead; *m. & f.* dead person
mugriento, –a grimy, dirty
mujer *f.* woman; wife
mulato, –a *m. & f.* person with mixed Negro and Caucasian ancestry
multinacional *m.* multinational company or business
multiplicar to multiply
multitud *f.* crowd, multitude
mundial worldwide; **Guerra Mundial** World War
mundo *m.* world; **todo el —** everyone; **Tercer —** Third World: region (most of Asia, Africa, Latin America) which has not aligned itself to the two major blocs of nations: capitalist and communist
muñeca *f.* doll
murmurar to whisper, murmur; to gossip
muro *m.* wall
músculo *m.* muscle
musculoso, –a muscular
música *f.* music
musicalidad *f.* musicality
músico, –a *m. & f.* musician
musulmán, musulmana *m. & f. & adj.* Moslem
mutuo, –a mutual

muy very; very much

N

nacer to be born; to originate
nacimiento *m.* birth
nacional national; *m.* national, citizen; in Spanish Civil War, those seeking to overthrow the Republic
nada nothing, not anything; nothingness
nadar to swim
nadie no one, nobody
narcotraficante *m. & f.* drug trafficker
nariz *f.* nose
narrador, –a *m. & f.* narrator
natalidad *f.* birth rate; **control de la —** birth control
naturaleza *f.* nature
nave: — espacial *f.* spaceship
Navidad *f.* Christmas
necesidad *f.* need, necessity
necesitar to need; to necessitate
negar (ie) to deny; **—se** to refuse
negociar to negotiate
negocio *m.* business; affair
negro, –a *m. & f. & adj.* black; dear, darling
nene *m.* baby boy
nevada *f.* snowfall
ni neither, nor; **—...—** neither . . . nor; **— siquiera** not even
nicaragüense *m. & f. & adj.* Nicaraguan
nieto, –a *m. & f.* grandchild; grandson; granddaughter
nieve *f.* snow
ningún, ninguno, –a none; no one; (not) any
niñez *f.* childhood
niño, –a *m. & f.* child; (baby) girl; (baby) boy; **—s** children; boys; girls; **de —** as a child
níspero *m.* medlar fruit
nivel *m.* level; **— de vida** standard of living

noble *m.* & *adj.* nobleman; noble

nobleza *f.* nobility

noche *f.* night; **de —, de la —, por la —** at night; **ser de —** to be night

nómada nomad, nomadic

nombrar to name; to appoint

nombre *m.* name

noreste *m.* northeast

noroeste *m.* northwest

norte *m.* north

norteamericano, –a *m.* & *f.* & *adj.* American (of the United States)

notar to notice, note

noticia *f.* news; **dar —** to notify

notorio, –a well-known; evident

novedad *f.* novelty; piece of news

novio, –a *m.* & *f.* boyfriend; girlfriend; *pl.* engaged couple

nube *f.* cloud

nudo *m.* knot

nuevo, –a new; **de —** again

nulo, –a null, void

número *m.* number

numeroso, –a numerous

nunca never; not ever

O

o or; **—...—** either . . . or

obedecer to obey

obispo *m.* bishop

objetivo, –a *n.* & *adj.* objective

objeto *m.* object; purpose

obligar to obligate; to oblige

obra *f.* work

obrero, –a *m.* & *f.* worker, laborer; **— migratorio** migrant worker

obscenidad *f.* obscenity

obscuridad *f.* obscurity; darkness

obscuro, –a dark; **a — as** in the dark

obsequioso, –a obliging, obsequious

observador, –a *m.* & *f.* observer

observar to observe; to watch

obsesionado, –a obsessed

obstaculizar to block, obstruct

obstáculo *m.* obstacle

obstante; no — however; nevertheless

obstruir to obstruct

obtener to obtain, get; to attain

obvio, –a obvious

occidental western, occidental

océano *m.* ocean

ocultar(se) to hide

ocupar to occupy; **—se de** to pay attention to; to be interested in

ocurrir to occur; to happen; **—se** to occur (to one)

oda *f.* ode

odiar to hate

odio *m.* hatred, hate

oeste *m.* west

oficina *f.* office

oficio *m.* job; task; duty

ofrecer to offer

oído *m.* (inner) ear

oír to hear; **— decir** to hear it said

ojalá (que) I hope that, would that

ojeada: echar una — to cast a glance

ojo *m.* eye

ola *f.* wave

óleo *m.* oil (painting)

olimpiadas *f. pl.* Olympics

olímpico, -a *m.* & *f.* participant in Olympics

olor *m.* fragrance, smell

olvidar(se de) to forget

ONU abbreviation for **Organización de Naciones Unidas,** UN (United Nations)

opaco, –a opaque

opción *f.* choice, option

opinar to be of the opinion; **¿Qué opina Ud. de...?** What is your opinion of . . . ?

oponer(se) to oppose

oportunidad *f.* opportunity

opositor, –a opposing

opreso, –a *m.* & *f.* oppressed person

oprimir to oppress; to weigh down

oprobio *m.* disgrace; insult

optimista optimistic

óptimo, –a optimal

oración *f.* sentence; prayer

orador, –a *m.* & *f.* speaker

orar to pray

oratorio, –a oratorical

órbita *f.* eye socket; orbit

orden *m.* order; *f.* order, command

ordenado, –a tidy, orderly

ordenar to arrange, put in order; to order

oreja *f.* (outer) ear

organizar to organize

orgullo *m.* pride; **tener —** to be proud

orgulloso, –a proud

Oriente Orient, East

originar(se) to originate; to create

originario, -a original

orilla *f.* border, bank (of river); edge

oro *m.* gold

ortodoxo, –a orthodox

ortografía *f.* spelling

os you; yourselves

oscilar to fluctuate, oscillate

oscurecer to darken, obscure; **—se** to become cloudy; to become dark

oscuridad *f.* darkness

oscuro, –a dark; **a —as** in the dark; **Edad —** Dark (Middle) Ages

ostra *f.* oyster

otoño *m.* fall, autumn

otorgar to grant; to award

otro, –a another, other

oveja *f.* sheep

oxígeno *m.* oxygen

P

paciencia *f.* patience

paciente *m.* & *f.* & *adj.* patient

pacífico, –a peaceful, pacific

padre *m.* father; **—s** parents

pagar to pay; to pay for

página *f.* page

pago *m.* pay, payment
país *m.* country
paisaje *m.* landscape
paisano, –a *m. & f.* peasant
pajarillo *m.* little bird
pájaro *m.* bird
palabra *f.* word
palacio *m.* palace
palidecer to turn pale
pálido, –a pale
palma *f.* palm tree
palmada: dar —s to clap hands
palmera *f.* palm
paloma *f.* pigeon
palpitar *m.* beating, palpitation
pan *m.* bread; **ganar el —** to earn a living
pantalón *m.* pants
pantalla *f.* screen
pañuelo *m.* kerchief, handkerchief
papa *f.* potato; *m.* Pope
papá *m.* father, papa, dad
papagayo *m.* parrot
papel *m.* paper; role, part; **hacer un —** to play a role, a part
paquete *m.* package
par *m.* pair; **sin —** without equal
para for; in order to; **— qué** what for, why
parado, –a *p.p. of* **parar** & *adj.* stopped; standing up; *m. & f.* worker who has been laid off
paradójicamente paradoxically
paraguayo, –a *m. & f.* & *adj.* Paraguayan
paraíso *m.* paradise
paralizar to paralyze
paranoico, –a paranoic, paranoid
parar to stop
parecer to seem, appear; **—se a** to resemble; **¿Qué le (te) parece...?** What do you think of . . . ?
parecido, –a alike; similar
pared *f.* wall
pareja *f.* couple, pair
paréntesis *m.* parenthesis
parque *m.* park

párrafo *m.* paragraph
parte *f.* part, portion; **en —** in part, partially; **en gran —** largely; **la mayor —** the majority, most; **por (de) una —** on the one hand; **por otra —** on the other hand; **por su —** on his/her own; **por todas —s** everywhere
participar to participate
participio *m.* participle; **— pasado** past participle
particularidad *f.* particularity
partida: punto de — point of departure
partidario, –a *m. & f.* partisan; supporter
partido *m.* party (political); game (sports)
partir to split; to break; **a — de** from (some specified time) onward
pasado, –a past; **el año —** last year; *m.* past
pasaje *m.* passage; group of passengers
pasajero, –a *m. & f.* passenger
pasaporte *m.* passport
pasar to pass; to pass by; to happen, occur; to spend (the day); to cross; **— a ser** to become; **— de** to exceed, surpass; **¿Qué pasa?** What's the matter? What's going on?; **pasársenos** to leave us
pasear to walk; to take a walk
paseo *m.* walk; **dar un —** to take a walk
pasillo *m.* hall
pasividad *f.* passivity
paso *m.* step, pace; pass; passage; **— a —** step by step; **de —** in passing; by the way
pastel *m.* pastry
paterno, –a paternal
patético, –a pathetic
patria *f.* fatherland, native country; **lengua —** native language
patriota *m. & f.* patriot
patrón, patrona *m. & f.*

master; mistress; boss; landlord, proprietor; protector, patron, patroness; *m.* pattern
patronal patronal; religious
paulatinamente gradually, slowly
pausa *f.* pause, break
pausado, –a slow
pavita *f.* tea kettle
pavo *m.* peacock
payo, –a *m. & f. & adj.* person who is not a gypsy; non-gypsy
paz *f.* peace
pecado *m.* sin
peces (*pl. of* **pez**) *m.* fish
pechera *f.* shirt front
pecho *m.* chest; breast
pedazo *m.* piece
pedido *m.* order
pedir (i) to ask for, request; to order (food)
pedrada *f.* hit or blow with a stone
pegar to glue
peinar(se) to comb
pelea *f.* fight, quarrel
pelear to fight, quarrel
película *f.* film; movie
peligro *m.* danger
peligroso, –a dangerous
pelo *m.* hair
pelota *f.* ball; **en —** naked
pena *f.* punishment; suffering, pain; worry; **— capital, — de muerte** capital punishment; **valer la —** to be worth it
péndola *f.* pen; quill
penetrar to enter; to penetrate
pensamiento *m.* thought
pensar (ie) to think, to think over; **— de** to think about, of (be of the opinion); **— en** to think about (direct one's thought to); **— + inf.** to plan, intend
peor worse; worst
pepino *m.* cucumber
pequeño, –a small, little
percatarse (de) to be or become aware (of)
percibir to perceive; to make out

perder (ie) to lose; to ruin, destroy; **— el tiempo** to waste time; **—se** to be lost

perdición f. perdition, ruin

pérdida f. loss

perdido, –a lost

perdiz (pl. **perdices**) f. partridge

perdonar to pardon, forgive

perenne perennial; perpetual

pereza f. laziness

perezoso, –a lazy

perfeccionar to perfect

periódico m. newspaper

periodista m. & f. journalist

perla f. pearl

permanecer to remain

permiso m. permission; leave of absence

permitir to permit, allow

pero but

perpetuar to perpetuate

perplejo, –a perplexed

perro, –a m. & f. dog

perseguir (i) to pursue; to persecute

personaje m. character (lit.)

personificar to personify

perspectiva f. prospect; perspective

pertenecer to belong, pertain

perturbador, –a disturbing, perturbing

perturbar to disturb, perturb

perversidad f. perversity

pesadilla f. nightmare

pesado, –a boring, annoying

pesar to weigh; to cause regret; **a — de** in spite of

pesca f. fishing

pescado m. fish (for eating)

pescar to fish

pese a in spite of

peso m. monetary unit of several Spanish-American countries; weight

pesquero, –a fishing

petición f. request

petróleo m. oil

peyorativo, –a insulting; pejorative

pez (pl. **peces**) m. fish

picante (spicy) hot

picar to spur, incite; to bite; to itch

pico m. peak

pie m. foot; **a —** walking, on foot; **estar de —, ir de —** to be standing, on foot; **ponerse de —** to stand up

piedra f. rock, stone

piel f. skin

pierna f. leg

pieza f. piece; play (drama)

pilar m. pillar

pinchado, –a punctured, flat (tire)

pingüino m. penguin

pino m. pine tree

pintar to paint

pintor, –a m. & f. painter

pintoresco, –a picturesque

pintura f. painting; paint

piña f. pineapple

piquete m. picket (of strikers)

pirata m. & f. pirate

piruja (Mex.) f. prostitute

pisar to step onto; to tread upon

piscina f. swimming pool

piso m. apartment; floor

pistola f. gun, pistol

placer m. pleasure

planear to plan

planificar to plan

plano m. level

planta f. plant

plantear to establish; to state

plata f. silver; money

plato m. plate, dish

playa f. beach

plaza f. public square

plazo m. period

plazuela f. small square

plebe f. common people

plegaria f. supplication, prayer

pleito m. lawsuit

plenitud f. fulfillment

pleno, –a full, complete; fulfilled

plomo m. lead (metal)

pluma f. feather; pen

población f. population

poblado, –a populated

pobre poor; unfortunate

pobreza f. poverty

poco, –a little; **—s** few; m. a little; **a —** shortly, in a short time; **— a —** slowly, little by little; **a los —s minutos** a few minutes

later; **tener en —** to hold in low esteem

poder (ue) to be able, can; to have power or influence; m. power; **en — de** in the power of; **no — más** to have had enough

poderío m. power; might

poderoso, –a powerful

poesía f. poetry; poem

poeta m. poet

poetisa f. poetess

polémico, –a controversial; polemic

policía m. police officer; f. police

policíaco, –a (pertaining to the) police

policial (pertaining to the) police

política f. politics; policy

político, –a political; m. politician

Polonia f. Poland

polvo m. dust

pompa f. pageant; pomp

ponderar to extol

poner to put; to place; **— en marcha** to start up; **—se** to become; to place oneself; to set (the sun); **—se de pie** to stand up

poniente m. west; west wind

popularidad f. popularity

póquer m. poker; poker game

por for; by; through; around; on account of; for the sake of; **— eso** for that reason, because of that

porcentaje m. percentage

porciento m. percent

pornografía f. pornography

porque because; m. reason, cause; **¿por qué?** why?

portarse to behave

portafolio m. briefcase

poseer to possess; to have

poseído, –a possessed

posibilidad f. possibility

postura f. position

potencia f. power; faculty

potro m. colt, foal

practicar to practice

práctico, –a practical; f. practice

precario, –a precarious
precio *m.* price
precioso, –a precious, valuable
precisar to determine precisely
preciso, –a necessary, precise
predecir to predict, foretell
predicar to preach
predilecto, –a favorite
predominar to predominate
pre-escolar *m. & f.* pre-schooler
preferible preferable
preferir (ie, i) to prefer
pregunta *f.* question; **hacer una —** to ask a question
preguntar to ask; **—se** to wonder
prejuicio *m.* prejudice
preliminar preliminary
preludio *m.* prelude
premio *m.* prize
prender to seize; to arrest
prensa *f.* press
preñar to fill
preocupar(se) to worry
preparación *f.* preparation (background, skills)
preparar to prepare, make ready
presencia *f.* presence; appearance
presenciar to see; to witness
presentar to introduce; to present
presente: tener — to bear in mind
preservar to guard, preserve
presidir to predominate over; to preside over
presión *f.* pressure
prestar to lend; **— atención** to pay attention
prestigio *m.* prestige
presuponer to presuppose
pretender to try, endeavor
pretérito *m.* past; past tense
prevalecer to prevail
prevaleciente prevalent
prevenir to prevent
prever to foresee
previo, –a previous
primavera *f.* spring
primero, –a first

primo, –a *m. & f.* cousin
princesa *f.* princess
principio *m.* principle; beginning; **al —, a —s** at the beginning, at first
prisa *f.* hurry; haste; **de —** hurriedly; **tener —** to be in a hurry
prisión *f.* prison, jail
prisionero, –a *m. & f.* prisoner
privado, –a *adj.* private; *p.p.* deprived
privativo, –a particular; belonging exclusively to
privilegio *m.* privilege
probabilidad *f.* probability
probar (ue) to prove; to try out; **— fortuna** to try one's luck
procedente coming from
proceder (de) to proceed; to originate (from)
procedimiento *m.* procedure
procesador, –a processor
procesamiento *m.* processing
proceso *m.* process
proclamar to proclaim
procurar to try
producir to produce
productividad *f.* productivity
productor, –a *m. & f.* producer
profanar to profane; to defile
profecía *f.* prophecy
profesor, –a *m. & f.* teacher, professor
profeta *m.* prophet
profetizar to phophesy, predict
profundo, –a profound, deep
programación *f.* programming
prohibir to prohibit
prójimo, –a *m. & f.* fellow being
prole *f.* offspring
promedio *m.* average
promesa *f.* promise
prometer to promise
promulgar to proclaim; to publish

pronóstico *m.* prediction
prontitud: con — quickly
pronto soon; quickly; **de —** suddenly
pronunciar to pronounce
propaganda *f.* propaganda; advertising, publicity
propiedad *f.* property
propietario, –a *m. & f.* owner, proprietor
propina *f.* tip
propio, –a (one's) own; appropriate; proper
proponer to propose
proporcionar to provide, supply, furnish
propósito *m.* intention, aim; purpose; **a —** by the way; **a — de** on the subject of
propuesto *p.p. of* **proponer** proposed
proseguir (i) to continue
próspero, –a prosperous
protectora protective
proteger to protect
provecho *m.* benefit; **en — tuyo** for your own good
proveer to provide
provenir (de) to come, originate (from)
provocador, –a provocative
provocar to provoke
proximidad *f.* proximity; closeness
próximo, –a next; near, close
proyectar to project
proyecto *m.* project
prueba *f.* proof; test
psicoanálisis *m.* psychoanalysis
psicología *f.* psychology
psicológico, –a psychological
psicólogo, –a *m. & f.* psychologist
psiquiatra *m. & f.* psychiatrist
publicar to publish
publicidad *f.* advertising; publicity
pueblo *m.* town; people (of a region, nation)
puente *m.* bridge
puerco *m.* pig
puerta *f.* door
puerto *m.* port; harbor

puertorriqueño, –a *m. & f.* & *adj.* Puerto Rican

pues since; because; well; then; anyhow; **— bien** now then

puesto *p.p. of* **poner** placed, put; *m.* job, position; **— que** since

pulmón *m.* lung

punta *f.* point, tip

punto *m.* point; dot; **— de vista** point of view; **— de partida** point of departure; **a — de que** at the point when; **en —** exactly, on the dot

puntual punctual

puntualidad *f.* punctuality, promptness

puñada *f.* punch, blow with the fist; **dar —s** to punch

pureza *f.* purity; innocence

purificar to purify

puro, –a pure; clean; mere, only; sheer; **la — verdad** the honest truth

puta *f.* whore; **hijo de la —** son of a bitch, bastard

Q

que who; which; that; **lo —** what; that which; **¿qué?** what? which? **¿Qué tal?** How are you? **¿Qué tal te gusta..?** How do you like . . . ? **¿para qué?** what for? **¿por qué?** why?

quebrado, –a broken

quebrantado, –a bruised, broken

quechua *m.* Quechua (language of the Inca Indians)

quedar(se) to remain, stay; to be

queja *f.* complaint

quejarse to complain

quejido *m.* moan

quemador *m.* burner

quemar to burn

querer to want, wish; to love; **— decir** to mean; **dondequiera** wherever

querido, –a *m. & f.* lover; loved one

quien who, whom; **¿quién?** who? whom?

quieto, –a quiet, still; **déjame —** leave me alone (undisturbed)

quietud *f.* quiet; stillness; calmness

quinto, –a fifth *m.* fifth grade

quitar to remove; to take away

quizá(s) perhaps, maybe

R

rabia *f.* rage, fury

racimo *m.* cluster; branches or extensions of the ocean

ráfaga *f.* gust of wind

raíz (*pl.* **raíces**) *f.* root; origin

rama *f.* branch

ramo *m.* branch

rápidamente quickly

rareza *f.* oddity, rarity

raro, –a strange

rascacielos *m.* skyscraper

rasgo *m.* trait, feature

rastro *m.* trail

rata *f.* rat

rato *m.* while, little while, short time; **a —s, de — en —** from time to time; **cada —** very often

ratón *m.* rat; mouse

rayo *m.* ray

raza *f.* race (in the sense of a group of people)

razón *f.* reason; word; **dar la —** to agree with; **tener — to be right**

razonable reasonable

reaccionar to react

Real: — Academia Española Spanish Royal Academy: body which rules on proper usage of Spanish language

realidad *f.* reality; **en —** actually, in fact

realista *m. & f. & adj.* realist; realistic

realizar to accomplish, carry out, fulfill

reanudar to resume, begin again

reata *f.* lariat, rope, lasso

rebelde *m.* rebel

rebeldía *f.* rebelliousness

rebuscar to search again; to search thoroughly

recapitular to recapitulate

recelo *m.* fear, distrust

receptor, –a receiving

recibir to receive

recién recently, newly; **— llegado** newcomer, **— casado** newlywed

reciente recent

recio, –a strong

recíprocamente reciprocally

reclamar to demand; to claim

recluirse to shut oneself away

reclutar to recruit

recobrar to recover

recoger to gather (up); to pick up

recomendar (ie) to recommend

recompensa; en — in return

reconciliar to reconcile

reconocer to recognize

reconocimiento *m.* gratitude

reconstruir to reconstruct, rebuild

recordar (ue) to remember; to recall

recorrer to travel over

recreativo, –a recreational

recreo recreation, amusement

recrudecer to become worse

rectificador, –a *m. & f.* reformer, rectifier

rectificar to rectify, correct

recuerdo *m.* memory; souvenir

recuperar(se) to recuperate, recover

recursos *m. pl.* resources

rechazar to reject; to ward off

redonda: mesa — round table (discussion)

reducir to diminish; to reduce

redujo *pret. of* **reducir** reduced

reemplazar to replace

referente referring
referir(se) (ie, i) to refer
refinado, –a sophisticated; refined
reflejar to reflect
reflejo *m.* reflection
reflexión *f.* reflection; meditation
reflexionar to think, reflect
refrán *m.* proverb, saying
refrescante refreshing; cooling
refresco *m.* refreshment
refrigerador *m.* refrigerator
refugiado, –a *m. & f.* refugee
refugiarse to take refuge
refugio *m.* refuge
regalar to give (as a present); to please, delight
regalo *m.* gift
regañar to scold
regaño *m.* scolding
regar (ie) to water
regiamente sumptuously; magnificently
régimen *m.* government; regime; diet
regla *f.* rule
regresar to return
regreso: de — on the way back
reina *f.* queen
reinar to rule; to reign
reino *m.* kingdom
reír(se) (i) to laugh
relación *f.* relation; relationship
relacionar to relate
relajado, –a relaxed
relámpago *m.* lightning
relato *m.* narration, story
religioso, –a religious
reliquia *f.* relic
reloj *m.* clock; watch
reluciente shining, sparkling
relucir to shine
remediar to remedy
remedio *m.* remedy, cure; help, relief; **no hay otro —** nothing else can be done; **sin —** unavoidably; **no tiene —** it can't be helped
remendado, –a mended

remordimiento *m.* remorse, prick of conscience
remover (ue) to remove
renacer to be reborn; to spring up again
renacimiento *m.* rebirth, renaissance
rencor *m.* rancor, animosity
rendimiento *m.* output
rendir (i) to give, render (tribute, homage)
renegar (ie) to deny vigorously; **— de** to curse; to deny; to disown
renunciar to renounce, give up
reñir (i) to fight; to quarrel
reparación *f.* repair
reparar to notice; to take heed of; to repair
repartir to distribute, divide, deal out
repasar to review
repaso *m.* review
repente: de — suddenly
repertorio *m.* repertory, repertoire
repetir (i) to repeat
réplica *f.* reply
replicar to reply
reponer(se) to recover one's health
reposar to rest, repose
represalia *f.* reprisal
representante *m. & f.* representative
representar to represent; to act, play
reprimido, –a repressed
reproche *m.* reproach
republicano, –a *m. & f. & adj.* republican; in Spanish Civil War, those defending the Republic
repudiar to repudiate
repudio *m.* repudiation
repugnar to be repugnant
requerer to require
requisito *m.* requirement
res *f.* steer; head of cattle
resbalar (por) to slide (along)
resentido, –a resentful; offended; *m. & f.* resentful person
resentimiento *m.* resentment

resentirse (ie, i) to resent
reserva *f.* reservation; discretion
reservado, –a reserved, reticent
residir to reside, live; to be
resolución: en — in sum, in short
resolver (ue) to solve; to resolve
respecto: con — a *or* **de** with respect to, with regard to
respetar to respect, honor
respeto *m.* respect
respirable breathable
respiración *f.* breathing
respirar to breathe
resplandor *m.* brilliance, radiance
responder to answer, respond; to correspond
responsabilidad *f.* responsibility; liability
respuesta *f.* answer, response
restablecer to reestablish; to set up again
restado (*p.p. of* **restar**) taken away
restauración *f.* restoration
restringir to restrict
resultado *m.* result
resultar to result, follow; to turn out to be; **resulta que** it turns out that
resumen *m.* summary; **en —** summing up; in brief
retahíla *f.* string
retardar to hold back, retard
retener to retain
retirado, –a set back, apart
retirar to withdraw; **—se** to retreat; to retire
retornar to return
retrasado: — mental mentally retarded
retrato *m.* photograph; portrait
reunión *f.* get-together, gathering
reunir to gather; to reunite; **—se** to get together, meet, assemble
revelador, –a revealing
revelar to reveal

reverberar (of light) to reverberate

reverencia *f*. curtsey, bow; reverence

reverenciar to revere

revés *m*. setback; **al —** backwards, in the opposite way

revisar to revise; to examine, inspect

revista *f*. magazine

revocar to revoke, repeal

rey *m*. king

riacho *m*. stream

rico, –a rich, wealthy; lovely; *m*. & *f*. rich person

ridiculizar to ridicule

ridículo, –a ridiculous

rienda: — suelta free rein

riesgo *m*. risk

rigor *m*. exactness; rigor; **en — in fact**

rimas *f. pl*. lyric poems

rincón *m*. corner (of a room)

riña *f*. fight, quarrel

río *m*. river

riqueza *f*. wealth, riches

ritmo *m*. pace; rhythm

rito, *m*. rite, ceremony

robar to steal, rob

roble *m*. oak

robo *m*. theft, robbery

roca *f*. rock

rodar (ue) to roll; to be tossed about

rodear to surround

rodilla *f*. knee

rogar (ue) to ask, beg

rojo, –a red

romance *m*. ballad, narrative or lyric poem

romper to break

ronco, –a hoarse

ropa *f*. clothes, garments

rosa *f*. rose

rostro *m*. face

rubio, –a blond; **tabaco —** mild tobacco

rudo, –a rugged; hard; rough; stupid

rueda *f*. wheel, tire

ruido *m*. noise

rumbo: con — a in the direction of

rumor murmur; rumble; noise

ruta *f*. route

rutina *f*. routine

S

sábado *m*. Saturday

saber to know; to know how, be able

sabiduría *f*. wisdom

sabio, –a wise, learned

sabor *m*. taste; flavor

sabotaje *m*. sabotage

sabroso, –a flavorful, tasty

sacar to take out; to take away; to get; **— a luz** to bring out

sacrificador, –a sacrificing; self-denying

sacrificar to sacrifice

sacrificio *m*. sacrifice

sacudir to shake

sacudón *m*. tossing and turning

sagrado, –a sacred

Sajonia *f*. Saxony, term used in ancient times for the part of England conquered by the Saxons

sala *f*. living room; room

salario *m*. salary

saldo *m*. remnant; trace

salida *f*. exit; departure

salir (de) to go out, leave; to come out

salón *m*. room

salta *f*. jump; leap

saltar to leap (up), jump

salud *f*. health

saludar to greet

saludo *m*. greeting

salvar to save

salvo excepting

sangrar to bleed

sangre *f*. blood

sangriento, –a bloody

sano, –a healthy

sánscrito *m*. Sanskrit

santo, –a saintly, holy; *m*. & *f*. saint

santuario *m*. sanctuary

sátira *f*. satire

satisfacer to satisfy, please; **—se** to be satisfied, pleased

satisfecho, –a (*p.p. of* **satisfacer**) satisfied

sea: o — that is to say

seco, –a dry

secta *f*. sect

secuela *f*. sequel

secuestrador, –a *m*. & *f*. kidnapper

secuestrar to kidnap

secundario, –a secondary; *f*. high school; **escuela —** high school

seductor *m*. seducer

segadora *f*. harvester (farm machine)

segregar to segregate

seguida: en — at once

seguido, –a followed; continued

seguir (i) to follow; to continue, go on; to still be; **siga usted** follow; continue, go on

según according to

segundo *m*. second (time)

seguridad *f*. security; safety

seguro, –a sure, certain; *m*. insurance

selva *f*. forest; jungle

semana *f*. week; **fin de —** weekend

semanal weekly

sembrar (ie) to sow, seed

semejante similar

senado *m*. senate

sencillez *f*. simplicity

sencillo, –a simple

sendos, –as each of them

sensibilidad *f*. sensitivity

sensible sensitive

sensualidad *f*. sensuality

sentarse (ie) to sit down

sentenciar to sentence, pass judgment on

sentido *m*. meaning; sense; **—del humor** sense of humor

sentimiento *m*. sentiment, feeling; emotion

sentir (ie, i) to feel; to sense; **—se** to feel oneself; to feel; to be

señal *f*. sign

señalar to point out, indicate; to mark

señor, –a Mr.; gentleman;

master, owner; Mrs.; woman; lady; **Señor** God

señorito *m.* dandy

separar to separate

sepulcro *m.* grave, sepulcher

sequía *f.* drought, period of dryness

ser to be; **a no — que** unless; **llegar a —** to become; *m.* being; **— humano** human being; **— querido** loved one

serenidad *f.* serenity

serie *f.* series

serio, –a serious; **en —** seriously

sermonear to preach, sermonize

serpiente *f.* snake, serpent

servicio *m.* service

servilmente slavishly; servilely

servir (i) to serve; to be of use; **— de** to serve as; **— para** to be good for; to be used for

severo, –a grave, severe

sexo *m.* sex

sexto, –a sixth

si if; whether; **— bien** although

sí yes; certainly; itself, herself, himself, oneself, themselves; **— mismo** oneself, etc.

SIDA (Síndrome de Inmuno-Deficiencia Adquirida) *m.* AIDS (Acquired Immune Deficiency Syndrome)

siempre always; **— que** whenever; **de —** usual; **para —** forever

sierra *f.* mountain range

siglo *f.* century

significación *f.* meaning, significance

significado *m.* meaning

significar to mean, signify

significativo, –a significant

siguiente following; next

sílaba *f.* syllable

silencio *m.* silence

silencioso, –a quiet, silent

silla *f.* chair

sillón *m.* easy chair

silloncito *m.* easy chair

simbolismo *m.* symbolism

simbolizar to symbolize

símbolo *m.* symbol

simpatía *f.* congeniality; sympathy; friendly feeling

simpático, –a pleasant, nice

simpatizar to sympathize

simple simple; plain; artless

simplista simplistic

simultáneamente simultaneously

simultaneidad *f.* simultaneity

sin without; **— embargo** however; nevertheless

sinceridad *f.* sincerity

sincero, –a sincere

sindicato *m.* labor union

siniestro, –a evil, sinister

sino but; except

sinónimo *m.* synonym

síntesis: en — in summary

sintetizar to synthesize

síntoma *m.* symptom

siquiera at least; even; **ni —** not even

sirviente, –a *m. & f.* servant, maid

sismo *m.* tremor, earthquake

sistema *m.* system

sitio *m.* place, room, space; **— de estar** sitting or living room

situado, –a situated

soborno *m.* bribe

sobrar to be more than enough

sobre on; above; about; **— todo** especially, above all

sobrenatural supernatural

sobrepasar to surpass

sobrevivencia *f.* survival

sobrevivir to survive

sociedad *f.* society

sociológico, –a sociological

sociólogo, –a *m. & f.* sociologist

socorrer to help, aid

socorro *m.* help, aid

sofocante suffocating

sofocar to suffocate

sol *m.* sun

solamente only

solar solar, of the sun; plot of ground

soldado *m.* soldier

soleado, –a sunny

soledad *f.* solitude; loneliness

soler (ue) to be in the habit of

solicitar to ask for; to solicit

solícito, –a concerned, solicitous

solicitud *f.* request

solidaridad *f.* solidarity

solitario, –a lonely; solitary; *m. & f.* recluse, hermit

solo, –a alone; single; **a —as** alone, by oneself

sólo only

soltar (ue) to set free; to let out

soltero, –a single, unmarried; *m. & f.* unmarried person

solucionar to solve

sombra *f.* shadow

sombrero *m.* hat

someter to subdue; to subject; to force to yield

sonámbulo, –a sleep-walking

sonar (ue) to sound; to ring

soneto *m.* sonnet

sonido *m.* sound

sonoro, –a voiced

sonreír(se) (i) to smile

sonriente smiling

sonrisa *f.* smile

soñar (ue) to dream; **— con** to dream about

sopa *f.* soup

soportar to tolerate, endure

sordo, –a deaf; dull; muffled

sorprendente surprising

sorprender to surprise; **—se** to be surprised

sorpresa *f.* surprise

soso, –a tasteless; insipid

sospechar to suspect

sospechoso, –a suspicious

sostener to sustain; to hold; to support

sostuvo *pret. of* **sostener** supported; sustained

sótano *m.* basement

Soviética: Unión — Soviet Union

suave gentle; sweet (odor); bland

subconsciencia *f.* (the) subconscious; subconsciousness

subdesarrollado, –a underdeveloped

subida *f.* rise

subir to go up, rise, ascend, climb; to raise; **—(se) a** to get on (a bus)

súbitamente suddenly

subordinado, –a *m.* & *f.* subordinate

subsistir to exist; to subsist

su(b)stancia *f.* substance

suceder to occur, happen

suceso *m.* event, happening

suciedad dirt, filth; dirtiness

sucio, –a dirty, filthy

Sudamérica South America

sueldo *m.* salary

suelo *m.* floor; ground

sueño *m.* dream; sleep

suerte *f.* fortune, luck

sufrimiento *m.* suffering

sufrir to suffer; to tolerate; to undergo

sugerir (ie, i) to suggest

suicida *m.* & *f.* suicide (person who commits suicide)

suma *f.* aggregate; sum

sumamente extremely

sumisión *f.* submission

sumiso, –a submissive

superar to overcome; to exceed; to surpass

superfluo, –a superfluous

superioridad *f.* superiority

supermercado *m.* supermarket

superpotencia *f.* superpower

suplicar to beg, implore

suponer to suppose; to assume

supranacional beyond one nation

suprimir to eliminate, do away with

supuesto *m.* assumption; *adj.* supposed; **por —** of course, naturally

sur *m.* south

surgir to appear; to arise; to rise, surge

suroeste *m.* southwest

surrealista *m.* & *f.* & *adj.* surrealist; surrealistic

suspender(se) to suspend, stop; to defer; to hang

suspenso, –a astonished

sustancia *f.* substance; matter

sustantivo *m.* noun

sutil subtle

T

tabaquero, –a *m.* & *f.* tobacco worker

taciturno, –a sullen, taciturn

taco *m.* folded tortilla sandwich (in Mexico)

Tailandia *f.* Thailand

taino *m.* & *f.* & *adj.* native Indians of Puerto Rico, Haiti and eastern Cuba who were decimated by Spanish conquerors

tal such (a); **— que** such that, in such a way that; **— vez** perhaps; **¿Qué —?** How are you?; **¿Qué — te gusta...?** How do you like . . . ?

talar to fell (trees); to cut down

tamaño *m.* size

tamarindo *m.* tamarind tree (small fruit tree)

tambaleante teetering; tottering; shaky

también also; too

tambo (*Mex.*) *m.* can; container

tamborete *m.* tambourine

tampoco not either; neither

tan so; such; **—...como** as . . . as

tanto, –a so much; as much; **— como** as much as; **—...como** both . . . and, . . . as well as . . . ; **—s** as many, so many; **por lo —** therefore

tapado, –a covered

tardanza *f.* slowness; tardiness

tardar (en) to take a long

time or specified time (in doing something)

tarde *f.* afternoon; **por** *or* **de la —** in the afternoon; *adv.* late; **hacerse —** to grow late, to get late; **más — later

tarea *f.* task, job

tasa: — de natalidad birth rate

taza *f.* cup

técnico, –a *n.* & *adj.* technician; technical; *f.* technique; technical ability

tecnología *f.* technology

tecnológico, –a technological

techo *m.* ceiling; roof

tejabán (*Mex.*) *m.* country hut made of reed or adobe, with a tile roof

Tejas Texas

tejer to knit

tejido *m.* weaving; knitting

tele *f.* television

teleadicto *m.* & *f.* TV addict

telefonista *m.* & *f.* telephone operator

teléfono *m.* telephone

tema *m.* topic; subject; theme

temblar (ie) to tremble

tembloroso, –a trembling, shaking

temer to fear

temeroso, –a fearful

temor *m.* fear

tempestad *f.* storm; tempest

templo *m.* temple

temporal temporary

temporáneo, –a temporary

tempranero, –a habitually early or ahead of time

temprano early

tendencia *f.* tendency

tender (ie) to tend; to extend; to spread out; to stretch out

tener to have; to hold; **— derecho a** to have the right to; **— la culpa** to be to blame; **— lugar** to take place; **— que** to have to, must; **— que ver con** to have to do with; **— razón** to be right

teoría f. theory
teóricamente theoretically
teorizar to theorize
tercio m. third
terco, –a stubborn
terminación f. end; ending (of a word)
terminar (de) to finish, end
término m. term; end
terremoto m. earthquake
terreno m. ground, land; terrain
terrestre earthly; terrestrial
territorio m. territory
tesoro treasure
textilero, –a m. & f. textile worker
tiempo time; weather; **a —** on time; **al mismo —** at the same time; **hacer buen (mal) —** to be good (bad) weather; **perder el —** to waste time; **poco —** a short time, awhile; **— completo** full-time
tienda f. store
tierno, –a tender
tierra f. land; earth; ground
tieso, –a stiff, rigid
tigre m. tiger
timbre m. bell, buzzer; stamp, seal
tío, –a m. & f. uncle; aunt
típico, –a typical
tipo m. type, kind; fellow, guy
tira: — cómica comic strip
tiranía f. tyranny
tirar to throw
tiritar to tremble
titulado, –a entitled
título m. title; degree
tiza f. chalk
tiznado, –a blackened
tobogán m. toboggan
tocar to touch; to play (a musical instrument); to come to know (by experience)
tocólogo, -a m. & f. obstetrician
todavía still; yet; **— no** not yet
todo, –a all; every; everything; **—s** all, all of them, everyone; **del —** entirely; **sobre —** especially, above

all; **con —** however, nevertheless
tolerar to tolerate
toma: — de posesión induction into office
tomar to take; to drink; to eat; to seize, take over; **— una decisión** to make a decision
tono m. tone
tontería f. foolishness; stupidity
tonto, –a silly, foolish, stupid
toque m. touch; ringing
tormenta f. storm; tempest
tormento m. torture; torment
torno: en — a regarding
toro m. bull; **corrida de —s** bullfight
torpe stupid; dull; clumsy; slow
torpeza f. stupidity; clumsiness
torre f. tower
tortilla f. flat cornmeal cake
tortuga f. turtle
tosco, –a coarse, harsh
toser to cough
totalitario, –a totalitarian
trabajador, –a hard-working; m. & f. worker
trabajar to work
trabajo m. work; job
trabajoso, –a laborious
traducir to translate
traer to bring; to have; to wear, have on
traidor, –a m. & f. traitor
traje m. suit of clothes
trajo pret. of **traer** brought
trama f. plot
trance m. critical moment; peril
tranquilidad f. tranquility, peace; composure, ease of mind
tranquilo, –a calm, tranquil, peaceful
transformarse to transform, be transformed
transmisora f. transmitter
transmitir to transmit; to convey
transporte m. transportation; transport

tras after; behind
trascender (ie) to transcend
trasmitir to transmit; to convey
trasplantar to transplant
tratable courteous; sociable
tratado m. treaty
tratar to deal with; to treat; to handle; **— de + inf.** to try to; **—se de** to be a question of
través: a — de through
tremendo, –a tremendous
tren m. train
tribu f. tribe
tribuna: — improvisada soap box
tribunal m. court of justice; tribunal
trinidad f. trinity
triste sad
tristeza f. sadness
triunfar to triumph; to be successful
triunfo m. triumph; victory
trivialidad f. triviality
tronco m. trunk (of tree); branch (of family tree)
tropa f. troop
trópico m. tropic(s), tropical region(s)
trozar to break into pieces
trozo m. piece; selection, excerpt
truco m. trick
trueno m. thunder
tubo m. tube
tumba f. grave; tomb
turbado, –a embarrassing
turístico, –a tourist

U

u (= **o** before words beginning with **o** or **ho**) or
¡uf! expression denoting weariness, annoyance, or disgust
úlcera f. ulcer
último, –a last, final; **por —** finally; **a — hora** at the last minute; m. & f. last one
unánime unanimous
único, –a only; unique

unidad *f.* unity; unit
uniformado, –a dressed in uniform
unir to join; to unite
universidad *f.* university
universitario, –a university
usar to use; to wear
uso *m.* use
utensilio *m.* utensil; tool
útero *m.* uterus
útil useful
utilizar to use; to utilize
uva *f.* grape

V

vaca *f.* cow
vacación *f.* vacation (usually used in the plural); **de —es** on vacation
vacilante hesitant; vacillating
vacilar to hesitate; to vacillate; to sway back and forth
vacío, –a empty
vagabundo, –a *m. & f.* tramp, hobo
vago, –a vague; *m.* loafer
valenciano, –a *m. & f. & adj.* Valencian (from Valencia, Spain)
valer to be equivalent to; to be worth; to produce; to be valid; *m.* value, worth
valiente valiant, brave
valioso, –a valuable
valor *m.* value; courage
valorar to value, appraise
valuado, –a valued
valle *m.* valley
vampiro *m.* vampire
vanguardia *f.* vanguard; **de —** in the vanguard, in the lead
vanidad *f.* vanity
vano, –a vain, insubstantial; **en —** in vain
vapor *m.* mist; **—es** fumes
vaquero *m.* cowboy
vara *f.* rod, stick; staff
variar to vary; to change
variedad *f.* variety
varios, –as various; several

varón *m.* male, man
vasco, –a *m. & f. & adj.* Basque; **Países Vascos** Basque Country (region in northern Spain)
vaso *m.* glass
vecindad *f.* neighborhood
vecino, –a *m. & f.* neighbor
vega *f.* fertile lowland or plain
vegetal *m.* vegetable
vehículo *m.* vehicle
vejez *f.* old age
vela *f.* candle
velador *m.* night table
veloz quick
venado *m.* deer; **carne de —** venison
vencedor, –a *m. & f.* victor; *adj.* victorious
vencer to defeat, conquer; to win
vendedor, –a: — ambulante traveling salesperson
vender to sell
venenoso, –a poisonous
venerar to worship; to venerate
venganza *f.* vengeance; revenge
vengarse to avenge oneself; to take revenge
venida *f.* arrival
venir to come
venta *f.* sale; country inn
ventaja *f.* advantage
ventana *f.* window
ver to see; **a —** let's see; **tener que — con** to have to do with; **—se** to be seen; to be; **—se obligado a** to be obliged to; to be forced to
verano *m.* summer
verdad *f.* truth; **¿de —?** really? is that so?
verdadero, –a true; real
verde green; dirty (joke, etc.)
vergüenza *f.* shame; self-respect; dignity; **sentir —** to be ashamed
verso *m.* line of poetry
vestido *m.* dress

vestigio *m.* vestige; trace
vestir (i) to dress, put on, wear
vez (*pl.* **veces**) *f.* time; occasion; **a la —** at the same time; **cada — más** more and more; **de — en —** from time to time; **en — de** instead of; **otra —** again; **tal —** perhaps; **una — once; una — más** once again; **a veces** at times, sometimes; **muchas veces** often; **repetidas veces** often
viajar to travel
viaje *m.* trip
viajero, –a *m. & f.* passenger; traveler
vibrar to vibrate
vicio *m.* vice
victoria *f.* victory
vida *f.* life
viejo, –a old; *m. & f.* old man; old woman; term of endearment for mother, father, husband, or wife
viento *m.* wind
vigilar to watch over; to keep an eye on
vigoroso, –a vigorous
viña *f.* vineyard
viñatero, –a *m. & f.* grape grower
violación *f.* rape
violar to violate; to rape
virgen *m.* virgin; **¡ay —!** good heavens!
virilidad *f.* virility
virtud *f.* virtue; **en — de** by virtue of
vista *f.* view, sight
vistazo: echar un — a to glance at
visto *p.p. of* **ver** seen
vital vital (of life, essential to life)
viveza *f.* liveliness
vivienda *f.* housing
vivir to live
vivo, –a alive; lively; clever
vociferar to shout; to yell
volar (ue) to fly
voltear to turn around
volumen *m.* volume

voluntad *f.* will; wish

voluntariamente voluntarily

voluntario *m.* volunteer

volver (ue) to return; **— a +** *inf.* to do — again; **—se** to go back; to turn around; to become; **—se loco** to go crazy

vos you

vosotros, –as you (plural form of **tú**, used in most parts of Spain)

votante *m.* & *f.* voter

votar to vote; *m.* voting

voz (*pl.* **voces**) *f.* voice; **en — alta** out loud; **en — baja** in a low tone; in whispers

vuelo *m.* flight

vuelta *f.* turn; return trip; **a la —** around the corner; **dar —** to turn; **dar una — ** to take a walk; **dar —s** to walk in circles

vuelto *p.p. of* **volver** returned

vuestro, –a your

vulgar common; ordinary

vulgaridad *f.* commonness; ordinariness

vulgo *m.* common people

vulnerabilidad *f.* vulnerability

Y

y and

ya now; already; **¡ya!** oh!, alas!; **— no** no longer; **— sea...—sea** whether . . . or

yacía *f.* place to lie down

yerba *f.* herb; grass

yuca *f.* yucca (plant with fibrous leaf)

Z

zaguán *m.* entry

zapato *m.* shoe

zona *f.* area; zone

Permissions

Photograph Credits (by page number)

APUNTES

1. Pedro <u>Calderón</u> de la Barca, <u>cuya pieza</u> dramática más famosa se llama << La vida es sueño >>, es un dramaturgo del siglo <u>XVII</u>.

2. Lope de Vega, <u>cuyo drama</u> << Fuenteovejuna >> vamos a ver, fue amigo de Calderón.

3. El dibujo de Rogelio Naranjo, cuyas líneas de comunicación parecen subir al cielo, nos da una advertencia.

4. La raza de los hombres <u>cuyas máquinas</u> habían alcanzado perfección se extinguió en el siglo <u>XXXII</u>.

5. El micro-cuento, cuya advertencia nos sugiere cuidado con las máquinas, se llama << Apocalipsis >>